FINANCIAMENTO DA EDUCAÇÃO PÚBLICA EM SÃO PAULO

ENTRE A POLÍTICA E A TÉCNICA – A ATUAÇÃO DO TRIBUNAL DE CONTAS E DO MINISTÉRIO PÚBLICO DE CONTAS DO ESTADO DE SÃO PAULO (2007 A 2018)

Editora Appris Ltda.
1.ª Edição - Copyright© 2023 dos autores
Direitos de Edição Reservados à Editora Appris Ltda.

Nenhuma parte desta obra poderá ser utilizada indevidamente, sem estar de acordo com a Lei nº 9.610/98. Se incorreções forem encontradas, serão de exclusiva responsabilidade de seus organizadores. Foi realizado o Depósito Legal na Fundação Biblioteca Nacional, de acordo com as Leis nos 10.994, de 14/12/2004, e 12.192, de 14/01/2010.

Catalogação na Fonte
Elaborado por: Josefina A. S. Guedes
Bibliotecária CRB 9/870

S237f 2023	Santos, Alfredo Sérgio Ribas dos
	    Financiamento da educação pública em São Paulo : entre a política e a técnica : a atuação do Tribunal de Contas e do Ministério Público de Contas do Estado de São Paulo (2007 a 2018) / Alfredo Sérgio Ribas dos Santos, Renée Coura Ivo Vituri. – 1 ed. – Curitiba : Appris, 2023.
	    228 p. ; 23 cm. – (Políticas e debates).
	
	    Inclui referências.
	    ISBN 978-65-250-5349-3
	
	    1. Educação e Estado. 2. Orçamento. 3. Educação – Administração. 4. São Paulo. Tribunal de Contas. 5. São Paulo. Ministério Público de Contas. I. Vituri, Renée Coura Ivo. II. Título. III. Série.
	
	                                                    CDD – 379.112

Livro de acordo com a normalização técnica da ABNT

Appris
editora

Editora e Livraria Appris Ltda.
Av. Manoel Ribas, 2265 – Mercês
Curitiba/PR – CEP: 80810-002
Tel. (41) 3156 - 4731
www.editoraappris.com.br

Printed in Brazil
Impresso no Brasil

Alfredo Sérgio Ribas dos Santos
Renée Coura Ivo Vituri

FINANCIAMENTO DA EDUCAÇÃO PÚBLICA EM SÃO PAULO
ENTRE A POLÍTICA E A TÉCNICA – A ATUAÇÃO DO TRIBUNAL DE CONTAS E DO MINISTÉRIO PÚBLICO DE CONTAS DO ESTADO DE SÃO PAULO (2007 A 2018)

FICHA TÉCNICA

EDITORIAL	Augusto Coelho
	Sara C. de Andrade Coelho
COMITÊ EDITORIAL	Marli Caetano
	Andréa Barbosa Gouveia - UFPR
	Edmeire C. Pereira - UFPR
	Iraneide da Silva - UFC
	Jacques de Lima Ferreira - UP
SUPERVISOR DA PRODUÇÃO	Renata Cristina Lopes Miccelli
PRODUÇÃO EDITORIAL	Daniela Nazario
REVISÃO	Andrea Bassoto Gatto
DIAGRAMAÇÃO	Andrezza Libel
CAPA	Carlos Pereira

COMITÊ CIENTÍFICO DA COLEÇÃO EDUCAÇÃO — POLÍTICAS E DEBATES

DIREÇÃO CIENTÍFICA Andréa Barbosa Gouveia

CONSULTORES

Amarildo Pinheiro Magalhães - IFPR

Ângela Mara de Barros Lara - UEM

Angelo Ricardo de Souza - UFPR

Cláudia Cristina Ferreira - UEL

Dalva Valente - UFPA

Denise Ismênia Grassano Ortenzi - UEL

Edcleia Aparecida Basso - UNESPAR

Fabricio Carvalho - UFPA

Fernanda Coelho Liberali - PUC-SP

Geovana Lunardi - UDESC

Gilda Araujo - UFES

Gladys Barreyro - USP

Juca Gil - UFRGS

Magna Soares - UFRN

Marcia Jacomini - USP

Marcos Alexandre Santos Ferraz - UFPR

Maria Dilnéia Espíndola - UFMS

Maria Vieira Silva - UFU

Marisa Duarte - UFMG

Nalu Farenzena - UFRGS

Odair Luiz Nadin - UNESP

Regina Cestari - UCDB

Rosana Evangelista Cruz - UFPI

Rosana Gemaque - UFPA

Savana Diniz - UFMG

INTERNACIONAIS

Fernanda Saforcada – Universidade de Buenos Aires - Argentina

Gabriela Vilariño – Universidade de Lujan - Argentina

Jorge Alarcón Leiva – Universidade de Talca - Chile

Rosa Serradas Duarte - Universidade Lusófona de Lisboa - Portugal

Dedico aos meus pais, Francisco Romão dos Santos (in memoriam) e Maria Ribas dos Santos (in memoriam); a Regina Helena Alves Codesseira e Rodrigo Codesseira Ribas dos Santos, minha esposa e meu filho, pessoas que me inspiraram para a realização deste livro.

Aos Educadores da Escola Pública que precisam conhecer o orçamento público para tê-lo como instrumento de luta política com vista à construção plena da educação social de qualidade e da cidadania.

AGRADECIMENTOS

À Prof.ª Dr.ª Ursula Dias Peres, supervisora do estágio de pós-doutorado que deu origem a este livro, e ao Programa de Pós-Graduação em Gestão de Políticas Públicas da Escola de Artes, Ciências e Humanidades da Universidade de São Paulo (USP-EACH), pelo incentivo, pela confiança, compreensão, disponibilidade e paciência na orientação.

Ao Prof. Dr. Nicholas Davies (Universidade Federal Fluminense [UFF]) pela troca de informações e pela discussão de ideias, assim como pelo envio de estudos na área do financiamento da educação.

Em especial, às instituições e aos seus respectivos representantes, pela concessão de entrevistas: a Associação dos Membros dos Tribunais de Contas do Brasil (Atricon), presidente Fábio Túlio Filgueiras Nogueira; Associação Nacional de Pesquisa em Financiamento da Educação (Fineduca), professor Pós-Dr. José Marcelino de Rezende Pinto (Universidade de São Paulo de Ribeirão Preto [USP] - RP); Centro de Estudos e Pesquisas em Educação, Cultura e Ação Comunitária (Cenpec), Prof. Pós-Dr. Romualdo Luiz Portela de Oliveira – diretor de Pesquisa e Avaliação; Faculdade de Educação da Universidade de São Paulo (FE/USP) e Associação Nacional de Pós-Graduação e Pesquisa em Educação (Anped)/Grupo de Trabalho de Estado e Política Educacional (GT05), Prof. Dr. Rubens Barbosa de Camargo; Instituto Brasileiro de Sociologia Aplicada (IBSA), diretor César Callegari; Ministério Público de Contas do Estado de São Paulo (MPC-SP), procuradores Élida Graziane Pinto e Thiago Pinheiro Lima; Rede Escola Pública e Universidade (Repu), Prof.ª Pós-Dr.ª Márcia Aparecida Jacomini; Sindicato de Supervisores de Ensino do Magistério Oficial do Estado de São Paulo (Apase), presidenta: Prof.ª Rosaura Aparecida de Almeida; e Todos pela Educação, Gabriel Barreto Correa, líder de Políticas Educacionais.

Agradecemos a todos.

O orçamento público é a forma política, técnica e legal de como a cidadania deve de fato ocorrer na sociedade e ausentar-se e não intervir nesse processo é ser, na prática, um não cidadão.

(Alfredo Sérgio Ribas dos Santos, 2021).

A parte do povo que apoia e identifica-se com qualquer governo que desrespeite a Democracia, o Estado Democrático de Direito e a Justiça deve ser vencida na luta política e social pela outra parte desse mesmo povo para que os mencionados princípios prevaleçam. As benesses governamentais ilegais, imorais e irregulares, a arrogância, a depredação ambiental, a discriminação, a ganância, a ignorância, a injustiça e o preconceito devem ser eliminados em quaisquer sociedades e períodos históricos, pois não existem justificativas, de qualquer ordem para a sua existência.

(Alfredo Sérgio Ribas dos Santos, 2021).

Os filósofos têm apenas interpretado o mundo de maneiras diferentes; a questão, porém, é transformá-lo.

(Karl Marx; Frederick Engels, 2007).

APRESENTAÇÃO

Nós, como cidadãos, desempenhamos um papel fundamental no tecido social, regidos por direitos e deveres consagrados na Constituição Federal. No entanto a realidade é mais complexa e nossa cidadania manifesta-se, principalmente, nos contornos traçados pelo orçamento público, que decide como serão alocados recursos financeiros, definindo prioridades sociais e econômicas por meio da tributação.

Este livro explora essa intrincada relação entre cidadania e orçamento público, com um enfoque específico no contexto paulista. Aqui, a cidadania materializa-se por meio do financiamento da educação, um pilar essencial para o desenvolvimento social. O livro mergulha nos meandros do financiamento público da educação no estado de São Paulo durante o período de 2007 a 2018, com um olhar atento para o papel crucial desempenhado pelo Tribunal de Contas do Estado de São Paulo (TCESP) e pelo Ministério Público de Contas do Estado de São Paulo (MPC-SP).

Em um país onde os recursos públicos são originados dos impostos pagos por cidadãos comuns e empresas, a viabilização das políticas públicas depende diretamente da gestão e da aplicação adequada desses recursos. O livro investiga como as decisões tomadas no âmbito do orçamento público impactaram a educação, especialmente quanto à rubrica Manutenção e Desenvolvimento do Ensino (MDE), que compreende alicerces fundamentais para a promoção da educação básica.

Em um panorama político, técnico e jurídico, o TCESP e o MPC-SP emergem como atores-chave na fiscalização e no monitoramento do uso dos recursos públicos destinados à educação. Suas análises e pareceres não apenas moldam o destino das contas públicas do governo estadual paulista, como também delineiam os rumos do sistema educacional (rede de ensino estadual paulista).

Com base em uma abordagem metodológica qualiquantitativa de dados oficiais de balanços orçamentários do Governo do Estado de São Paulo e de documentos emitidos pelos órgãos de controle (TCESP e MPC-SP), e entrevistas semiestruturadas, este livro desvenda os caminhos percorridos pelos conselheiros do TCESP e os procuradores do MPC-SP em sua avaliação dos balanços orçamentários, explorando como suas visões técnicas, legais e políticas influenciaram a aprovação (ou não) das contas governamentais.

Ao examinar as complexas questões do financiamento público da educação, esta obra busca entender por que, apesar da aplicação dos percentuais definidos em lei, problemas estruturais persistem no sistema educacional estadual. Ela também examina o contexto mais amplo, incluindo a securitização de créditos, dívida ativa e renúncia fiscal, e como esses fatores interagem para moldar a dinâmica dos recursos financeiros.

Neste livro, convidamos você a embarcar em uma jornada pela intricada teia do financiamento da educação pública no orçamento estadual paulista. Ao desvendar os mecanismos, os desafios e as implicações das decisões tomadas no âmbito do orçamento, esperamos fornecer um entendimento mais profundo sobre a maneira como a cidadania, a educação e a gestão de recursos entrelaçam-se em nosso contexto sociopolítico, promovendo uma reflexão fundamental sobre nosso papel como cidadãos e agentes da mudança na construção de uma sociedade mais justa e inclusiva.

LISTA DE SIGLAS

ABM	Associação Brasileira de Municípios
Abracom	Associação Brasileira de Tribunais de Contas dos Municípios
ADCT	Ato das Disposições Constitucionais Transitórias
ADI	Ação Direta de Inconstitucionalidade
Afuse	Sindicato dos Funcionários e Servidores da Educação de São Paulo
Alesp	Assembleia Legislativa do Estado de São Paulo
Ampcon	Associação Nacional do Ministério Público de Contas
Anped	Associação Nacional de Pós-Graduação e Pesquisa em Educação
ANTC	Associação Nacional dos Auditores de Controle Externo do Brasil
Apampesp	Associação de Professores Aposentados do Magistério Público do Estado de São Paulo
Apase	Sindicato dos Supervisores de Ensino do Magistério Oficial no Estado de São Paulo
Apeoesp	Sindicato dos Professores do Ensino Oficial do Estado de São Paulo
APM	Associação de Pais e Mestres
ATJ	Assessoria Técnico-Jurídica
Atricon	Associação dos Membros dos Tribunais de Contas do Brasil
Audicon	Associação Nacional dos Ministros e Conselheiros Substitutos dos Tribunais de Contas
BDTD	Banco Digital de Teses e Dissertações
BGE/AD	Balanço Geral do Estado / Administração Direta
BGE/AD/MPSP	Balanço Geral do Estado / Administração Direta / Ministério Público do Estado de São Paulo

BGE/AD/PE	Balanço Geral do Estado / Administração Direta / Poder Executivo
BGE/AD/PJ	Balanço Geral do Estado / Administração Direta / Poder Judiciário
BGE/AD/PL	Balanço Geral do Estado / Administração Direta / Poder Legislativo
BGE/AD/SEE-SP	Balanço Geral do Estado / Administração Direta / Secretaria de Estado da Educação de São Paulo
BGE/AI	Balanço Geral do Estado / Administração Indireta
BGE/AI/FDE	Balanço Geral do Estado / Administração Indireta / Fundação para o Desenvolvimento da Educação
BGE/AI/O	Balanço Geral do Estado / Administração Indireta / Outros
BGE/SEE-SP	Balanço Geral do Estado / Secretaria de Estado da Educação de São Paulo
BGE/T	Balanço Geral do Estado / Total
BGGESP	Balanço Geral do Governo do Estado de São Paulo
BNCC	Base Nacional Comum Curricular
Cacs	Conselho de Acompanhamento e Controle Social
CAF	Coordenadoria da Administração Financeira
Capes	Coordenadoria de Aperfeiçoamento do Pessoal do Ensino Superior
CAQ	Custo Aluno-Qualidade
CAQi	Custo Aluno-Qualidade Inicial
CCJ	Comissão de Constituição e Justiça e Cidadania
CCS	Coordenadoria de Comunicação Social
Ceacs	Conselho Estadual de Acompanhamento e Controle Social
Cedes	Centro de Estudos Educação e Sociedade
Ceeteps	Centro Estadual de Educação Tecnológica Paula Souza
Cenpec	Centro de Estudos e Pesquisas em Educação, Cultura e Ação Comunitária

Cetesb	Companhia Ambiental do Estado de São Paulo
CF	Constituição Federal
CNDE	Campanha Nacional pelo Direito à Educação
CNE	Conselho Nacional de Educação
CNM	Confederação Nacional de Municípios
CNPGC	Conselho Nacional de Procuradores-Gerais de Contas
CNPTC	Conselho Nacional dos Presidentes dos Tribunais de Contas
CNTE	Confederação Nacional dos Trabalhadores em Educação
Conass	Conselho Nacional de Secretários da Saúde
Consed	Conselho Nacional de Secretários de Educação
CP	Conselho Pleno
CPI	Comissão Parlamentar de Inquérito
CPP	Centro do Professorado Paulista
CPS	Centro Paula Souza
Cpsec	Companhia Paulista de Securitização
DCG	Diretoria de Contas do Governador
DEM	Democratas
DEM-TO	Democratas-Tocantins
Dieese	Departamento Intersindical de Estatística e Estudos Socioeconômicos
DOI-Codi	Destacamento de Operações e Informações - Centro de Operações e Defesa Interna
EACH	Escola de Artes, Ciências e Humanidades
EC	Emenda à Constituição
ETI	Escola de Tempo Integral
F12/AD	Função 12 / Administração Direita
F12/AI	Função 12 / Administração Indireta
F12/T	Função 12 / Total

Famema	Faculdade de Medicina de Marília
Famerp	Faculdade de Medicina de São José do Rio Preto
FDE	Fundação para o Desenvolvimento da Educação
FE	Faculdade de Educação
Fies	Fundo de Financiamento Estudantil
Fineduca	Associação Nacional de Pesquisa em Financiamento da Educação
FNDE	Fundo Nacional de Desenvolvimento da Educação
FNP	Frente Nacional de Prefeitos
FPE	Fundo de Participação de Estados e Distrito Federal
FPM	Fundo de Participação dos Municípios
Fundação Casa	Fundação Centro de Atendimento Socioeducativo ao Adolescente
Fundeb	Fundo de Manutenção e Desenvolvimento da Educação Básica e de Valorização dos Profissionais da Educação
Fundef	Fundo de Manutenção e Desenvolvimento do Ensino Fundamental e de Valorização do Magistério
Gesp	Governo do Estado de São Paulo
Greppe	Grupo de Estudos e Pesquisas em Política Educacional
GT05	Grupo de Trabalho de Estado e Política Educacional
Ibict	Instituto Brasileiro de Informação, Ciência e Tecnologia
IBGE	Instituto Brasileiro de Geografia e Estatística
Ibsa	Instituto Brasileiro de Sociologia Aplicada
ICMS	Imposto sobre Operações relativas à Circulação de Mercadorias e Prestação de Serviços de Transporte Interestadual e Intermunicipal e de Comunicação
Ideb	Índice de Desenvolvimento da Educação Básica
Idesp	Índice de Desenvolvimento da Educação do Estado de São Paulo
IES	Instituição de Ensino Superior

Inep	Instituto Nacional de Estudos e Pesquisas Educacionais Anísio Teixeira
IPCA	Índice Nacional de Preços ao Consumidor Amplo
IPI-Exp	Imposto sobre Produtos Industrializados, proporcional às exportações
IPVA	Imposto sobre Propriedades de Veículos Automotores
IRB	Instituto Rui Barbosa
ITCMD	Imposto sobre Transmissão "Causa Mortis" e Doação
ITR	Imposto sobre a Propriedade Territorial Rural
Jeduca	Associação de Jornalistas de Educação
LDB	Lei de Diretrizes e Bases da Educação Nacional (Lei n.º 9.394/1996)
LDO	Lei de Diretrizes Orçamentárias
LOA	Lei Orçamentária Anual
MDB	Movimento Democrático Brasileiro
MDE	Manutenção e Desenvolvimento do Ensino
MEC	Ministério da Educação
MPC-ES	Ministério Público de Contas do Estado do Espírito Santo
MPC-SP	Ministério Público de Contas do Estado de São Paulo
Mpog	Ministério do Planejamento, Orçamento e Gestão
MPSP	Ministério Público do Estado de São Paulo
Pasep	Programa de Formação do Patrimônio do Servidor Público
PDDE	Programa Dinheiro Direto na Escola
PDDE Paulista	Programa Dinheiro Direto na Escola Paulista
PDL	Projeto de Decreto Legislativo
PEC	Proposta de Emenda à Constituição
PEE-SP	Plano Estadual de Educação de São Paulo
PEI	Programa de Ensino Integral

PGE-SP	Procuradoria-Geral do Estado de São Paulo
PGR	Procuradoria-Geral da República
PL	Partido Liberal
PLP	Projeto de Lei Complementar
PLS	Projeto de Lei do Senado
PMSP	Prefeitura do Município de São Paulo
PNE	Plano Nacional de Educação
PNI	Plano Nacional de Imunizações
Pode	Podemos
PPA	Plano Plurianual
ProUni	Programa Universidade para Todos
PSB	Partido Socialista Brasileiro
PSC-PA	Partido Social Cristão-Pará
PSD	Partido Social Democrático
PSDB	Partido da Social Democracia Brasileira
Psol	Partido Socialismo e Liberdade
PSPN	Piso Salarial Profissional Nacional
PT	Partido dos Trabalhadores
PUC-SP	Pontifícia Universidade Católica de São Paulo
Qese	Quota Estadual do Salário-Educação
QMSE	Quota Municipal do Salário-Educação
QPE	Quadro dos Profissionais da Educação
RCL	Receita Corrente Líquida
Rede-Paraná	Rede Sustentabilidade-Paraná
Repu	Rede Escola Pública e Universidade
Rio Securitização	Companhia Carioca de Securitização S/A
RPPS	Regime Próprio de Previdência Social

Sabesp	Companhia de Saneamento Básico do Estado de São Paulo
Saeb	Sistema de Avaliação da Educação Básica
Saresp	Sistema de Avaliação de Rendimento Escolar do Estado de São Paulo
SDG	Secretaria-Diretoria Geral
Seduc-SP	Secretaria de Estado da Educação de São Paulo
SEE-SP	Secretaria de Estado da Educação de São Paulo
Sefaz-SP	Secretaria da Fazenda e Planejamento do Estado de São Paulo
Siafem	Sistema Integrado de Administração Financeira para Estados e Munícipios
SIC	Serviço de Informações ao Cidadão
SimCAQ	Simulador de Custos para Planejamento de Sistemas Públicos de Educação Básica em Condições de Qualidade
Sinaeb	Sistema Nacional de Avaliação da Educação Básica
Siope	Sistema de Informações sobre Orçamentos Públicos em Educação
SME	Secretaria Municipal de Educação
SNE	Sistema Nacional de Educação
SPPREV	São Paulo Previdência
STF	Supremo Tribunal Federal
SubG-Cons	Subprocuradoria-Geral da Consultoria Geral da Procuradoria-Geral do Estado de São Paulo
TCESP	Tribunal de Contas do Estado de São Paulo
TCMSP	Tribunal de Contas do Município de São Paulo
TCLE	Termo de Consentimento Livre e Esclarecido
TJSP	Tribunal de Justiça de São Paulo
UCB	Universidade Católica de Brasília
Udemo	Sindicato de Especialistas de Educação do Magistério Oficial do Estado de São Paulo

Uerj	Universidade do Estado do Rio de Janeiro
UF	Unidade da Federação
UFBA	Universidade Federal da Bahia
UFF	Universidade Federal Fluminense
UFG	Universidade Federal de Goiás
UFMS	Universidade Federal do Mato Grosso do Sul
UFMT	Universidade Federal do Mato Grosso
UFPA	Universidade Federal do Pará
UFPR	Universidade Federal do Paraná
UFRGS	Universidade Federal do Rio Grande do Sul
UFSC	Universidade Federal de Santa Catarina
UFSCar	Universidade Federal de São Carlos
UnB	Universidade de Brasília
Undime	União Nacional dos Dirigentes Municipais de Educação
Unesp	Universidade Estadual Paulista "Júlio de Mesquita Filho"
Unicamp	Universidade Estadual de Campinas
USP-RP	Universidade de São Paulo-Ribeirão Preto
USP	Universidade de São Paulo

SUMÁRIO

INTRODUÇÃO 23

1

CAMINHOS E ESCOLHAS METODOLÓGICAS............................33

1.1 CONTEXTO HISTÓRICO DO ESTUDO DE 2007 A 2022....................33

1.2 ESTUDOS SOBRE O FINANCIAMENTO DA EDUCAÇÃO PÚBLICA NO BRASIL 46

1.3 OBJETO, OBJETIVOS, METODOLOGIA E REFERENCIAL TEÓRICO......52

1.3.1 Documentos oficiais...53

2

ÓRGÃOS DE CONTROLE: TRIBUNAL DE CONTAS E MINISTÉRIO PÚBLICO DE CONTAS DO ESTADO DE SÃO PAULO.....................61

2.1 TRIBUNAL DE CONTAS DO ESTADO DE SÃO PAULO (TCESP) 61

2.2 MINISTÉRIO PÚBLICO DE CONTAS DO ESTADO DE SÃO PAULO (MPC-SP) 66

3

MDE–MANUTENÇÃO E DESENVOLVIMENTO DO ENSINO (RECURSOS VINCULADOS AO PERCENTUAL MÍNIMO DE IMPOSTOS), FUNDEB, SALÁRIO-EDUCAÇÃO (RECURSOS VINCULADOS ADICIONAIS AO PERCENTUAL MÍNIMO DE IMPOSTOS) E DÍVIDA ATIVA...............69

3.1 MDE 71

3.2 FUNDEB..73

3.3 SALÁRIO-EDUCAÇÃO (RECURSOS VINCULADOS ADICIONAIS AO PERCENTUAL MÍNIMO DE IMPOSTOS) 83

3.4 DÍVIDA ATIVA DO GOVERNO DO ESTADO DE SÃO PAULO 84

4

BALANÇO GERAL DO GOVERNO DO ESTADO DE SÃO PAULO E DINÂMICA DOS GASTOS PÚBLICOS (ADMINISTRAÇÕES DIRETA E INDIRETA, FUNÇÃO 12 E SECRETARIA DE ESTADO DA EDUCAÇÃO DE SÃO PAULO): 2007 - 2018 89

4.1 BALANÇO GERAL DO ESTADO NA PERSPECTIVA DO TCESP E DO MPC-SP [MDE E INATIVOS – APOSENTADOS] E PENSIONISTAS) - 2007 A 2018........96

**5
PROBLEMAS ESTRUTURAIS: ATUAÇÃO DO TCESP E MPC-SP E A
PERSPECTIVA DOS ENTREVISTADOS** 143
    5.1 IDESP/SARESP E IDEB/SAEB. 143
    5.2 INFRAESTRUTURA. 147
    5.3 SALÁRIOS DOS PROFISSIONAIS DA EDUCAÇÃO ESTADUAL PAULISTA
    (PROFESSOR, DIRETOR DE ESCOLA E SUPERVISOR DE ENSINO) 150
    5.4 PERSPECTIVA DOS ENTREVISTADOS 162

CONSIDERAÇÕES FINAIS. 175

REFERÊNCIAS. 179

INTRODUÇÃO

Nós somos cidadãos com direitos e deveres, assim está descrito e definido na Constituição Federal. Todavia, se tudo se resumisse a essa afirmação, estariam resolvidos nossos problemas e a nossa cidadania estaria plenamente assegurada.

Na realidade, a cidadania brasileira materializa-se, em grande parte, dentro dos limites definidos no orçamento público, o qual estabelece quais áreas e segmentos sociais e econômicos receberão recursos financeiros e quais outros setores da sociedade custearão com impostos, taxas e contribuições (tributos) os projetos e programas definidos no referido orçamento.

Dessa forma, a cidadania não pode ser entendida fora da dinâmica do orçamento público e todas as pessoas (físicas e jurídicas), de maneira direta ou indireta, atuam nesse processo com o pagamento de tributos (impostos, taxas e contribuições) em todos os segmentos da economia, em especial na produção, na distribuição, no consumo, na renda, no patrimônio e nas transações financeiras.

Os cidadãos comuns e as empresas públicas e privadas, ao comprarem qualquer produto ou serviço, pagam tributos, atuando na viabilização do orçamento público, pois geram receitas tributárias e não tributárias. Com essas receitas, os poderes executivos (federal, estaduais e municipais) devem pagar as despesas e financiar as diversas áreas e segmentos, em especial as sociais, com destaque para a educação pública.

A educação pública no Brasil possui mecanismos específicos de financiamento, pois os poderes executivos devem aplicar percentuais determinados, sendo, no mínimo, de 18% da União e 25% dos estados, Distrito Federal e municípios, das receitas resultantes de impostos na Manutenção e Desenvolvimento do Ensino (MDE). Assim, a sociedade como um todo contribui direta e indiretamente com a constituição do orçamento público e, por conseguinte, promove o financiamento da educação pública.

A corrupção, a sonegação fiscal e os desvios no processo arrecadatório e na aplicação incorreta e ilegal dos recursos financeiros por parte dos poderes executivos produzem danos na gestão dos orçamentos públicos e na consecução das políticas públicas. Todavia, existem instituições, como os Tribunais de Contas (estaduais, municipais e da União) e os respectivos

Ministérios Públicos de Contas, que podem e devem ser acionados para que os recursos financeiros definidos nos orçamentos públicos sejam aplicados nos parâmetros definidos nas leis orçamentárias, quais sejam: Plano Plurianual (PPA), Lei de Diretrizes Orçamentárias (LDO) e Lei Orçamentária Anual (LOA). Essa última é a que define de forma explícita e detalhada o orçamento público com base nas premissas estabelecidas nas duas primeiras.

Cabe mencionar que a atuação dos referidos órgãos de controle (Tribunais de Contas e os Ministérios Públicos de Contas) ocorre dentro de dinâmicas políticas, técnicas e legais. Sendo assim, esses órgãos são institucionalmente relevantes e são constituídos por pessoas e grupos com interesses políticos e técnicos que influenciam na atuação profissional e pessoal de seus membros. A atuação desses órgãos de controle não pode ser compreendida apenas e exclusivamente do ponto de vista estritamente técnico e legal. Eles pautam-se na análise da execução dos orçamentos públicos, em âmbitos federal, estadual e municipal. A dinâmica interna desses órgãos de controle expressa-se na definição de suas prioridades a partir de opções políticas institucionais e individuais e manifesta-se na atuação dos conselheiros e procuradores, dos Tribunais de Contas e Ministérios Públicos de Contas, respectivamente.

Em suma, os Tribunais de Contas e os Ministérios Públicos de Contas podem e devem ser preservados e garantidos em seu pleno funcionamento dentro dos marcos legais estabelecidos, como órgãos de controle dos poderes executivos, mas deve-se considerar que eles sofrem pressões políticas internas e externas na análise e na avaliação dos orçamentos públicos.

A dinâmica dos orçamentos públicos, em alguns estados e municípios brasileiros, passou a concorrer com outra estrutura dentro das finanças públicas, que é o processo de securitização de créditos. Esse processo, por sua vez, ocorre na forma de transferência ao mercado financeiro dos ganhos com a aquisição e a gestão da arrecadação dos recursos tributários e não tributários dos poderes executivos.

Em outras palavras, a securitização de créditos traduz-se na negociação das arrecadações tributárias e não tributárias, atuais e futuras, dos poderes executivos, sendo realizada por empresas públicas e privadas que redirecionam os recursos financeiros arrecadados dos tributos para o mercado financeiro, dentro de determinados marcos legais, desviando o fluxo normal desses recursos financeiros tributários e não tributários para fora da estrutura do orçamento público. Esse processo de securitização de créditos retira recursos financeiros do orçamento público e canaliza-os para empresas do mercado financeiro, comprometendo a gestão financeira das políticas públicas.

Os estados de São Paulo e Minas Gerais, por intermédio das empresas Companhia Paulista de Securitização (CPSEC) e MGi Participações S/A, respectivamente, e os municípios de Belo Horizonte/MG e do Rio de Janeiro/RJ, sob a gestão da PBH Ativos S/A e da Companhia Carioca de Securitização S/A – Rio Securitização, nessa ordem, utilizam-se dessas empresas públicas criadas para a gestão da securitização de créditos com o intuito de repassar os recursos financeiros para o mercado financeiro que compram esses créditos de forma muitas vezes não transparente e, em alguns casos, ilegais.

Outro aspecto dentro do orçamento público é a questão da dívida ativa, que se refere aos débitos tributários e não tributários que as pessoas físicas e jurídicas devem aos poderes executivos. Em suma, são créditos (receitas tributárias e receitas não tributárias) que devem ser pagos pelos devedores (pessoas físicas e jurídicas) ao credor (Poder Executivo). Nas legislações orçamentárias (PPA, LDO e LOA) que norteiam a elaboração do orçamento público são definidos os parâmetros pelos quais ocorrerão a cobrança, a não cobrança e a renegociação dessa dívida e suas implicações técnicas e legais.

No estado de São Paulo, a dívida ativa perfazia, no ano de 2018, o montante de aproximadamente 396 bilhões de reais. Esse volume de recursos financeiros deixa de financiar as políticas públicas em geral, em especial a educação pública, em virtude da decisão política dos poderes executivos e legislativos de cobrar, não cobrar ou renegociar a dívida ativa.

Os poderes executivos e legislativos podem, com base nas legislações que regem o orçamento público, instituir mecanismos de renúncia fiscal, que consiste basicamente em perdoar, isentar ou deixar de cobrar as dívidas existentes das pessoas físicas e jurídicas, dentro de determinados critérios legais previamente estabelecidos. A dívida ativa não cobrada e a renúncia fiscal são expedientes que comprometem as finanças públicas, pois são recursos financeiros que os poderes executivos deixam de arrecadar e, consequentemente, não aplicarão no financiamento das políticas públicas, sobretudo na educação pública.

A alienação, a desinformação, o conhecimento não científico, o desinteresse, a apatia e a ignorância por parte dos cidadãos apenas reforçam os desvios dos recursos públicos em detrimento dos serviços sociais e da cidadania no sentido pleno dessa concepção de atuação política.

Os cidadãos em geral, e os servidores públicos em particular, devem se interessar pelos assuntos apresentados (orçamento público, financiamento da educação, securitização de créditos, dívida ativa e renúncia fiscal) para que, nos momentos das eleições dos poderes executivos e legislativos, escolham políticos que atendam aos interesses e às necessidades do conjunto da população. É nas eleições tanto para cargos do executivo quanto para cargos do legislativo que a população brasileira em geral exerce sua primeira atuação, sua primeira interferência nas políticas públicas definidas para o Brasil. As demais atuações devem estar relacionadas à cobrança na execução dessas políticas para que atendam cada vez mais e melhor à população brasileira.

A atuação política dos cidadãos pode e deve pautar-se com vista a concretizar o princípio e o significado da ideia de cidadania, caso contrário o debate público ocorrerá com base em questões superficiais e alienantes, e não com o intuito de aperfeiçoar-se o entendimento da real dinâmica do orçamento público e de seus desdobramentos no exercício pleno da cidadania.

O orçamento público é a forma política, técnica e legal de como a cidadania deve ocorrer na sociedade, e ausentar-se e não intervir nesse processo é ser, na prática, um não cidadão. O orçamento público expressa parte da riqueza material da sociedade e é gerido pelo respectivo Poder Executivo. Assim, é a sociedade que deve definir as prioridades no uso dos recursos financeiros produzidos por ela coletivamente.

Há mecanismos legais e políticos para a participação da sociedade na concepção, na elaboração e na realização do orçamento público, que são as chamadas audiências públicas, mas também deve ocorrer a pressão política junto aos poderes executivos e legislativos, que a própria sociedade escolheu nas urnas pelo voto, sendo essa uma das principais formas de atuação política que definem a nossa cidadania.

Cabe destacar a importância dos sindicatos, das federações, das confederações, das centrais sindicais, da imprensa, das mídias sociais, da sociedade civil organizada e dos partidos políticos para a divulgação, a análise e a discussão dos procedimentos que envolvem a elaboração e a execução do orçamento público em todos os níveis de governo.

O exercício da cidadania não pode ser entendido como slogan ou mera intencionalidade, mas como prática social cotidiana em todos os espaços da sociedade, e o orçamento público é um desses espaços.

A partir dessas considerações preliminares, no presente livro, originário do relatório de pós-doutorado realizado na Escola de Artes, Ciências e Humanidades da Universidade de São Paulo (EACH-USP) no ano de 2022, buscou-se apresentar uma análise de pareceres emitidos por conselheiros do Tribunal de Contas do Estado de São Paulo (TCESP) e manifestações de procuradores do Ministério Público de Contas do Estado de São Paulo (MPC-SP), relativos às despesas inscritas em face da rubrica MDE expressos nos orçamentos públicos realizados, também denominados de Balanço Geral do Governo do Estado de São Paulo (BGGESP), no contexto histórico de 2007 a 2018. O objetivo foi verificar e demonstrar como os conselheiros (TCESP) e os procuradores (MPC-SP), ao analisarem os BGGESP e a rubrica MDE, utilizam-se de determinadas concepções técnicas, jurídico/legais e políticas para proporem a aprovação total ou parcial, ou mesmo a rejeição das contas do GESP, no período de 2007 a 2018. Destaca-se que o foco foi na educação básica pública estadual paulista, pois já existem análises que abordam a sistemática do financiamento da educação privada. Para essa verificação a base foi o disposto na Constituição Federal, artigo 212, na Constituição do Estado de São Paulo, no artigo 255, na Lei de Diretrizes e Bases da Educação Nacional (LDB) n.º 9.394/1996, nos artigos 69, 70 e 71, e no Parecer CNE/CP n.º 26/1997, do Conselho Nacional de Educação/Conselho Pleno (CNE/CP).

É mister salientar que as análises realizadas pelo TCESP e manifestações do MPC-SP devem considerar os recursos financeiros oriundos do Fundo de Manutenção e Desenvolvimento do Ensino Fundamental e de Valorização do Magistério (Fundef) e do Fundo de Manutenção e Desenvolvimento da Educação Básica e de Valorização dos Profissionais da Educação (Fundeb), assim como aqueles que atendem ao disposto no artigo 255 da Constituição do Estado de São Paulo, que define a aplicação mínima de 30% da receita líquida de impostos em MDE; no artigo 212 da Constituição Federal e no artigo 69 da LDB (Lei n.º 9.394/1996), que estabelecem o mínimo de 25%; nos artigos 70 e 71 também da LDB, que estipulam o que pode e o que não pode ser considerado MDE; e no Parecer n.º 26/1997, do Conselho Nacional de Educação/Conselho Pleno (CNE/CP), que interpreta o financiamento da educação no âmbito da LDB.

É importante destacar que o Fundef foi criado no ano de 1996 pela Emenda à Constituição (EC) n.º 14, de setembro de 1996, e regulamentado pela Lei n.º 9.424, de 24 de dezembro do mesmo ano, e pelo Decreto n.º 2.264, de junho de 1997. O fundo entrou em vigor em todo o país em 1º de janeiro de 1998, com uma nova sistemática de redistribuição dos recursos financeiros destinados ao ensino fundamental, exceto o estado do Pará, que instituiu o Fundef no início do segundo semestre de 1997. O Fundef foi uma subvinculação dentro da vinculação constitucional definida no artigo 212 da Constituição Federal de 1988 e no artigo 69 da LDB, com destinação precípua e obrigatória no ensino público, e vigorou de 1998 a 2006. Em 2007, em substituição ao Fundef foi instituído o Fundeb, criado pela EC n.º 53/2006 e regulamentado pela Lei n.º 11.494/2007 e pelo Decreto n.º 6.253/2007, com vigência definida para o período de 2007 a 2020.

O Fundef (1996 a 2006) e o Fundeb (2007 a 2020) são subvinculações ao sistema de financiamento da educação pública no Brasil, que se assenta na vinculação de recursos definidos na Constituição Federal, nas Constituições Estaduais, nas Leis Orgânicas dos Municípios e na LDB. Essa vinculação estabelece que a União deve aplicar, no mínimo, 18%, e os estados, o Distrito Federal e os municípios, 25% (no mínimo também) da receita líquida de impostos em MDE, e a LDB define a obrigatoriedade da aplicação no ensino público.

Evidencia-se que no período de 2007 a 2018, o Governo do Estado de São Paulo (Gesp) aplicou o estabelecido no artigo 255 da Constituição do Estado de São Paulo, qual seja, 30% da receita resultante de impostos, incluindo recursos provenientes de transferências na rubrica MDE. Todavia permanecem três problemas estruturais na rede estadual de ensino paulista apesar do atendimento dessa premissa legal, a saber: 1) a infraestrutura precária das unidades escolares; 2) as baixas remuneração e atratividade dos salários e da carreira dos profissionais do magistério estadual paulista; 3) a baixa aprendizagem dos alunos dos ensinos fundamental e médio, segundo dados do Índice de Desenvolvimento da Educação do Estado de São Paulo (Idesp) e do Índice de Desenvolvimento da Educação Básica (Ideb).

No período de 2007 a 2018, a aplicação de recursos financeiros para o pagamento de Inativos (Aposentados) e Pensionistas na rubrica MDE, em geral, e no Fundeb, em particular, constituiu-se em profícuo debate jurídico/legal, técnico e, sobretudo, político, entre o TCESP e o MPC-SP, em especial nos anos de 2016, 2017 e em 2018 (com destaque), com as respectivas definições no que concerne à emissão de pareceres favoráveis ou contrários à aprovação das contas expressas nos balanços orçamentários do Poder Executivo estadual paulista.

Depreende-se dessas afirmações que a mera aplicação formal do estabelecido na constituição paulista não foi capaz de equacionar os citados problemas estruturais. Desse modo, é necessário fazer uma análise da atuação do TCESP e do MPC-SP nesse processo, pois são esses órgãos de controle, em especial o primeiro, que emite parecer favorável ou contrário à aprovação das contas públicas do governo estadual paulista.

Em busca de apresentar as análises realizadas, este livro foi estruturado da seguinte maneira:

Capítulo 1. **Caminhos e escolhas metodológicas** – são apresentadas as escolhas metodológicas realizadas, a saber: análise qualiquantitativa de dados oficiais de balanços orçamentários do Governo do Estado de São Paulo e de documentos emitidos pelos órgãos de controle (TCESP e MPC-SP) e entrevistas semiestruturadas com representantes de instituições públicas e privadas que acompanham a dinâmica do financiamento da educação pública no estado de São Paulo, e com o pesquisador pioneiro nos estudos a respeito da atuação dos Tribunais de Contas no Brasil.

Capítulo 2. **Órgãos de controle: Tribunal de Contas e Ministério Público de Contas do Estado de São Paulo** – apresenta as características legais e técnicas do Tribunal de Contas do Estado de São Paulo (TCESP) e do Ministério Público de Contas do Estado de São Paulo (MPC-SP).

Capítulo 3. **MDE – Manutenção e Desenvolvimento do Ensino (Recursos Vinculados ao Percentual Mínimo de Impostos), Fundeb, Salário-Educação (Recursos Vinculados Adicionais ao Percentual Mínimo de Impostos) e Dívida Ativa** – no primeiro item são abordadas as vinculações constitucionais à educação em âmbito nacional e do estado de São Paulo, além das características do Fundef e do Fundeb e são analisados processos orçamentários emitidos pelo TCESP e MPC-SP; e no segundo são definidas as particularidades do Salário-Educação, assim como são apresentados os valores constitutivos da dívida ativa no âmbito do Gesp.

Capítulo 4. **Balanço Geral do Governo do Estado de São Paulo e dinâmica dos gastos públicos (Administrações Direta e Indireta, Função 12 e Secretaria de Estado da Educação de São Paulo): 2007-2018** – apresenta dados e informações do BGGESP no que se refere à execução orçamentária na área da educação.

Capítulo 5. **Problemas estruturais: atuação do TCESP e MPC-SP e perspectiva dos entrevistados** – apresenta reflexões tangentes aos problemas estruturais da rede estadual de ensino paulista à luz dos entrevistados e atuação do TCESP e MPC-SP.

Ao final do estudo constam as considerações finais e as referências.

O simples enunciado de que somos cidadãos detentores de direitos e deveres, conforme preconizado pela Constituição Federal, reflete apenas uma fração do complexo tecido que constitui a cidadania plena. A verdadeira concretização da cidadania emerge da intricada trama que é o orçamento público, que delineia com precisão os rumos dos recursos financeiros, determinando quais áreas serão beneficiadas, quem arcará com os tributos e como os programas e projetos serão financiados.

Este livro aprofunda-se na relação entre cidadania e orçamento público, destacando a relevância das contribuições direta e indireta dos cidadãos, tanto pessoas físicas quanto jurídicas, e na sustentação do arcabouço financeiro que alimenta as políticas públicas, sobretudo a educação pública. Cada aquisição de produto ou serviço, cada pagamento de tributo, contribui para a construção do orçamento público, que, por sua vez, impacta diretamente o destino das políticas sociais, em especial a educação.

Nesse contexto, ganham proeminência as instituições de controle, como os Tribunais de Contas e os Ministérios Públicos de Contas, que atuam (ou deveriam) como pilares da transparência, da legalidade e da correta aplicação dos recursos orçamentários. Seus pareceres e manifestações desempenham um papel fundamental na garantia de que os recursos sejam utilizados conforme a legislação e as diretrizes orçamentárias estabelecidas.

Ao longo das páginas seguintes, você será conduzido por uma jornada de análise em que serão examinados pareceres emitidos pelo Tribunal de Contas do Estado de São Paulo (TCESP) e manifestações do Ministério Público de Contas do Estado de São Paulo (MPC-SP) relacionados às despesas destinadas à educação. O período abordado, de 2007 a 2018, servirá de pano de fundo para compreender como as decisões desses órgãos impactam a efetividade do financiamento da educação básica estadual paulista.

Ao final da leitura, esperamos que você esteja munido não apenas de um entendimento mais profundo sobre a intrincada interação entre cidadania, orçamento público e educação, mas também de uma maior consciência sobre o papel essencial que desempenhamos como cidadãos ativos e participativos na definição dos rumos da sociedade. O comprometimento e a pressão exercidos sobre os poderes executivos e legislativos, bem como a atenção voltada para as dinâmicas do financiamento público, constituem os alicerces da verdadeira cidadania.

Convidamos você, leitor, a mergulhar nesse universo, a absorver cada análise, reflexão e conclusão que este livro apresenta, e a tornar-se parte ativa da construção de uma sociedade mais consciente, participativa e comprometida com o pleno exercício da cidadania, especialmente no que diz respeito à educação básica, um dos alicerces fundamentais para o desenvolvimento integral e sustentável do nosso país.

1

CAMINHOS E ESCOLHAS METODOLÓGICAS

No presente capítulo são apresentados os caminhos percorridos e as escolhas metodológicas que se deram a partir do contexto histórico no qual esta pesquisa foi realizada, assim como os estudos sobre o financiamento da educação pública no Brasil e a definição do objeto, do objetivo, da metodologia e do referencial teórico.

1.1 CONTEXTO HISTÓRICO DO ESTUDO DE 2007 A 2022

Explicitar e compreender as circunstâncias históricas, econômicas, políticas e educacionais é fundamental para contextualizar esta pesquisa, que trata da atuação do TCESP e do MPC-SP na análise das contas do Gesp, no período de 2007 a 2018, com foco na rubrica MDE, tendo sido a coleta de dados e informações ocorridas de março de 2020 a fevereiro de 2022.

Entende-se que contextualizar o momento histórico proporciona entender as opções teóricas, metodológicas e políticas nas análises empreendidas pelos autores, consubstanciadas em face de documentos, de entrevistas realizadas pelos pesquisadores e do referencial teórico pertinente à temática. Desconsiderar as circunstâncias é negligenciar o contexto histórico.

No segundo semestre de 2018, no Brasil, ocorreram eleições gerais para presidente da República, governadores de estado, senadores, deputados federais e deputados estaduais com a vitória de Jair Messias Bolsonaro para presidente, representando segmentos culturais, econômicos e políticos de direita e extrema direita, com discurso reacionário, conservador, posturas e comportamentos autoritários, com afirmações, comentários e discursos de baixo calão (chulos) e vulgares, desrespeito para com a imprensa, baixo apreço pela democracia representativa brasileira e as instituições dos poderes Executivo, Legislativo e Judiciário.

Diversos autores, com destaque para Avritzer (2020); Avritzer, Kerche e Marona (2021); Carvalho (2019); Casara (2020); Ghiraldelli (2019); Manso (2020); Moura e Coberllini (2019); Nicolau (2020); Nobre (2020, 2022); Oyama (2020), Rocha (2021) e Saint-Clair (2018), analisaram a trajetória pessoal, militar e política do presidente da República eleito e as implicações da sua atuação política, em especial no que concerne à educação pública. Ao longo do ano de 2019 e no primeiro semestre de 2020, o ex-presidente Bolsonaro não demonstrou qualquer interesse em atuar para a permanência do Fundeb; ao contrário, o governo federal agiu no sentido de postergar a aprovação do novo fundo, visto que, no final do ano de 2020, terminou a validade do Fundeb, com consequências políticas, econômicas, sociais e educacionais prejudiciais aos estados e municípios e a educação escolar pública, caso o citado fundo não tivesse sua permanência assegurada.

No ano de 2020 foi aprovada a EC n.º 108, de agosto de 2020, originária da Proposta de Emenda à Constituição (PEC) n.º 15/2015, na Câmara dos Deputados, o que tornou o "Fundeb Permanente", também denominado de "Novo Fundeb", regulamentado pela Lei n.º 14.113, de 25 de dezembro de 2020, e pelo Decreto Federal n.º 10.656/2021, publicado no Diário Oficial da União (DOU), em 23/03/2021.

De março de 2020 até o ano de 2022, o Brasil e o mundo foram acometidos pela pandemia da covid-19, que é uma doença infecciosa causada pelo novo coronavírus (SARS-CoV-2), e esse cenário provocou problemas estruturais no que concerne à educação escolar pública e privada, com desdobramentos pedagógicos, emocionais e de desenvolvimento psíquico social para a maioria dos alunos, em especial aqueles das escolas públicas. Todavia os desdobramentos da pandemia da covid-19 na área da educação escolar pública e privada, no Brasil e no estado de São Paulo, não foram contemplados neste estudo em virtude do período analisado ser de 2007 a 2018.

De 2007 a 2021, o Brasil passou por inúmeras alterações no universo educacional e por diversos contextos políticos, com destaque para:

Das alterações no universo educacional

- Criação, em 2007, do Ideb, indicador dos resultados de dois conceitos para a qualidade da educação: o fluxo escolar (taxa média de aprovação em cada etapa da escolarização, variável entre alunos matriculados) e as médias de desempenho nas avaliações. Esse indicador é calculado a partir dos dados sobre aprovação escolar, obtidos no Censo Escolar, e das médias de desempenho no Sistema de Avaliação da Educação Básica (Saeb).

- Criação, em 2007, do Idesp, indicador de qualidade dos anos iniciais do ensino fundamental (1º ao 5º ano) e anos finais do ensino fundamental (6º ao 9º ano) e do ensino médio (1ª a 3ª série). Essa avaliação de qualidade das escolas é feita por dois critérios que se complementam: o desempenho dos alunos nos exames do Sistema de Avaliação de Rendimento Escolar do Estado de São Paulo (Saresp) e o fluxo escolar (taxa média de aprovação em cada etapa da escolarização, variável entre alunos matriculados).

- Sancionamento, em 16 de julho de 2008, da Lei n.º 11.738, que instituiu o Piso Salarial Profissional Nacional (PSPN) para os profissionais do magistério público da educação básica, regulamentando disposição constitucional. O PSPN é o valor abaixo do qual nenhum professor com formação em nível médio, na modalidade Normal, pode ser remunerado na forma de vencimento para a jornada de, no máximo, quarenta horas semanais, obedecendo-se a proporcionalidade em casos de jornada diferenciada.

- Publicação da Lei n.º 12.796, em 04 de abril de 2013, que normatizou a Emenda Constitucional n.º 59, de 11 de novembro de 2009, que define a escolaridade obrigatória a partir dos 4 anos até os 17 anos.

- Aprovação do Plano Nacional de Educação (PNE), Lei n.º 13.005, de 25 de junho de 2014.

- Aprovação do Plano Estadual de Educação de São Paulo (PEE-SP), Lei n.º 16.279, de 8 de julho de 2016.

- Aprovação da Base Nacional Comum Curricular (BNCC) da Educação Básica (educação infantil, ensino fundamental e ensino médio), conforme estabelece a Resolução CNE/CP n.º 02/2017.

- Criação do Programa Dinheiro Direto na Escola Paulista (PDDE Paulista), com a edição da Lei n.º 17.149, de 13 de setembro de 2019, regulamentada pelo Decreto n.º 64.644, de 05 de dezembro de 2019.

- Aprovação da PEC n.º 13/2021, no Senado Federal, em 21 de setembro de 2021, que acrescentou o artigo 115 ao Ato das Disposições Constitucionais Transitórias (ADCT), o qual, em decorrência da pandemia da covid-19, desresponsabliza os estados, o Distrito Federal e os municípios pelo descumprimento, nos anos de 2020 e 2021, do disposto no artigo 212 da Constituição Federal (CF). Após a aprovação no Senado, a mencionada PEC seguiu para tramitação na Câmara dos Deputados, em 29/09/2021. No dia

24/08/2021, em audiência no Senado Federal para tratar dessa tramitação, estiveram presentes as seguintes instituições: Associação Brasileira de Municípios (ABM), Confederação Nacional de Municípios (CNM), Confederação Nacional dos Trabalhadores em Educação (CNTE), Conselho Nacional de Secretários de Educação (Consed), Associação Nacional de Pesquisa em Financiamento da Educação (Fineduca), Frente Nacional de Prefeitos (FNP), Ministério da Educação (MEC), Ministério Público de Contas do Estado de São Paulo (MPC-SP), Todos pela Educação e União Nacional dos Dirigentes Municipais de Educação (Undime).

- Aprovação, em setembro de 2021, na Comissão de Educação da Câmara dos Deputados, do Projeto de Lei n.º 10.880/2018, que regulamentou o pagamento de precatórios do antigo Fundef e do Fundeb. Porém o projeto seguiu para a análise das Comissões de Finanças e Tributação e de Constituição e Justiça e de Cidadania (CCJ), da mencionada casa legislativa, para o encerramento da tramitação no Poder Legislativo federal.

- Regulamentação dos Precatórios do Fundef por definição prevista na Emenda Constitucional n.º 114, de 16 de dezembro de 2021, especificamente nos artigos 4º e 5º.

- Publicação da Lei n.º 14.276/21, de 27 de dezembro de 2021, que alterou a Lei n.º 14.113, de 25 de dezembro de 2020, que regulamenta o Fundeb.

Dos contextos políticos

- Acórdão da Ação Penal 470 no Superior Tribunal Federal (STF) (Escândalo do Mensalão), em 2012.

- 2º mandato do ex-presidente Luiz Inácio Lula da Silva, 2007 a 2010, Partido dos Trabalhadores (PT).

- 1º mandato da ex-presidenta Dilma Rousseff, 2011 a 2014, PT.

- Manifestações populares de junho de 2013.

- 2º mandato da ex-presidenta Dilma Rousseff, 2015 a 2016, PT.

- Processo de *impeachment* (golpe) da ex-presidenta, em 2016.

- Mandato do ex-presidente Michel Temer, Movimento Democrático Brasileiro (MDB), de 2016 a 2018.

- Emenda Constitucional n.º 95/2016 (Emenda Constitucional do Teto dos Gastos Públicos / Novo Regime Fiscal).

- Prisão e soltura do ex-presidente Luiz Inácio Lula da Silva (PT), no contexto do Caso Lava Jato,[1] nos anos de 2018 e 2021, respectivamente;

- Vitória de Jair Messias Bolsonaro na eleição para presidência da República em 2018.

- Pandemia da covid-19 em 2020, 2021 e 2022.

- Lei Complementar n.º 173, de 27 de maio de 2020. Estabeleceu o Programa Federativo de Enfrentamento ao Coronavírus SARS--CoV-2 (covid-19), alterou a Lei Complementar n.º 101, de 4 de maio de 2000, e deu outras providências.

- Indeferimento da PEC n.º 135/2019 (voto impresso), na Câmara dos Deputados, em agosto de 2021.

- Tentativa de Golpe de Estado, por parte do presidente da República, Jair Bolsonaro (PL), nas comemorações do dia 07 de setembro de 2021 (Independência do Brasil), porém com os desdobramentos políticos, sociais, econômicos e institucionais dos dias 08 e 09/09/2021, o referido presidente recuou de seus pronunciamentos e posicionamentos de cunho golpista e divulgou carta previamente elaborada pelo ex-presidente Michel Temer (MDB), denominada "Declaração à Nação", na qual o citado presidente afirmou a necessidade da harmonia entre os três poderes da república (Executivo, Legislativo e Judiciário) e o respeito aos princípios estabelecidos na Constituição Federal.

- Comissão Parlamentar de Inquérito (CPI) do Senado Federal que vigorou de maio a outubro de 2021, concluindo pelo indiciamento do presidente Jair Bolsonaro pelos crimes de: epidemia

---

[1] O Caso Lava Jato, uma das maiores iniciativas de propalado combate à corrupção e à lavagem de dinheiro da história recente do Brasil, teve início em março de 2014. Na época, quatro organizações criminosas que teriam a participação de agentes públicos, empresários e doleiros, passou a ser investigada pela Justiça Federal em Curitiba. O trabalho cresceu e, em função dos desdobramentos, novas investigações foram instauradas em vários estados ao longo de mais de seis anos. Em parte deles – caso do Rio de Janeiro e de São Paulo –, os procuradores naturais passaram a contar com a colaboração de colegas e a atuação conjunta deu-se no modelo de força-tarefa. Pela própria natureza, esse modelo é marcado pela provisoriedade. Em 2021, a fim de assegurar estabilidade e caráter duradouro ao trabalho, a sistemática da força-tarefa é incorporada aos Grupos de Atuação Especial de Combate ao Crime Organizado (Gaecos). Disponível em: http://www.mpf.mp.br/grandes-casos/lava-jato. Acesso em: 08 de jul. 2021.

com resultado morte; infração de medida sanitária preventiva; charlatanismo; incitação ao crime; falsificação de documento particular; emprego irregular de verbas públicas; prevaricação; crimes contra a humanidade e crimes de responsabilidade (violação de direito social e incompatibilidade com dignidade, honra e decoro do cargo). O Relatório da CPI encontra-se disponível no portal do Senado Federal.

- Ascensão do ideário da extrema-direita em níveis nacional e internacional em países como a Áustria, a Bielorrússia, o Brasil, a Dinamarca, os Estados Unidos, as Filipinas, a Hungria, a Itália, a Noruega, a Polônia, a Rússia, a República Tcheca e a Turquia.

- Eleições gerais em 2022 para presidente da República, senadores, deputados federais, governadores e deputados estaduais, com a vitória de Luiz Inácio Lula da Silva (PT) para presidente. O processo eleitoral foi marcado por intensa polarização ideológica e política entre extrema-direita, direita, centro e esquerda, e o correspondente debate em todas as instâncias da sociedade brasileira.

O debate político no período de 2018 a 2022 foi marcado pela polarização entre concepções de extrema direita, direita, centro e esquerda, com a divulgação de *fake news*, mentiras deliberadamente divulgadas, em especial nas redes sociais, distorção dos fatos, radicalização dos discursos políticos e com a crítica da atuação das instituições democráticas, em especial do Congresso Nacional (Senado Federal e Câmara dos Deputados) e do STF.

No que tange ao combate à pandemia, o governo Bolsonaro não atuou de forma conjunta e coordenada com os governos estaduais e municipais, contrariando orientação do STF, e dedicou-se a divulgar o "tratamento precoce/kit Covid" contra a covid-19, com a indicação de remédios sem quaisquer comprovações científicas (cloroquina, hidroxicloroquina, ivermectina e azitromicina), para a cura da referida doença, como anunciado pelo Ministério da Saúde do governo Bolsonaro, em nota técnica n.º 242/2021-Citec/CGGTS/DGITIS/SCTIE/MS, de 08 de junho de 2021, com a afirmação da ineficiência do "tratamento precoce/kit Covid" contra a covid-19. Em 20/01/2022, conforme consta na nota técnica n.º 02/2022 -SCTIE/MS, o Ministério da Saúde volta a indicar o mencionado tratamento para fins de combate à pandemia da covid-19, manifestação essa que demonstra o viés político e não científico do Ministério da Saúde em relação à doença. E na nota técnica n.º 3/2022-SCTIE/MS, Fundamentação e Decisão Acerca das Diretrizes Terapêuticas para o Tratamento Farmacológico da covid-19 (Hospitalar e Ambulatorial), o Ministério da Saúde revê a indicação de tratamento precoce.

As ações do governo Bolsonaro quanto à aquisição e à distribuição de vacinas ocorreram de forma tardia e não articulada com os demais poderes da federação (estados e municípios), mesmo com a indicação das vacinas contra a covid-19 no Plano Nacional de Imunizações (PNI) elaborado pelo Ministério da Saúde.

Em suma, a politização da condução do enfrentamento da pandemia evidenciada nos anos de 2020 a 2022 explica o número de 28.670.242 casos confirmados e 648.160 de óbitos, até o dia 25 de fevereiro de 2022, conforme dados do Conselho Nacional de Secretários da Saúde (Conass).

Foi instituída no Senado Federal a CPI da Covid (CPI da Pandemia ou CPI do Coronavírus), criada em 13/04/2021, com duração de três meses e prorrogada por mais três meses, sendo que o relatório final foi lido e votado no plenário do Senado Federal, em 26/10/2021. A CPI teve como objetivo verificar a atuação do governo Bolsonaro no combate à pandemia da covid-19.

Nesse contexto de 2007 a 2022 de intensa polarização de ideias de esquerda, direita e extrema direita, crises políticas, econômicas, sociais e de combate à pandemia, a polarização ideológica intensificou-se e foi expressa nos debates teóricos e políticos, evidenciando-se nas contribuições de Gomes (2020), Moreira (2019a, 2019b, 2020) e Souza (2019, 2021). Esses autores posicionam-se na perspectiva da necessidade de consolidação da democracia e na crítica ao capitalismo brasileiro. A dinâmica da Operação Lava Jato, sua repercussão no combate à corrupção e seus impactos determinantes nas eleições gerais de 2018 constam em Duarte (2020). Essas análises contrapõem-se a autores como Reed (2019) e Sinotti (2015, 2018), que justificam as concepções de extrema direita e direita como forma de explicação das desigualdades sociais e econômicas no país e no mundo.

Os revisionismos históricos são apresentados de maneira a mostrar versões distintas e distorcidas de determinados fatos e acontecimentos, e esses revisionismos, com a eleição para presidente da República de Jair Messias Bolsonaro, foram incentivados pelo próprio presidente, como a revisão histórica da Ditadura Militar de 1964 a 1985. Essa revisão histórica apresenta-se, em especial, nas obras do coronel reformado do Exército brasileiro, Carlos Alberto Brilhante Ustra (2003, 2016), que expõe sua versão sobre a luta armada de esquerda no Brasil, no período militar, e relata sua trajetória como ex-chefe do Destacamento de Operações e Informações – Centro de Operações e Defesa Interna (DOI-Codi), órgão do II Exército brasileiro, no período de 1970 a 1974. O DOI-Codi foi um dos principais executores da repressão política, no qual foram torturados e assassinados opositores da ditadura militar.

Esses revisionismos históricos são analisados e criticados por Araújo; Dias (2018), Cardoso (1994, 2011), Castro (2010), Cerveira (2007), Fernandes (2017), Gaspari (2002a, 2002b, 2003, 2004, 2006), Oliveira (2016) e Santos (2014, 2016). Esses autores demonstram que a ideia de revisionismo histórico não tem fundamentação teórica para sustentar suas argumentações e visões de mundo, pois são baseados em ilações e justificações incoerentes com vistas a reafirmar as respectivas convicções políticas, ideológicas e concepções de mundo das pessoas e de seus grupos sociais e políticos de extrema direita e de direita.

O Partido da Social Democracia Brasileira (PSDB) governa o estado de São Paulo desde 1995 a 2022, com sete gestões ininterruptas em 28 anos de governo estadual, fato único na história política do estado. Essa permanência por longo tempo é marcada por continuidades perenes e rupturas pontuais na condução das políticas públicas de educação, em especial no que concerne à aplicação dos gastos em MDE, especificamente no período estudado de 2007 a 2018. O governador de janeiro/2019 a março/2022 foi João Agripino da Costa Doria Junior (João Doria) (PSDB), e o vice-governador foi Rodrigo Garcia, do partido Democratas (DEM), no início do governo, e em 2021 filiou-se ao PSDB, assumindo como governador em abril/2022.

Durante o período de 2007 a 2018, os governadores, os vice-governadores e os secretários estaduais de educação paulistas foram os seguintes:

* **2007 - 2010**

Governadores/Vices:

- 01/01/2007 a 01/04/2010 – **Governador**: José Serra Chirico – PSDB / **Vice-governador**: Alberto Goldman – PSDB.

- 02/04/2010 a 31/12/2010 – **Governador**: Alberto Goldman – PSDB / **Vice-governador**: cargo vago.

Secretários da Educação:

- 01/01/2007 a 30/03/2009 – Maria Helena Guimarães de Castro.
- 31/03/2009 a 16/12/2010 – Paulo Renato Costa Souza.
- 17/12/2010 a 31/12/2010 – Fernando Padula Novaes (interino).

* **2011 - 2014**

Governador/Vice:

- 01/01/2011 a 31/12/2014 – **Governador**: Geraldo José Rodrigues Alckmin Filho – PSDB / **Vice-governador**: Guilherme Afif Domingos – DEM (Democratas) e PSD (Partido Social Democrático).

Secretário da Educação:

- 01/01/2011 a 31/12/2014 – Herman Jacobus Cornelis Voorwald.

* **2015 - 2018**

Governadores/Vices:

- 01/01/2015 a 06/04/2018 – **Governador**: Geraldo Alckmin – PSDB / **Vice-governador**: Márcio Luiz França Gomes (Márcio França) – PSB (Partido Social Brasileiro).
- 07/04/2018 a 31/12/2018 – **Governador**: Márcio França – PSB / **Vice-Governador**: cargo vago.

Secretários da Educação:

- 01/01/2015 a 04/12/2015 – Herman Voorwald (Governo Geraldo Alckmin).
- 05/12/2015 a 21/01/2016 – Cleide Bauab Eid Bochixio (interina) (Governo Geraldo Alckmin).
- 22/01/2016 a 13/04/2018 – José Renato Nalini (Governo Geraldo Alckmin).
- 14/04/2018 a 31/12/2018 – João Cury Neto (Governo Márcio França).

* **2019 - 2022**

Governadores/Vices:

- 01/01/2019 a 31/03/2022 – **Governador**: João Doria – PSDB / **Vice-Governador**: Rodrigo Garcia – DEM e PSDB.
- 01/04/2022 a 31/12/2022 – **Governador**: Rodrigo Garcia – PSDB / **Vice-Governador**: cargo vago.

Secretários da Educação:

- 01/01/2019 a 31/03/2022 – Rossieli Soares da Silva.
- 01/04/2022 a 02/06/2022 – Renilda Peres de Lima.
- 03/06/2022 a 31/12/2022 – Hubert Alquéres.

Cabe mencionar os estudos de Negri, Torres e Castro (2014); Secretaria de Estado da Educação de São Paulo (2013); Voorwald e Palma Filho (2013) e Voorwald e Souza (2014), nos quais são apresentadas as principais alterações empreendidas nas políticas públicas de educação escolar no estado de São Paulo, com destaque para o processo de municipalização, o impacto do Fundef e do Fundeb no financiamento da educação, a reorganização física e pedagógica das escolas da rede estadual de ensino paulista, a dinâmica da carreira e dos salários dos profissionais da educação, a institucionalização do Programa de Ensino Integral (PEI) e da Escola de Tempo Integral (ETI) e a instituição do Saresp e do Idesp. Esses estudos são apresentados na perspectiva de demonstrar os avanços empreendidos pelos governos do PSDB, no período de 1995 a 2012, no tocante à oferta e à qualidade da educação escolar pública estadual paulista.

Os estudos de Barbosa; Venco; Jacomini e Alameda (2022), na obra *Relações e condições de trabalho dos profissionais da educação na rede estadual paulista*, abordam a trajetória dos profissionais da educação que atuaram na rede estadual de ensino em São Paulo ao longo de um período de 23 anos, compreendendo o período de 1995 a 2018. A pesquisa, inicialmente organizada por pesquisadores da Repu, contou com a colaboração de professores, diretores, supervisores de ensino, estudantes de graduação e pós-graduação de instituições públicas e privadas do estado de São Paulo, bem como de redes de ensino da educação básica.

O objetivo central da pesquisa foi analisar a adesão dos governos paulistas à Nova Gestão Pública, focando especialmente na flexibilização das relações de trabalho no setor público, bem como verificar o cumprimento da legislação nacional em relação à valorização dos profissionais da educação e à formalização dos contratos entre o Estado e os servidores públicos.

Os autores analisam as relações e as condições de trabalho dos profissionais da educação nesse contexto temporal e salientam que no período estudado, a educação brasileira passou por diversas transformações políticas, sociais e econômicas, e por isso buscaram compreender como essas mudanças afetaram o trabalho dos profissionais da área no estado de São Paulo.

Eles debruçam-se sobre temas como as políticas públicas educacionais implementadas no período; os desafios enfrentados pelos profissionais da educação no contexto das reformas e das mudanças estruturais do sistema educacional; a valorização e a formação desses profissionais, além das condições de trabalho, salários, jornadas e aspectos relacionados à saúde e ao bem-estar dos educadores. Por meio de uma análise rigorosa e embasada em pesquisas e dados, a obra oferece uma visão abrangente das condições e dos desafios enfrentados pelos profissionais da educação na rede estadual paulista ao longo dessas duas décadas, contribuindo para o entendimento das dinâmicas educacionais e das políticas voltadas para a área em um contexto histórico específico.

O livro *Política e gestão da educação na rede estadual paulista: 1995-2018*, de Márcia Aparecida Jacomini e Sérgio Stoco (2022), busca trazer uma visão abrangente e embasada sobre a evolução das políticas e da gestão da educação na rede estadual paulista, contribuindo para o entendimento das dinâmicas educacionais nesse contexto específico. A obra é resultado de uma pesquisa que teve como objetivo analisar a política educacional implementada pelo governo de São Paulo no período de 1995 a 2018.

Os autores enfrentaram o desafio de investigar a construção da agenda, a formulação e a implantação de programas e projetos de governo relacionados à educação, utilizando métodos de estudo documental e bibliográfico. A análise da política educacional considerou a disputa de interesses entre diversos setores da sociedade civil, coordenados pela sociedade política ou pelo Estado em sentido restrito, seguindo o conceito de Estado Integral de Gramsci.

Além de examinar os programas e projetos implementados, os autores também atribuem importância aos sujeitos sociais que influenciaram a educação pública no estado de São Paulo durante o período abordado, oferecendo referências para aqueles que desejam compreender a relação entre a sociedade política e a sociedade civil na formulação da política educacional e na gestão dos sistemas de ensino.

Os estudos de Carneiro, Jacomini e Bello (2022), apresentados no livro *Políticas curriculares na rede estadual paulista 1995-2018*, buscam compreender as políticas curriculares de uma extensa rede educacional como a do estado de São Paulo e do Centro Paula Souza (CPS) ao longo de 24 anos. Esse período de análise é relativamente curto, considerando a fundação da Secretaria Estadual de Educação de São Paulo (SEE-SP) no início da década de 1930, e do CPS em 1969, o que evidencia a complexidade e o histórico dessas instituições.

Os organizadores e autores do livro empreendem uma análise criteriosa das políticas curriculares adotadas no estado, examinando tanto documentos oficiais quanto práticas implementadas nas escolas. A investigação busca compreender as motivações por trás das mudanças curriculares, os interesses envolvidos e os impactos no ensino e na aprendizagem dos estudantes. Ademais, o livro também discute as diferentes dimensões da política educacional paulista no período, relacionando as políticas curriculares com outras questões-chave, como a gestão escolar, a formação de professores e a inclusão educacional, entre outros.

Ressaltam os autores que a investigação das propostas e das políticas implementadas pela SEE-SP e pelo CPS requer a observação cuidadosa do contexto em que ocorreram, incluindo a análise das forças que as influenciaram. E destacam também que as políticas curriculares devem ser compreendidas à luz das disputas, das resistências e das limitações que permearam o cenário educacional.

Os estudos de Bocchi (2019) abordam a problemática da corrupção no contexto da educação brasileira, focalizando especialmente a realidade das escolas públicas. A autora apresenta uma análise aprofundada sobre a presença e os impactos da corrupção nas escolas públicas do Brasil por meio de relatos e testemunhos de indivíduos que estão diretamente envolvidos com a educação no dia a dia, como professores, gestores escolares, pais e alunos. Com base nesses relatos, a autora revela as diversas formas pelas quais a corrupção manifesta-se no sistema educacional, incluindo práticas como desvio de verbas, nepotismo, favorecimento pessoal, compra de materiais escolares superfaturados, entre outras.

A obra busca não apenas evidenciar a corrupção na educação, mas também compreender suas raízes, causas e consequências para o processo de aprendizado dos alunos e para a qualidade do ensino público como um todo. Ademais, oferece *insights* sobre possíveis estratégias e medidas para combater e prevenir a corrupção no ambiente escolar, promovendo, assim, uma reflexão crítica sobre a necessidade de reformas e mudanças no sistema educacional brasileiro. De modo geral, a autora lança luz sobre uma questão sensível e relevante, fornecendo uma visão mais abrangente das complexidades envolvidas e chamando a atenção para a importância de um compromisso sério com a transparência, a ética e a melhoria da educação pública no Brasil.

O estudo de Santos (2019) aborda o conceito de hibridismo administrativo na estrutura organizacional da Secretaria da Educação do Estado de São Paulo (SEE-SP) em um amplo período, que abrange desde 1846 até 2018. A autora propõe-se a investigar e analisar como o hibridismo administrativo acontece na SEE-SP, explorando a presença de elementos variados e combinações de modelos de gestão ao longo do tempo. O hibridismo administrativo é compreendido como a coexistência de diferentes princípios e lógicas organizacionais em uma mesma estrutura, resultando em uma complexidade de arranjos institucionais.

O estudo revela como a SEE-SP passou por diferentes momentos de organização administrativa, incorporando influências e características de distintos modelos de gestão, tais como burocrático, gerencial e participativo. Essa combinação de elementos resulta no que a autora chama de hibridismo administrativo, evidenciando uma complexidade na forma como a secretaria foi estruturada e gerida ao longo do tempo.

Cardoso (2018) analisa a relação do Gesp e o Sistema de Justiça formado pelo Tribunal de Justiça, Ministério Público e Defensoria Pública do estado de São Paulo, em parte do período do presente estudo, de 2007 a 2018. A autora demonstra a articulação de interesses entre o Poder Executivo estadual e o referido sistema de justiça paulista, que, em tese, deveriam atuar com autonomia e independência. Todavia, nos governos do PSDB, evidenciou-se a sinergia entre as demandas do Poder Executivo paulista e os interesses corporativos dos membros do mencionado sistema de justiça, expressos, em especial no repasse de recursos financeiros e de benefícios orçamentários ao sistema e, em contrapartida, o atendimento de demandas judiciais oriundas do governo estadual paulista.

Corroboram as análises de Cardoso (2018) o fato de que no governo de Geraldo Alckmin – PSDB (2015 a 2018) – ocorreu a substituição do secretário da Educação, Herman Voorwald, por José Renato Nalini, que foi juiz do Tribunal de Alçada Criminal de São Paulo em 1993, e tornou-se desembargador do Tribunal de Justiça de São Paulo (TJSP) em 2004. Ainda, foi corregedor-geral da Justiça do estado de São Paulo de 2012 a 2013 e presidente do tribunal de 2014 a 2015, quando se aposentou para assumir o cargo de secretário da Educação. A troca no comando da SEE-SP caracteriza a simbiose entre o Poder Executivo estadual paulista e o sistema de justiça, em especial o Tribunal de Justiça do Estado de São Paulo, com as articulações e benesses jurídicas, políticas e orçamentárias.

O contexto histórico apresentado demonstra as características gerais que marcaram os cenários político e institucional no qual o presente estudo desenvolveu-se, com destaque para o período que compreende do 1º semestre de 2020 até o 1º semestre de 2022.

1.2 ESTUDOS SOBRE O FINANCIAMENTO DA EDUCAÇÃO PÚBLICA NO BRASIL

Os estudos sobre financiamento da educação pública no Brasil aumentaram exponencialmente, a partir da Constituição de 1988, da LDB de 1996, do Fundef (1996 a 2006) e, posteriormente, com o Fundeb (2007 a 2020).

Dentre os pesquisadores-referência, que estudaram e estudam o financiamento da educação pública no Brasil, destacam-se as análises de:

- Alberto de Mello e Souza (Universidade do Estado do Rio de Janeiro [Uerj]).

- Andréa Barbosa Gouveia (Universidade Federal do Paraná [UFPR]).

- Ângelo Ricardo de Souza (UFPR).

- Cândido Alberto Gomes (Universidade Católica de Brasília [UCB]).

- Cristina Helena Almeida de Carvalho (Universidade de Brasília [UnB]).

- Élida Graziane Pinto (MPC-SP).

- Juca Pirama Camargo Gil (Universidade Federal do Rio Grande do Sul [UFRGS]).

- Jacques Rocha Velloso (UnB).

- João Antônio Cabral de Monlevade (Universidade Federal do Mato Grosso [UFMT] / Senado Federal).

- Jorge Abrahão de Castro (Ministério do Planejamento, Orçamento e Gestão [Mpog]).

- José Carlos de Araújo Melchior (Universidade de São Paulo [USP]).

- José Marcelino de Rezende Pinto (USP-RP).

- Lisete Regina Gomes Arelaro (USP).

- Marcos Edgar Bassi (Universidade Federal de Santa Catarina [UFSC]).

- Maria Dilnéia Espíndola Fernandes (Universidade Federal de Mato Grosso [UFMS]).

- Nalú Farenzena (UFRGS).

- Nelson Cardoso Amaral (Universidade Federal de Goiás [UFG]).

- Nicholas Davies (Universidade Federal Fluminense [UFF]).

- Paulo de Sena Martins (Câmara dos Deputados – Consultor Legislativo).

- Robert Evan Verhine (Universidade Federal da Bahia [UFBA]).

- Romualdo Luiz Portela de Oliveira (USP).

- Rubens Barbosa de Camargo (USP).

- Theresa Maria de Freitas Adrião (Universidade Estadual de Campinas [Unicamp]).

- Vera Lúcia Jacob Chaves (Universidade Federal do Pará [UFPA])

- Ursula Dias Peres (Escola de Artes, Ciências e Humanidades [EACH]-USP).

Os referidos pesquisadores definiram as linhas de pesquisa a respeito do financiamento da educação pública no Brasil a partir de 1988, desenvolvidas nos programas de pós-graduação (mestrado e doutorado), assim como em centros de estudos e pesquisas públicos e privados.

Os estudos de Cruz e Jacomini (2017), Davies (2010, 2011, 2014) e Santos (2013, 2017) apresentam o levantamento da produção acadêmica sobre o financiamento da educação pública no país realizada em programas de pós-graduação e em centros de estudos e pesquisas.

Os números temáticos elaborados pelo Instituto Nacional de Estudos e Pesquisas Educacionais Anísio Teixeira (Inep) sobre o financiamento da educação estão publicados no periódico *Em Aberto*, v. 2, n.º 14 (1983); v. 8, n.º 42 (1989); v. 18, n.º 74 (2001) e v. 28, n.º 93 (2015), este último a respeito do Fundeb, e os artigos publicados na *Revista de Financiamento da Educação*, v. 11 (2021), da Fineduca, em relação à produção acadêmica sobre financiamento da Educação de Jovens e Adultos, e a pesquisa sobre custo-aluno no Brasil, demonstram a intensa produção acadêmica na análise do tema com a promulgação da Constituição de 1988 e das legislações educacionais subsequentes.

Das instituições-referência nos estudos sobre o financiamento da educação no Brasil destacam-se:

- Ação Educativa.
- Anped/GT05.
- Associação de Jornalistas de Educação (Jeduca).
- Associação Nacional de Pesquisa em Financiamento da Educação (Fineduca).
- Câmara dos Deputados (Comissão de Educação).
- Campanha Nacional pelo Direito à Educação (CNDE).
- Centro de Estudos e Pesquisas em Educação, Cultura e Ação Comunitária (Cenpec).
- Centro de Estudos Educação e Sociedade (Cedes).
- Conselho Nacional de Secretários de Educação (Consed).
- Ministério da Educação/Conselho Nacional de Educação (MEC/CNE).
- Senado Federal (Comissão de Educação, Cultura e Esporte).
- Todos pela Educação.
- União Nacional dos Dirigentes Municipais de Educação (Undime).

O Sistema de Informações sobre Orçamentos Públicos em Educação (Siope), administrado pelo Fundo Nacional de Desenvolvimento da Educação (FNDE), é uma ferramenta eletrônica instituída para coleta, processamento, disseminação e acesso público às informações referentes aos orçamentos de educação da União, dos estados, do Distrito Federal e dos municípios, sem prejuízo das atribuições próprias dos poderes legislativos e dos Tribunais de Contas.

As instituições-referência que formam o Sistema de Controle Externo são as seguintes: Associação Brasileira dos Tribunais de Contas dos Municípios (Abracom), Associação dos Membros dos Tribunais de Contas do Brasil

(Atricon), Associação Nacional do Ministério Público de Contas (Ampcon), Associação Nacional dos Auditores de Controle Externo do Brasil (ANTC), Associação Nacional dos Ministros e Conselheiros Substitutos dos Tribunais de Contas (Audicon), Conselho Nacional de Procuradores-Gerais de Contas (CNPGC), Conselho Nacional dos Presidentes dos Tribunais de Contas (CNPTC) e o Instituto Rui Barbosa (IRB).

Em 18 de agosto de 2021, a Abracom, a Ampcon, a ANTC, a Atricon, a Audicon, o CNPGC, o CNPTC e o IRB, em nota pública conjunta, manifestaram-se publicamente contrários à aprovação da Proposta de Emenda Constitucional n.º **13, de 2021**, de relatoria da senadora Soraya Thronicke (PODE), que

> [...] acrescenta o art. 115 ao Ato das Disposições Constitucionais Transitórias, para determinar que os Estados o Distrito Federal e os Municípios, bem como seus agentes, não poderão ser responsabilizados pelo descumprimento, no exercício financeiro de 2020, do disposto no caput do art. 212 da Constituição Federal (Ementa da Proposta). (SENADO FEDERAL, 2021).

Essas instituições representam os membros que atuam no âmbito dos Tribunais de Contas e dos Ministérios Públicos de Contas de todo o país e subsidiam o trabalho de seus associados e das respectivas instituições na análise das contas públicas em geral e da educação (MDE) em especial. A atuação dessas instituições reforça a necessidade dos órgãos externos de controle (Tribunais de Contas e Ministério Público de Contas) com vista a garantir a efetiva aplicação dos recursos públicos em educação em âmbito estadual e municipal, com base nas leis orçamentárias (PPA, LDO e LOA) e demais legislações (Constituição Federal, Constituições Estaduais, Leis Orgânicas dos Municípios e a Lei de Diretrizes e Bases da Educação Nacional).

A temática do financiamento da educação pública no Brasil tem abordagem em subtemas, como a vinculação constitucional de recursos, o Fundef, o Fundeb, o "Fundeb Permanente", o financiamento da educação superior, a remuneração dos profissionais da educação, os programas federais do Fundo Nacional de Desenvolvimento da Educação/Programa Dinheiro Direto na Escola (FNDE/PDDE), o federalismo e as políticas educacionais, o Custo Aluno-Qualidade (CAQ) e o Custo Aluno-Qualidade Inicial (CAQi).

Os estudos de Cara (2018); Cássio (2019); Ednir e Bassi (2009); Fernandes (2021); Ferreira (2021); Gouveia, Pinto e Fernandes (2015); Pinto e Souza (2014), Rogerro, Costa e Pisaneschi (2020); Sousa Neto

(2019); Souza, Alves e Moraes (2021) e Xavier Neto e Lacks (2019), e o dossiê *Políticas de Financiamento no Brasil Contemporâneo*, publicado na *Revista Retrato da Escola da CNTE* (2021), são fundamentais para entender o processo de financiamento da educação pública no Brasil, seus desdobramentos no âmbito do superávit primário e do PNE, Lei n.º 13.005/2014 e do CAQ e do CAQi.

A temática da relação público e privado na educação brasileira, entendida como área de estudos derivada do processo do financiamento da educação, é objeto de análises por parte do Grupo de Estudos e Pesquisas em Política Educacional (Greppe) da Faculdade de Educação da Unicamp.

A CNTE publicou na revista *Retratos da Escola o Dossiê Privatização da e na educação*: projetos societários em disputa, no qual analisa as diferentes formas de privatização.

Existem temas correlatos e concorrentes ao do financiamento da educação pública no Brasil, como o impacto da EC n.º 95/2016 (teto dos gastos públicos) nas despesas do MEC e as renúncias fiscais do governo federal de 2006 até 2020.

Estudos publicados por Andi (2007) e Quirino (2011) proporcionam o entendimento dos procedimentos de planejamento, elaboração, execução e avaliação dos orçamentos públicos em níveis federal, estadual e municipal, e esses estudos são fundamentais para a compreensão da dinâmica do financiamento da educação no contexto orçamentário.

Os estudos de Alves e Carvalho (2020); Neves e Bandeira (2021) e Vituri (2014, 2019) são fundamentais para entender o financiamento da educação privada em nível superior no Brasil, em especial o Fundo de Financiamento Estudantil (Fies), que se refere à transferência de recursos financeiros do governo federal para o custeio das mensalidades de estudantes em cursos de graduação (licenciatura, bacharelado e tecnológico) nas Instituições de Ensino Superior (IES) do setor privado, por intermédio da concessão de financiamento (empréstimo). O empréstimo deve ser pago após o término do curso pelo estudante devedor em determinado número de anos.

Os estudos de Lopes (2020) e Paiva (2020) apresentam a inserção de estudantes no ensino superior privado nos anos de 1995 a 2020 e as características do Programa Universidade para Todos (ProUni) a partir do perfil socioeconômico e do desempenho acadêmico, respectivamente, com relevantes contribuições para se entender o tema da área do financiamento da educação no país. Já os estudos de Campos, Ferraz, Caetano e Ferreira (2021); Carvalho (2006) e Carvalho e Lopreato (2005) sobre o ProUni demonstram a articulação entre os interesses das instituições privadas do ensino superior e o governo federal na perspectiva de ampliação do acesso e o financiamento desse nível de ensino.

O Fies se diferencia do ProUni, ambos programas do MEC, pois esse último refere-se ao oferecimento de bolsas de estudos, integrais (100%) e parciais (50%), em IES privadas em cursos de graduação, sendo que o estudante não tem a necessidade de repor os valores recebidos após o término do curso, já que se trata de bolsa de estudo e não de financiamento (empréstimo).

As análises de Carvalho (2013, 2015) e Souza e Chaves (2021) são imprescindíveis para o entendimento da dinâmica da expansão e da consolidação do ensino superior privado, e das articulações políticas, econômicas e financeiras com o governo federal e o impacto delas no financiamento e na gestão do ensino superior público federal.

A análise da atuação dos Tribunais de Contas encontra-se respaldada nos estudos de Davies (2001b), que pode ser considerado como pioneiro nessa abordagem. E os estudos de Callegari (1997a, 1997b, 2002, 2010) sobre a municipalização do ensino, do Fundef e do Fundeb são referências para entender a dinâmica do financiamento da educação pública no estado de São Paulo.

A temática do FNDE/PDDE e a respectiva controladoria é tratada por Braga (2021); Cavalcanti (2019) e Freitas (2020), que trazem a dinâmica desses programas federais e a importância e a relevância deles no entendimento da atuação do governo federal na utilização dos recursos federais do salário-educação.

A UFPR desenvolveu o Simulador de Custos para Planejamento de Sistemas Públicos de Educação Básica em Condições de Qualidade (SimCAQ), ferramenta on-line para calcular o custo da oferta de ensino em escolas públicas, constituindo-se um instrumento técnico e político fundamental na gestão de escolas públicas, em especial nos sistemas municipais de educação, pois proporciona informações e dados para a concepção, a implantação e avaliação de políticas públicas de educação, especificamente no que concerne à gestão financeira dos recursos públicos a serem aplicados na rubrica MDE.

1.3 OBJETO, OBJETIVOS, METODOLOGIA E REFERENCIAL TEÓRICO

O presente estudo aborda a estrutura e a dinâmica do financiamento da educação pública no estado de São Paulo, no período de 2007 a 2018. Foram analisados aspectos próprios desse financiamento, expressos no objeto, no objetivo geral e nos objetivos específicos.

O objetivo geral do estudo articula-se com os objetivos específicos na medida em que esses últimos trazem dados e informações relevantes e necessárias para o entendimento da estrutura e da dinâmica do financiamento da educação pública estadual paulista, e são considerados para fins da emissão de pareceres e manifestações favoráveis ou não das contas públicas do Poder Executivo estadual paulista por parte do TCESP e do MPC-SP no mencionado período.

Os objetos desta pesquisa foram pareceres do TCESP e manifestações do MPC-SP no período de 2007 a 2018, visando demonstrar como são analisados os recursos financeiros contabilizados na rubrica MDE no contexto dos orçamentos realizados no período.

O objetivo geral foi verificar como conselheiros (TCESP) e procuradores (MPC-SP), ao analisarem os balanços orçamentários e a rubrica MDE, utilizaram-se de determinadas concepções técnicas, jurídico/legais e políticas para a emissão de parecer e manifestação favorável ou desfavorável à aprovação total ou parcial, ou mesmo a rejeição das contas do Gesp no intervalo em estudo.

Foram objetivos específicos:

- Analisar a contabilização dos Inativos (Aposentados) e Pensionistas como gastos na rubrica de MDE.

- Avaliar os gastos com a SEE-SP no âmbito do orçamento público estadual paulista.

- Apresentar as legislações que tratam da remuneração dos profissionais da educação.

- Apresentar dados e informações sobre a dívida ativa do estado.

- Verificar o posicionamento dos entrevistados a respeito dos três principais problemas estruturais da rede estadual de ensino paulista, a saber: as precárias condições físicas e operacionais das unidades escolares, a baixa remuneração e atratividade da carreira do magistério público estadual paulista e o baixo desempenho dos alunos nas avaliações externas, em especial no Idesp/Saresp e no Ideb/Saeb.

Foram utilizados documentos oficiais do TCESP e do MPC-SP, de balanços gerais do Gesp, informações disponibilizadas no sítio eletrônico do MEC e legislações que tratam da remuneração dos profissionais da educação; também foram realizadas entrevistas semiestruturadas com representantes de instituições da área da educação e do TCESP e do MPC-SP.

Temas e assuntos relacionados às instituições de ensino superior públicas estaduais paulistas: Faculdade de Medicina de Marília (Famema), Faculdade de Medicina de São José do Rio Preto (Famerp), USP, Unesp e Unicamp, assim como das unidades escolares integrantes da educação profissional técnica de nível médio do estado de São Paulo (Centro Paula Souza [CPS]), não foram abordados neste estudo.

1.3.1 Documentos oficiais

A metodologia de análise desta pesquisa pautou-se em estudos de Balanços Gerais do Gesp (Demonstrativos Contábeis), em Pareceres do TCESP e do MPC-SP, a partir de análises e informações oriundas da Diretoria de Contas do Governador (DCG), da Assessoria Técnico-Jurídica (ATJ) e da Secretaria-Diretoria Geral (SDG), em Decretos Legislativos da Assembleia Legislativa do Estado de São Paulo (Alesp), em informações oficiais sobre o Idesp e o Ideb, e legislações que abordam a temática da remuneração dos profissionais da educação estadual paulista.

Os estudos de Belloni, Magalhães e Sousa (2000) e Chizzotti (1998) orientaram a pesquisa nos documentos mencionados, e a análise documental ocorreu com base em consulta no website da Secretaria de Estado da Fazenda de São Paulo, nos itens: Balanço Geral do Estado, Relatório Anual de Governo, Demonstrações Contábeis e Pareceres do Tribunal de Contas do Estado, tendo como base os documentos apresentados pela DCG, pela ATJ e pela SDG, de 2007 a 2018, no mesmo sítio eletrônico.

Cabe mencionar que a DCG, a ATJ e a SDG são órgãos técnicos do TCESP que analisam e fiscalizam a execução do balanço orçamentário do Gesp e dos municípios paulistas, solicitam informações, definem glosas e procedimentos junto à Secretaria da Fazenda e Planejamento do Estado de São Paulo e outras instâncias do Poder Executivo estadual paulista no que concerne à execução orçamentária. Esses órgãos técnicos subsidiam os conselheiros e os procuradores do MPC-SP na emissão dos respectivos pareceres e manifestações a respeito, dentre outros assuntos, da aplicação dos impostos na rubrica MDE e no Fundeb.

O período em análise – 2007 a 2018 – compreende os governos paulistas com os respectivos governadores e vice-governadores do Governo do Estado de São Paulo e refere-se ao período de aprovação do Fundeb, em 2006, o início de sua implementação, em 2007, e o último ano de vigência do Fundef (2006), bem como o início do mandato do governador José Serra (PSDB), de 2007 a 2010.

O referencial teórico aqui utilizado tem como base as contribuições de: Araújo e Rodrigues (2017); Granado e Peres (2010); Leite e Peres (2015); Limonti, Peres e Caldas (2014); Lotta (2019); Peres (1999, 2007a, 2007b, 2007c, 2016a, 2016b, 2016c, 2016d, 2018a, 2018b); Peres e Mattos (2017); Peres, Mendonça e Vargas (2019); Peres e Santos (2019, 2020) e Slomski e Peres (2011), visando ao entendimento dos conflitos e das lutas políticas expressas nos documentos analisados, na atuação política do Gesp, do TCESP, do MPC-SP e da Alesp, e na concepção das políticas públicas, sobretudo na área da educação.

Dadas as caraterísticas desta pesquisa, que envolveu dados quantitativos e abordagem analítica qualitativa, foi necessária a interação entre as perspectivas, compreendendo que "a pesquisa quantitativa não deve ser oposta à qualitativa, mas ambas devem sinergicamente convergir na complementaridade mútua" (CHIZZOTTI, 1998, p. 34).

Foram consideradas para fins de análise as bibliografias que tratam das Políticas Públicas, com destaque para: Bucci (2006); Cianciarullo, Panhoca e Bonini (2014); Dias e Matos (2012); Faria (2012); Hochman, Arretche e Marques (2007); Hochman e Faria (2013); Marques e Faria (2013); Oliveira (2019) e Secchi, Coelho e Pires (2019).

Para fins da análise do orçamento público e a vinculação de recursos financeiros no contexto de MDE foram utilizadas as contribuições de Amaral (2003, 2012, 2013, 2015); Castro (2001a, 2001b, 2004, 2010, 2011); Castro e Corbucci (2003); Castro e Menezes (2002); Comparato, Tôrres, Pinto e Sarlet (2016); Cunda (2013); Davies (1999, 2000, 2001a, 2001b, 2004, 2008a), Pinto, Élida (2010, 2015, 2017); Pinto, José Marcelino (1997, 2000); Pinto, José Marcelino e Araújo (2017); Pinto, José Marcelino e Carreira (2007); Pinto, José Marcelino, CNDE e Carreira (2010); Pinto, José Marcelino, Gouveia e Coburcci (2011); Pinto, José Marcelino, Gouveia e Fernandes (2015); Pinto, José Marcelino e Souza (2014); Rodrigues (2020); Santos (2013, 2017) e Ximenes (2009, 2010, 2012, 2013).

Os autores referenciados inserem-se na perspectiva do levantamento e da análise documental, como menciona Severino (2007, p. 122), quando afirma que

> [...] se realiza a partir do registro disponível, decorrente de pesquisas anteriores, em documentos impressos, como livros, artigos, teses, etc. Utiliza-se de dados ou de categorias teóricas já trabalhadas por outros pesquisadores e devidamente registrados [...]. O pesquisador trabalha a partir das contribuições dos autores dos estudos analíticos constantes dos textos.

Segundo Köche (1997, p. 122), a pesquisa bibliográfica é utilizada na perspectiva que

> [...] se desenvolve tentando explicar um problema, utilizando o conhecimento disponível a partir das teorias publicadas em livros ou obras congêneres. Na pesquisa bibliográfica o investigador irá levantar o conhecimento disponível na área, identificando as teorias produzidas, analisando-as e avaliando sua contribuição para auxiliar a compreender ou explicar o problema objeto da investigação. O objetivo da pesquisa bibliográfica, portanto, é o de conhecer e analisar as principais contribuições teóricas existentes sobre um determinado tema ou problema, tornando-se um instrumento indispensável para qualquer tipo de pesquisa.

Os autores selecionados proporcionaram os fundamentos teóricos e metodológicos necessários para a análise proposta, pois contribuíram para o entendimento das ações jurídico/legal e política, com base em pareceres do TCESP e manifestações do MPC-SP.

Foram realizadas entrevistas com representantes de instituições e pessoas físicas consideradas referência nos estudos sobre o financiamento da educação pública no Brasil e no estado de São Paulo, e com o pesquisador pioneiro na análise da atuação dos Tribunais de Contas no país.

O convite para a realização da entrevista foi enviado por e-mail, bem como as perguntas a serem respondidas, sendo que três delas foram comuns a todos, a saber: o Governo do Estado de São Paulo, desde 2007 até 2018, atingiu os percentuais mínimos definidos no artigo 255 da Constituição do Estado de São Paulo na rubrica MDE (Manutenção e Desenvolvimento do Ensino). Todavia existem três questões que não foram devidamente equacionadas pela Secretaria de Estado da Educação de São Paulo.

- A remuneração salarial dos profissionais da educação não é atrativa e competitiva se comparada a outras redes de ensino (estaduais, municipais e federais) e perdeu poder de compra nos últimos anos.

- A infraestrutura de grande parte das escolas estaduais no que concerne à reforma, à ampliação, à manutenção (alvenaria, pintura, elétrica e hidráulica) e à informática está comprometida, apesar da utilização dos recursos do PDDE, do PDDE Paulista e da atuação da Fundação para o Desenvolvimento da Educação (FDE).

- A aprendizagem dos alunos das escolas estaduais paulistas, com base nos dados do Idesp/Saresp e do Ideb/Saeb dos últimos anos, apesar dos avanços nos anos iniciais do ensino fundamental (1º ao 5º ano), nos anos finais do ensino fundamental (6º ao 9º ano) e no ensino médio (1ª a 3ª série), permanece em patamares aquém do esperado segundo as metas definidas nos citados índices.

A seguir são apresentadas as instituições e seus respectivos representantes, que foram convidados para a realização de entrevista:

- **Assembleia Legislativa do Estado de São Paulo** (Alesp) – Membros da Comissão de Educação e Cultura: deputados estaduais Carlos Alberto Giannazi (Carlos Gianazzi), do Partido Socialismo e Liberdade (PSOL), Maria Izabel Azevedo Noronha (Professora Bebel), do PT/Sindicato dos Professores do Ensino Oficial do Estado de São Paulo (Apeoesp) e Mauro Bragato, do Partido da Social Democracia Brasileira (PSDB).

- **Associação de Professores Aposentados do Magistério Público do Estado de São Paulo** (Apampesp): presidenta Maria Walneide Ribeiro de Oliveira Romano.

- **Associação Nacional de Pesquisa em Financiamento da Educação** (Fineduca): presidenta Prof.ª Dr.ª Nalú Farenzena (representada pelo Prof. Pós-Dr. José Marcelino de Rezende Pinto (Universidade de São Paulo de Ribeirão Preto [USP-RP]).

- **Campanha Nacional pelo Direito à Educação** (CNDE): coordenadora-geral Andressa Camile Pellanda e ex-coordenador-geral Daniel Tojeira Cara (Daniel Cara).

- **Centro de Estudos e Pesquisas em Educação, Cultura e Ação Comunitária** (Cenpec): presidenta Anna Helena de Almeida Pires Altenfelder Silva (representada pelo Prof. Pós-Dr. Romualdo Luiz Portela de Oliveira – diretor de Pesquisa e Avaliação).

- **Centro do Professorado Paulista** (CPP): presidente José Maria Cancelliero.

- **Faculdade de Educação da Universidade de São Paulo** (FE/USP) e Associação Nacional de Pós-Graduação e Pesquisa em Educação (Anped)/Grupo de Trabalho de Estado e Política Educacional (GT05): Prof. Dr. Rubens Barbosa de Camargo.

- **Instituto Brasileiro de Sociologia Aplicada** (IBSA): diretor Antônio Cesar Russi Callegari (César Callegari).

- **Ministério Público de Contas do Estado de São Paulo** (MPC-SP): procuradora Élida Graziane Pinto e procurador Thiago Pinheiro Lima.

- **Rede Escola Pública e Universidade** (Repu): integrante: Prof.ª Pós-Dr.ª Márcia Aparecida Jacomini.

- **Secretaria da Educação do Estado de São Paulo** (Seduc-SP): chefe de gabinete e secretária executiva, Sra. Renilda Peres de Lima, e coordenador da Coordenadoria de Orçamento e Finanças, Vitor Knöbl Moneo.

- **Secretaria da Fazenda e Planejamento do Estado de São Paulo** (Sefaz-SP): Coordenadoria da Administração Financeira (CAF): coordenadora Emilia Ticami.

- **Sindicato de Especialistas de Educação do Magistério Oficial do Estado de São Paulo** (Udemo): presidente Francisco Antônio Poli.

- **Sindicato dos Funcionários e Servidores da Educação de São Paulo** (Afuse): presidente João Marcos de Lima.

- **Sindicato dos Supervisores de Ensino do Magistério Oficial no Estado de São Paulo** (Apase): presidenta Prof. Rosaura Aparecida de Almeida.

- **Todos pela Educação**: presidenta executiva Priscila Fonseca da Cruz (representada por Gabriel Barreto Corrêa – Líder de Políticas Educacionais).

- **Tribunal de Contas do Estado de São Paulo** (TCESP): Coordenadoria de Comunicação Social (CCS): conselheira Cristiana de Castro Moraes (presidenta do TCESP em 2021) e conselheiro Renato Martins Costa.

- **Universidade Federal Fluminense** (UFF): Prof. Dr. Nicholas Davies, pesquisador pioneiro nos estudos a respeito da atuação dos tribunais contas no Brasil, com análises sobre o Tribunal de Contas do Estado de São Paulo.

E-mails enviados, mas não respondidos pelos convidados:

- Afuse.
- Alesp.
- Apampesp.
- CNDE.
- CPP.
- Seduc-SP: chefe de gabinete e secretária executiva e coordenador da Coordenadoria de Orçamento e Finanças.
- Sefaz-SP: CAF.
- TCESP: CCS: conselheira Cristiana de Castro Moraes (presidenta do TCESP em 2021) e conselheiro Renato Martins Costa.
- Udemo.

Foram realizadas as entrevistas com:

- Apase.
- Cenpec.
- FE/USP e Anped/GT05.
- Fineduca.
- IBSA.
- MPC-SP: procuradora Élida Graziane Pinto e procurador Thiago Pinheiro Lima

- Repu.
- Todos pela Educação.

Em resposta ao convite para a realização da entrevista, destaca-se que o Prof. Dr. Nicholas Davies (UFF) disponibilizou:

a. link de entrevista concedida à Prof.ª Dr.ª Andréa Pavão (UFF) (PAVÃO, 2021);

b. entrevista concedida para a Prof.ª Márcia Aparecida Jacomini, na qualidade de editora da revista Fineduca (JACOMINI, 2022);

c. dois textos referentes a atuação do TCESP, sendo: 1) *Os Tribunais de Contas de São Paulo e sua avaliação dos gastos governamentais em educação* (DAVIES, 2006) e 2) artigo intitulado *Relatório sobre o projeto de pesquisa 'Procedimentos e critérios de avaliação das receitas e despesas em educação adotados pelos Tribunais de Contas do Brasil'* (ASSOCIA-ÇÃO NACIONAL DE PESQUISA EM FINANCIAMENTO DA EDUCAÇÃO, 2013), que trata da atuação dos Tribunais de Contas dos estados, em especial o TCESP.

Na oportunidade, foi indicado para leitura o artigo *A fiscalização da aplicação dos recursos vinculados à educação: uma análise do papel do Tribunal de Contas do Estado de São Paulo*, com a autoria de Ana Paula Santiago do Nascimento (2009). O mencionado artigo faz referência à análise das prestações de contas de alguns municípios paulistas pelo TCESP.

Ainda no que concerne aos convites enviados, ressalta-se que foi encaminhado e-mail para o presidente da Atricon, Fábio Túlio Filgueiras Nogueira, com questionamentos sobre o posicionamento da entidade em relação às orientações junto aos associados quanto ao entendimento da inclusão ou não dos Inativos (Aposentados) e Pensionistas na rubrica de MDE. O presidente respondeu via e-mail, com ofício n.º 015/2021, em 26 de fevereiro de 2021. As respostas aos questionamentos demonstram que a entidade não tem manifestação formal e específica sobre o assunto.

Cabe destacar que a entrevista concedida pelo procurador-geral Thiago Pinheiro Lima, do MPC-SP, foi respondida por escrito, via e-mail. As demais foram realizadas no formato remoto-síncrono, via Microsoft Teams;[2] e no caso do professor Rubens Barbosa de Camargo, via Google Meet.[3]

---

[2] Plataforma unificada de comunicação e colaboração que combina bate-papo, videoconferências, armazenamento de arquivos e integração de aplicativos no local de trabalho.

[3] Serviço de comunicação por vídeo desenvolvido pelo Google.

As entrevistas possibilitaram ampliar a perspectiva de análise do objeto de estudo, visto que diferentes visões e abordagens proporcionaram o entendimento que as instituições e seus respectivos representantes têm em relação à dinâmica do orçamento público do estado de São Paulo.

2

ÓRGÃOS DE CONTROLE: TRIBUNAL DE CONTAS E MINISTÉRIO PÚBLICO DE CONTAS DO ESTADO DE SÃO PAULO

No presente capítulo são apresentados o TCESP e o MPC-SP, órgãos de controle do poder público estadual paulista que têm a precípua atribuição de analisar, fiscalizar, auditar e verificar as contas do poder público, assim como das prefeituras municipais, exceto a da capital paulista, que tem um tribunal de contas próprio.

A atuação do TCESP e do MPC-SP ocorre de forma articulada e integrada, visto que o TCESP tem a prerrogativa legal de emitir parecer sobre a aprovação ou não das contas públicas estaduais paulistas. O MPC-SP, por sua vez, tem como incumbência garantir a plena legalidade da aplicação dos recursos públicos sob a responsabilidade do poder público estadual paulista, com atuação colaborativa e subsidiária ao citado tribunal.

2.1 TRIBUNAL DE CONTAS DO ESTADO DE SÃO PAULO (TCESP)

O TCESP foi criado pela Lei n.º 1.961, de 29 de dezembro de 1923, regulamentada pelo Decreto de 08 de abril de 1924, e o Decreto n.º 3.708-A, de 06 de maio de 1924 (TCESP, s./d.).

A história do TCESP consta em Debes (1990) e De Sanchez (1989). Esse órgão de controle é vinculado à Alesp e orienta-se pelos instrumentos normativos, a saber: a Lei Orgânica, o Regimento Interno, as Instruções e as Resoluções, conforme consta no sítio eletrônico do tribunal. As atribuições e competências do TCESP estão definidas na Constituição do Estado de São Paulo, especificamente nos artigos 31, 32, 33, 34, 35 e 36.

O TCESP elabora parecer a respeito da execução orçamentária anual realizada pelo Gesp e dos municípios estaduais paulistas, exceto o da capital paulista, pois esse tem Tribunal de Contas próprio, o Tribunal de Contas do Município de São Paulo (TCMSP). O parecer é encaminhado à Alesp para análise e manifestação, com posterior definição sobre a aprovação ou rejeição das contas do Poder Executivo estadual paulista de determinado ano civil, assim como dos municípios paulistas. A Alesp, por sua vez, emite Decreto Legislativo com a manifestação sobre a aprovação ou rejeição das contas do mesmo poder. No período de 2007 a 2018 foram aprovadas todas as contas do Gesp, conforme consta nos decretos legislativos abaixo discriminados:

- Decreto Legislativo n.º 776, de 17 de dezembro de 2008 – Dispõe sobre as contas prestadas pelo chefe do Poder Executivo relativas ao exercício econômico-financeiro de 2007.

- Decreto Legislativo n.º 2.244, de 17 de dezembro de 2009 – Dispõe sobre as contas prestadas pelo chefe do Poder Executivo relativas ao exercício econômico-financeiro de 2008.

- Decreto Legislativo n.º 2.291, de 22 de dezembro de 2010 – Dispõe sobre as contas prestadas pelo chefe do Poder Executivo relativas ao exercício econômico-financeiro de 2009.

- Decreto Legislativo n.º 2.319, de 15 de dezembro de 2011 – Dispõe sobre as contas prestadas pelo chefe do Poder Executivo relativas ao exercício econômico-financeiro de 2010.

- Decreto Legislativo n.º 2.453, de 20 de dezembro de 2012 – Dispõe sobre as contas prestadas pelo chefe do Poder Executivo relativas ao exercício econômico-financeiro de 2011.

- Decreto Legislativo n.º 2.459, de 20 de dezembro de 2013 – Dispõe sobre as contas prestadas pelo chefe do Poder Executivo relativas ao exercício econômico-financeiro de 2012.

- Decreto Legislativo n.º 2.466, de 18 de dezembro de 2014 – Dispõe sobre as contas prestadas pelo chefe do Poder Executivo relativas ao exercício econômico-financeiro de 2013.

- Decreto Legislativo n.º 2.477, de 17 de dezembro de 2015 – Dispõe sobre as contas prestadas pelo chefe do Poder Executivo relativas ao exercício econômico-financeiro de 2014.

- Decreto Legislativo n.º 2.480, de 21 de dezembro de 2016 – Dispõe sobre as contas prestadas pelo chefe do Poder Executivo relativas ao exercício econômico-financeiro de 2015.

- Decreto Legislativo n.º 2.484, de 26 de dezembro de 2017 – Dispõe sobre as contas prestadas pelo chefe do Poder Executivo relativas ao exercício econômico-financeiro de 2016.

- Decreto Legislativo n.º 2.487, de 13 de dezembro de 2018 – Dispõe sobre as contas prestadas pelo chefe do Poder Executivo relativas ao exercício econômico-financeiro de 2017.

- Decreto Legislativo n.º 2.492, de 17 de dezembro de 2019 – Dispõe sobre as contas prestadas pelo chefe do Poder Executivo relativas ao exercício econômico-financeiro de 2018.

No Banco de Teses da Coordenação de Aperfeiçoamento de Pessoal de Nível Superior (Capes), fundação do MEC, assim como na Biblioteca Digital Brasileira de Teses e Dissertações (BDTD), concebida e mantida pelo Instituto Brasileiro de Informação em Ciência e Tecnologia (IBICT), verificou-se a existência das seguintes produções acadêmicas:

Quadro 1 – Produções acadêmicas: estudos sobre o Tribunal de Contas do Estado de São Paulo

Autor	Título	Instituição de ensino superior/Área	Curso Stricto--Sensu	Ano
Luana Mendes Martini	Tribunal de Contas e controle social – uma análise das representações com decisão, apresentadas ao Tribunal de Contas do estado de São Paulo em 2013 e 2014	Unifesp Política, Economia e Negócios	Mestrado Profissional	2015
Márcia de Souza Montanholi	Princípios da governança pública aplicada aos Tribunais de Contas do estado e município de São Paulo	PUC-SP Ciências Contábeis e Atuariais	Dissertação de Mestrado	2017
Wender Fraga Miranda	Antecedentes da aceitação e adoção da auditoria contínua no setor público brasileiro: o caso do Tribunal de Contas do estado de São Paulo.	USP Economia, Administração e Contabilidade	Tese de Doutorado	2018
Geovane Oliveira de Sousa	Politização nos Tribunais de Contas: o caso do estado de São Paulo	Universidade Federal do ABC Políticas Públicas	Dissertação de Mestrado	2019

Autor	Título	Instituição de ensino superior/Área	Curso Stricto--Sensu	Ano
Mateus Carvalho da Cunha	Análise sobre a accountability dos pareceres prévios do Tribunal de Contas de municípios com maiores PIB(s) do Estado de São Paulo	UFSCar Gestão de Organizações e Sistemas Públicos	Dissertação de Mestrado	2019

Fonte: elaborado pelos autores

Os estudos mencionados analisaram sob diversas perspectivas a atuação do TCESP. Todavia não trataram da análise da rubrica de MDE por parte do referido tribunal, com a abordagem desenvolvida no presente estudo. Ademais, não são da área da educação.

Os estudos de Davies, a seguir mencionados, são fundamentais para o entendimento da atuação política dos Tribunais de Contas dos estados, em especial do estado de São Paulo, conforme depreende-se dos textos: *Os Tribunais de Contas de São Paulo e sua avaliação dos gastos governamentais em educação* (2006), *Os Tribunais de Contas de São Paulo: o Tribunal de Contas do Estado de São Paulo* (2007 a 2010) e *Relatório sobre o projeto de pesquisa 'Procedimentos e critérios de avaliação das receitas e despesas em educação adotados pelos Tribunais de Contas do Brasil'* (2021).

Durante o período de 2007 a 2018, os conselheiros do TCESP que desempenharam o papel de emitir pareceres sobre as contas do Governo do Estado de São Paulo e, especificamente, sobre a rubrica MDE, incluíram:

Quadro 2 – Relação dos conselheiros relatores do TCESP e aplicação em MDE – 2007 a 2018

Ano	Conselheiro relator	Aplicação MDE	Observação
2007	Edgard Camargo Rodrigues	30,11%	
2008	Robson Marinho	30,13%	
2009	Antônio Roque Citadini	30,09%	
2010	Renato Martins Costa	30,15%	
2011	Edgard Camargo Rodrigues	30,15%	

Ano	Conselheiro relator	Aplicação MDE	Observação
2012	Robson Marinho[4]	30,13%	
2013	Cristiana de Castro Moraes	30,15%	
2014	Dimas Eduardo Ramalho	30,22%	
2015	Sidney Estanislau Beraldo	31,27%	
2016	Antônio Roque Citadini	31,43%	
2017	Edgard Camargo Rodrigues	31,36%	
2018	Cristiana de Castro Moraes	Com SPPREV: 31,25% Sem SPPREV: 25,00% *São Paulo Previdência	**Declaração de voto:** Conselheiro Renato Martins Costa **Manifestação:** Conselheiro Sidney Estanislau Beraldo **Notas taquigráficas** **Decisão do Tribunal Pleno Parecer:** Conselheiro Sidney Estanislau Beraldo

Fonte: elaborado pelos autores

Depreende-se da análise do Quadro 2 que o Gesp, no período de 2007 a 2018, atendeu ao disposto no artigo 255 da Constituição do estado de São Paulo no que concerne à aplicação de 30% das receitas resultantes de impostos na rubrica de MDE, conforme consta nos pareceres dos conselheiros do TCESP. Porém, a partir de relatório elaborado pela DGC, órgão técnico do tribunal supracitado, as ressalvas e as recomendações constantes nos respectivos pareceres foram atendidas parcialmente, e em alguns casos não atendidas pelo Gesp, sem, contudo, essa ação governamental ter sido questionada ou utilizada para a emissão de parecer contrário à aprovação das contas por parte do TCESP.

Em outubro de 2019, o TCESP lançou o aplicativo "Olho na Escola", com o intuito de proporcionar um canal hábil e útil com vistas a contribuir para a melhoria da qualidade da Educação em mais de 12 mil escolas das

---

[4] O conselheiro Robson Marinho reassumiu a cadeira de conselheiro no TCESP em 18/01/2022, após sete anos de afastamento por suspeita de corrupção.

redes estadual e municipais paulistas. O aplicativo serve como mecanismo de denúncias de problemas existentes nas escolas públicas, pelo qual a sociedade em geral e a comunidade escolar em particular podem informar de forma direta ao TCESP. A iniciativa do "Olho na Escola" é louvável, mas não resolve os três problemas estruturais (precariedade da infraestrutura das escolas, baixa remuneração salarial dos professionais da educação e a insuficiente aprendizagem dos alunos), pois não propicia à comunidade escolar a possibilidade de elaboração, de implementação e de avaliação das políticas públicas educacionais, que permanecem sob a égide do Poder Executivo estadual paulista, tampouco altera a forma de análise dessas políticas pelo egrégio tribunal.

2.2 MINISTÉRIO PÚBLICO DE CONTAS DO ESTADO DE SÃO PAULO (MPC-SP)

O MPC-SP foi instituído pela Lei Complementar Estadual n.º 1.110, de 14 de maio de 2010, alterada posteriormente pela Lei Complementar Estadual n.º 1.190, de 19 de dezembro de 2012. Ele deve atuar no controle externo da Administração Pública, com autonomia e independência funcionais, e exerce, em nome da ordem social paulista, a incumbência de garantir a fiscalização da lei e de defender o estado democrático de direito e da ordem jurídico/legal, conforme consta no sítio eletrônico do referido órgão de controle.

As manifestações dos procuradores do MPC-SP subsidiam os conselheiros do TCESP na emissão dos pareceres sobre a aprovação ou a rejeição das contas do Poder Executivo estadual paulista. No tocante às contas dos municípios, os pareceres do TCESP, com as manifestações do MPC-SP, são encaminhados às Câmaras de Vereadores.

No período de 2007 a 2010, as contas do Gesp foram analisadas exclusivamente, pelo TCESP, e a partir de 2011, o MPC-SP passou também a emitir manifestações sobre as contas públicas do Poder Executivo estadual paulista e dos municípios paulistas, exceto o município da capital do estado.

No período de 2012 a 2020, os procuradores do MPC-SP foram os seguintes:

- Procurador-geral Celso Augusto Matuck Feres Júnior – 1º procurador-geral do Ministério Público de Contas de abril/2012 a abril/2015.

- Procurador Rafael Neubern Demarchi Costa – Procurador-geral do Ministério Público de Contas, no biênio 2015/2016, e reconduzido para o biênio 2017/2018. Titular da 1ª Procuradoria de Contas.

- Procurador-geral Thiago Pinheiro Lima – Procurador-geral do Ministério Público de Contas no biênio 2019/2020.

- Procuradora Élida Graziane Pinto – Titular da 2ª Procuradoria de Contas.

- Procurador José Mendes Neto – Titular da 3ª Procuradoria de Contas.

- Procurador Celso Augusto Matuck Feres Junior – Foi o primeiro Procurador-geral do Ministério Público de Contas do Estado de São Paulo (abril/2012 a abril/2015). Titular da 4ª Procuradoria de Contas.

- Procurador Rafael Antonio Baldo – Titular da 5ª Procuradoria.

- Procurador João Paulo Giordano Fontes – Titular da 6ª Procuradoria de Contas.

- Procuradora Leticia Formoso Delsin Matuck Feres – Titular da 7ª Procuradoria de Contas.

- Procuradora Renata Constante Cestari – Titular da 8ª Procuradoria de Contas.

O MPC-SP, na condição de órgão de controle da administração pública estadual paulista, possui atuação relevante e necessária no sentido de acompanhar de maneira independente e em interlocução com o TCESP, com vistas a verificar a plena execução do orçamento público, em suas várias acepções.

3

MDE–MANUTENÇÃO E DESENVOLVIMENTO DO ENSINO (RECURSOS VINCULADOS AO PERCENTUAL MÍNIMO DE IMPOSTOS), FUNDEB, SALÁRIO-EDUCAÇÃO (RECURSOS VINCULADOS ADICIONAIS AO PERCENTUAL MÍNIMO DE IMPOSTOS) E DÍVIDA ATIVA

A vinculação constitucional de impostos para a educação pública no Brasil ocorre desde a Constituição de 1934, com alterações nos períodos autoritários da história política do país, especificamente nos períodos de 1937 a 1945 (Estado Novo) e de 1964 a 1985 (Ditadura Militar).

Quadro 3 – Histórico da vinculação de impostos para a Educação no Brasil

Ano	Disposição legal	Unidades da Federação / Percentual de vinculação		
		União	Estados	Municípios
1934	Constituição Federal 1934, art. 156	10%	20%	10%
1937	Constituição Federal 1937	Inexistente	Inexistente	Inexistente
1946	Constituição Federal 1946, art. 169	10%	20%	20%
1961	LDB – Lei n.º 4.024/1961, art. 92	12%	20%	20%
1967	Constituição Federal 1967	Inexistente	Inexistente	Inexistente
1969	Emenda à Constituição n.º 01, art. 15, § 3º, alínea f	Inexistente	Inexistente	20% da receita tributária no ensino primário

Ano	Disposição legal	Unidades da Federação / Percentual de vinculação		
		União	Estados	Municípios
1971	Lei n.º 5.692/1971, art. 59 e § único	Inexistente	Inexistente	20% da receita tributária e 20% do Fundo de Participação dos Municípios no ensino de 1º grau
1983	Emenda Calmon (Emenda Constitucional n.º 24/83, art. 176, § 4º – Regulamentada pela Lei n.º 7.348/1985)	13%	25%	25%
1988	Constituição Federal 1988, art. 212	18%	25%	25%
1996	LDB – Lei n.º 9.394/96, art. 69	18%	25% ou o que constar da Constituição Estadual no ensino público	25% ou o que constar da Lei Orgânica no ensino público
1996	Fundef – Emenda à Constituição n.º 14/1996, regulamentada pela Lei n.º 9.424/1996 e pelo Decreto n.º 2.264/1997			
2006	Fundeb – Emenda à Constituição n.º 53/2006, regulamentada pela Lei n.º 11.494/2007 e pelo Decreto n.º 6.253/2007			
2020	Fundeb – Emenda à Constituição n.º 108/2020, regulamentada pela Lei n.º 14.113/2020 e pelo Decreto n.º 10.656/2021			
2021	Emenda Constitucional n.º 114, de 16 de dezembro de 2021, que regulamenta os artigos 4º e 5º referentes aos Precatórios do Fundef			
2021	Lei n.º 14.276/21, de 27 de dezembro de 2021, altera a Lei n.º 14.113/2020, que regulamenta o Fundeb			

Fonte: elaborado pelos autores

O orçamento público é o principal instrumento da gestão pública, nos âmbitos federal, estadual e municipal. Nele devem ser previstas as receitas e definidas as despesas e as prioridades a serem atendidas pelo poder público.

A proposição do orçamento público é da competência do Poder Executivo (federal, estadual e municipal) e a análise e aprovação ocorrem na esfera do Poder Legislativo correspondente.

No âmbito da concepção, da elaboração e da execução desse instrumento, no que se refere à aplicação dos recursos vinculados à área da educação, é obrigatória a especificação dos gastos que serão realizados na rubrica MDE e dentro dela aqueles relativos ao Fundeb, considerando-se as legislações orçamentárias (PPA, LDO e LOA), as premissas constitucionais (federal e estadual), as leis orgânicas dos municípios, a LDB e o Parecer n.º 26/1997 do CNE/CP. O orçamento público deve, ainda, contemplar a previsão da receita e a definição da despesa relativa ao Salário-Educação, como recurso vinculado adicional ao percentual mínimo definido constitucionalmente para a área da educação (MDE).

No orçamento público, a Dívida Ativa também deve ser prevista no que concerne a amortização, a negociação e a renegociação, com base na legislação específica para esse fim, pois são recursos financeiros devidos ao poder público pelas pessoas físicas e jurídicas, sendo parte desse valor utilizado na composição do MDE.

3.1 MDE

A LDB (Lei n.º 9.394/1996), nos artigos 70 e 71, define o que deve e o que não deve ser considerado como MDE, e essa definição estabelece os parâmetros pelos quais a União, os estados, o Distrito Federal e os municípios devem planejar, organizar e executar as respectivas políticas públicas na área da educação básica e superior.

A rubrica MDE é financiada pelo percentual de 25% das receitas líquidas resultantes de impostos e deve custear a educação básica e superior pública no respectivo nível de governo (estadual e municipal). Os estados devem aplicar os 25%, no mínimo, prioritariamente no ensino fundamental e no ensino médio, e os municípios devem aplicar, no mínimo, os 25% na educação infantil (creche e pré-escola) e no ensino fundamental.

A aplicação de recursos na rubrica MDE está prevista no artigo 212 da Constituição Federal, no artigo 69 da Lei n.º 9.394/1996, e no artigo 255 da Constituição do Estado de São Paulo, que estabelece a percentagem de 30%.

As despesas orçamentárias são definidas em três etapas, sendo a 1ª o Empenho, a 2ª a Despesa Liquidada e a 3ª o Pagamento, conforme segue:

> **EMPENHO**: O empenho é o primeiro estágio da despesa, conceituado como sendo o ato emanado de autoridade competente (ordenador de despesas). Em outras palavras, é o momento em que a Administração Pública decide gastar seu orçamento com determinado item. Esse primeiro estágio é efetuado contabilmente e registrado no sistema SIAFI utilizando-se o documento Nota de Empenho (NE), que se destina a registrar o comprometimento de despesa orçamentária, obedecidos os limites estritamente legais, bem como os casos em que se faça necessário o reforço ou a anulação desse compromisso.

> **LIQUIDAÇÃO**: O segundo estágio da despesa pública é a liquidação, que consiste, basicamente, na comprovação de que o credor cumpriu todas as obrigações constantes do empenho. Esse estágio tem por finalidade apurar a origem e o objeto do que se deve pagar, a importância exata a pagar e a quem se deve pagar para extinguir a obrigação, e é efetuado via sistema SIAFI. Ele envolve, portanto, todos os atos de verificação e conferência, desde a entrega do material ou a prestação do serviço até o reconhecimento da despesa. Ao fazer a entrega do material ou a prestação do serviço, o credor deverá apresentar a nota fiscal, fatura ou conta correspondente, acompanhada da primeira via da Nota de Empenho, devendo o funcionário competente atestar o recebimento do material ou a prestação do serviço correspondente, no verso da nota fiscal, fatura ou conta.

> **PAGAMENTO**: O último estágio da despesa é o pagamento, que também ocorre no SIAFI através de Ordem Bancária. Somente após a liquidação, o financeiro (saldo bancário) chega efetivamente para que os fornecedores possam ser pagos. (CONSELHO NACIONAL DE SECRETÁRIOS DE SAÚDE *apud* UNIVERSIDADE FEDERAL DE VIÇOSA, 2021).

A Tabela 1 mostra a receita líquida e a despesa liquidada de impostos em MDE. Os valores apresentados para a composição da rubrica MDE correspondem à receita de Impostos (ITR, Desoneração do ICMS das Exportações [LC 87/96], FPE, ICMS, IPI – Exportação, IPVA, ITCMD, Dívida ativa e de juros e multas).

Tabela 1 – Evolução da receita líquida e despesa liquidada de impostos em MDE – 2007 a 2018

ANO	RECEITA LÍQUIDA	DESPESA LIQUIDADA	APLICAÇÃO ANUAL (MDE)
	Valores em reais		
2007	55.231.457.040	16.632.234.508	30,11%
2008	66.309.002.374	19.977.672.225	30,13%
2009	67.775.593.660	20.428.049.867	30,14%
2010	79.419.264.283	23.946.128.790	30,15%
2011	87.664.411.622	26.434.344.687	30,15%
2012	94.343.772.854	28.421.689.075	30,13%
2013	105.278.919.946	31.757.478.807	30,17%
2014	107.690.696.861	32.549.011.188	30,22%
2015	112.245.622.428	35.425.798.909	31,56%
2016	112.629.975.223	35.366.067.853	31,40%
2017	118.558.750.410	37.295.221.837	31,46%
2018	125.678.029.350	39.351.437.231	31,25% (com SPPREV)*[5]
2018	125.678.029.350	31.502.970.021	25,00% (sem SPPREV)*

Fonte: elaborada pelos autores

Depreende-se da análise da Tabela 1 que de 2007 a 2018, o Gesp aplicou na rubrica de MDE o estabelecido na Constituição do Estado de São Paulo, no artigo 255, ou seja, 30% das receitas líquidas resultantes de impostos. Cabe salientar que em todos os anos foram considerados como MDE os gastos com Inativos (Aposentados) e os Pensionistas.

3.2 FUNDEB

O Fundeb é um fundo contábil organizado em nível estadual que define os procedimentos da arrecadação e da distribuição de uma parte dos impostos para o financiamento da educação básica pública (educação infantil, ensino fundamental e ensino médio).

Ele é composto por 20% das seguintes receitas:

---

[5] (*) Os valores expressos evidenciam a alteração definida pelo TCESP e MPC-SP no cômputo dos recursos financeiros para a rubrica MDE, com a inclusão dos Inativos (Aposentados) e os Pensionistas (Com SPPREV) e com a exclusão dos referidos gastos (Sem SPPREV).

- Quota parte do Imposto sobre a Propriedade Territorial Rural (ITR) devida aos municípios.

- Desoneração do ICMS das Exportações (Lei Complementar n.º 87/96).

- Fundo de Participação de Estados e Distrito Federal (FPE).

- Fundo de Participação dos Municípios (FPM).

- Imposto sobre Operações relativas à Circulação de Mercadorias e Prestação de Serviços de Transporte Interestadual e Intermunicipal e de Comunicação (ICMS).

- Imposto sobre Produtos Industrializados, proporcional às exportações (IPI – Exp.).

- Imposto sobre a Propriedade de Veículos Automotores (IPVA).

- Imposto sobre Transmissão "Causa Mortis" e Doação (ITCMD).

- Dívida ativa e de juros e multas incidentes sobre as fontes relacionadas.

O Fundeb tem em sua estruturação legal o Conselho de Acompanhamento e Controle Social (Cacs), cuja constituição e cujo funcionamento tiveram origem quando da criação e da implementação do Fundef (1996 a 2006). O Cacs deve ser constituído em níveis federal, estadual e municipal, por determinação da respectiva legislação, e deve representar os diversos segmentos sociais e políticos relacionados com a gestão da educação escolar pública, com mandatos definidos e incumbência precípua de efetivar o acompanhamento e o controle social dos recursos financeiros do referido fundo.

A existência e a atuação desse conselho representam a participação institucional de diversos segmentos sociais na gestão do fundo. Todavia nesse conselho não ocorre a gestão com controle social, pois as instituições do poder político, em especial a SEE-SP e a Secretaria de Estado da Fazenda e Planejamento, detêm o acesso, o controle e a gestão da atuação do conselho. Em suma, nele prevalece o controle estatal e não social, descaracterizando sua finalidade prevista em lei.

No âmbito estadual, o Cacs denomina-se Conselho Estadual de Acompanhamento e Controle Social (Ceacs). A seguir temos os quadros de Composição dos Segmentos Sociais e Políticos do Fundeb no estado de São Paulo, de 2007 a 2019.[6]

---

[6] A informação foi solicitada ao Serviço de Informações ao Cidadão/SIC do Gesp. Em atendimento ao disposto no Decreto Estadual n.º 58.052, de 16/05/2012, que regulamenta no estado de São Paulo o cumprimento das determinações previstas na Lei Federal n.º 12.527, de 18/11/2011, a resposta pelo órgão foi-nos enviada via e-mail.

Quadro 4 – Composição dos segmentos sociais e políticos representados no Ceacs do estado de São Paulo – 2007 a 2009

Segmentos sociais e políticos representados	Membros titulares	Membros suplentes
Secretaria da Educação	Milton Aparecido dos Santos	
Secretaria da Fazenda	Cláudia Chiaroni	
Secretaria de Economia e Planejamento	Hilton Facchini	
Conselho Estadual da Educação	Eduardo Martines Júnior	
Poderes Executivos Municipais	Luiz Takashi Katsutani	
União dos Dirigentes Municipais de Educação do Estado de São Paulo (Undime)	Rosalina Yosko Kawamoto Honorato	
Confederação Nacional dos Trabalhadores em Educação (CNTE)	Suely Fátima de Oliveira	
Representantes paulistas dos estudantes	Mércia de Arruda Lima	Diogo Márcio Viana
Representantes pais de alunos	Adenir Fernandes Moreira	Leonir Vieira de Moura
Centro Estadual de Educação Tecnológica Paula Souza	Maria Regina Augusto	

Fonte: publicado no DOE de 19/06/2007

Quadro 5 – Composição dos segmentos sociais e políticos representados no Ceacs do estado de São Paulo – 2009 a 2011

Segmentos sociais e políticos representados	Membros titulares	Membros suplentes
Secretaria da Educação	Edileide Garcia Santos da Silva	Elisabeth Cruz
Secretaria da Fazenda	Cláudia Chiaroni Afuso	Gilberto Souza Matos

Segmentos sociais e políticos representados	Membros titulares	Membros suplentes
Secretaria de Economia e Planejamento	Hilton Facchini	Gustavo Ogawa
Conselho Estadual da Educação	Eduardo Martines Júnior	Décio Lencioni Machado
	Luiz Takashi Katsutani (Cessado)	José Francisco da Rocha
	Marco Antonio Vieira de Campos (Cessado)	
Poderes Executivo Municipais	João Carlos de Oliveira	
	José Aparecido Duran Netto (Cessado)	Cleuza Maria Epulho
União dos Dirigentes Municipais de Educação do Estado de São Paulo (Undime)	Maria Teresinha Del Cistia	
Confederação Nacional dos Trabalhadores em Educação (CNTE)	Suely Fátima de Oliveira	Douglas Martins Izzo
União Paulista dos Estudantes Secundaristas	Arthur Diego Herculano	Walter Strozzi Filho
Centro Estadual de Educação Tecnológica Paula Souza	Maria Regina Augusto	Anizete Aparecida de Lira

Fonte: publicado no DOE de 11/09/2009

Quadro 6 – Composição dos segmentos sociais e políticos representados no Ceacs do estado de São Paulo – 2011 a 2013

Segmentos sociais e políticos representados	Membros titulares	Membros suplentes
Secretaria da Educação	Dione Maria Whitehurst Di Pietro	Odair Romanato
Secretaria da Fazenda	Edson Luis Pacanaro	Paulo Élido Fogaça
Secretaria de Planejamento e Desenvolvimento	Gustavo Ogawa	Danila Micioni

Segmentos sociais e políticos representados	Membros titulares	Membros suplentes
Conselho Estadual da Educação	Sergio Tiessi Júnior	Décio Lencioni Machado
Poderes Executivos Municipais	Adailton César Menossi	Lindinalva Rosa de Almeida
	José Paulo Delgado Júnior	Antonio Edivado Papini
União dos Dirigentes Municipais de Educação do Estado de São Paulo (Undime)	Assis Das Neves Grillo	Pedro Newton Rotta
Confederação Nacional dos Trabalhadores em Educação (CNTE)	Douglas Martins Izzo	Fábio Santos Silva
União dos Estudantes da Educação Básica	Caroline Aparecido Macedo Moledo	Gabriela Silva Leite
	Abner da Costa e Silva Ferreira	Aline Trindade Silva
União dos Pais de Alunos da Educação Básica	Flávia Houck da Silva	Débora Nunes Jaconis
	Tereza Raquel Pires	Nanci Amaral Santos
Centro Estadual de Educação Tecnológica Paula Souza	Sonia Regina Correa Fernandes	Anizete Aparecida de Lira

Fonte: publicado no DOE de 18/08/2011

Quadro 7 – Composição dos segmentos sociais e políticos representados no Ceacs do estado de São Paulo – 2013 a 2015

Segmentos sociais e políticos representados	Membros titulares	Membros suplentes
Secretaria da Educação	Dione Maria Whitehurst Di Pietro	Odair Romanato
Secretaria da Fazenda	Allan Cristiano dos Santos	Márcia Jane Campiani Colombo
Secretaria de Planejamento e Desenvolvimento Regional	Jorge Kiyoshi Okazawa	Márcio Milani

Segmentos sociais e políticos representados	Membros titulares	Membros suplentes
Conselho Estadual da Educação	Francisco Antonio Poli	Silvia Gouveia da Silva Figueira
Associação Paulista dos Municípios	Juliana Rebolo Nagano dos Reis	Izabel Cristina Campanari Lorenzetti
	Iochinori Inoue	João Francisco São Pedro
União dos Dirigentes Municipais de Educação do Estado de São Paulo (Undime)	Moacir Nillio de Souza	Aparecido Donizete Alves Cipriano
Confederação Nacional dos Trabalhadores em Educação (CNTE)	Douglas Martins Izzo	Fábio Santos Silva
União dos Estudantes da Educação Básica	Marco Aurélio de Lago	Anna Beatriz Fernandes
União dos Pais de Alunos da Educação Básica	Ilma de Araújo Ferreira	Veruschka Darezzo Chehade
	Vânia Regina Cavalcanti Miranda	Ana Paula Bevilacqua de Aquino
Centro Estadual de Educação Tecnológica Paula Souza	Sonia Regina Correa Fernandes	Maria Regina Augusto

Fonte: publicado no DOE de 03/09/2013

Quadro 8 – Composição dos segmentos sociais e políticos representados no Ceacs do estado de São Paulo – 2015 a 2017

Segmentos sociais e políticos representados	Membros titulares	Membros suplentes
Secretaria da Educação	Cláudia Chiaroni Afuso	Suely Yoshie Matsuda
Secretaria da Fazenda	Allan Cristiano dos Santos	Fernanda Blecher
Secretaria de Planejamento e Gestão	Jorge Kiyoshi Okazawa	Marcio Milani
Conselho Estadual da Educação	Francisco Antonio Poli	Laura Margarida Josefina Laganá

Segmentos sociais e políticos representados	Membros titulares	Membros suplentes
Poderes Executivos Municipais	Juliana Rebolo Nagano dos Reis	Izabel Cristina Campanari Lorenzetti
	Iochinori Inoue	João Francisco São Pedro
União dos Dirigentes Municipais de Educação do Estado de São Paulo (Undime)	Silvia Cristina Rodolfo	Luciene Garcia Ferreira e Silva
Confederação Nacional dos Trabalhadores em Educação (CNTE)	Maria Izabel Azevedo Noronha	Fábio Santos Moraes
União dos Estudantes da Educação Básica	Beatriz Nascimento da Silva	Cauê Henrique Araújo Carvalho
União dos Pais de Alunos da Educação Básica	Roberta Fernanda Araújo Carvalho	Judite Amélia dos Santos
	Jaqueline Aparecida Nascimento	Viviane Aparecida Cavalcanti da Silva
Centro Estadual de Educação Tecnológica Paula Souza	Sebastião Mário dos Santos	Maria Regina Augusto

Fonte: publicado no DOE de 01/12/2017

Quadro 9 – Composição dos segmentos sociais e políticos representados no Ceacs do estado de São Paulo – 2017 a 2019

Segmentos sociais e políticos representados	Membros titulares	Membros suplentes
Secretaria da Educação	William Bezerra de Melo	Adriana Maria de França Lossani
Secretaria da Fazenda e Planejamento	Fernanda Blecher	Isabela de Araújo Zicardi
Conselho Estadual da Educação	Debora Gonzales Costa Blanco	Cleide Baub Eud Bochixio
Secretaria de Planejamento e Gestão	Marcus Vinicius Roman Sanches	Desiree da Oliveira Rocha Marinho

Segmentos sociais e políticos representados	Membros titulares	Membros suplentes
Centro Estadual de Educação Tecnológica Paula Souza	Amneris Ribeiro Caciattori	Anizete Aparecida de Lira
Poderes Executivos Municipais	Roberto Pereira	Arary Aparecida Ferreira
Poderes Executivos Municipais	Silvio Romero Ribeiro Tavares	Lourdes Aparecida de Angeliz Pinto
União dos Dirigentes Municipais de Educação do Estado de São Paulo (Undime)	Márcia Aparecida Bernardes	Suzana Aparecida Dechechi de Oliveira
Confederação Nacional dos Trabalhadores em Educação (CNTE)	João Cardoso Palma Filho	Fábio Santos Moraes
União dos Pais de Alunos da Educação Básica	José Paulo Piovezani	Carla Regina Doratiotto
União dos Pais de Alunos da Educação Básica	Efraim T. de Oliveira	Ana Carolina Cunha Gomes Pedro
União dos Estudantes da Educação Básica	Larissa Castro Silva	Gabriela Silva Dias

Fonte: publicado no DOE de 01/12/2017

O presente estudo, como já mencionado, trata do período compreendido de 2007 a 2018, que se refere à vigência do Fundeb, o qual, por força de lei, encerrou-se em 2020, sendo substituído pelo "Novo Fundeb", também conhecido como "Fundeb Permanente", cuja tramitação é a seguir explicada.

O Fundeb estava previsto para vigorar de 2007 a 2020. Dessa forma, o Governo Federal poderia ter apresentado proposta de permanência, eliminação ou alteração da legislação do fundo. O Poder Executivo federal apresentou proposta de alteração nas vésperas da aprovação da PEC 15/2015, mas a proposta não foi aceita pelo Congresso Nacional no ano de 2020.

No Congresso Nacional estavam em tramitação três Propostas de Emenda à Constituição (PECs), sendo a primeira na Câmara dos Deputados, a PEC n.º 15/2015, tendo como relatora a deputada Federal Dorinha Seabra

Rezende (DEM-Tocantins); no Senado Federal duas delas, sendo a PEC n.º 33/2019, sob a relatoria do senador Zequinha Marinho (PSC-PA), e a PEC n.º 65/2019, relatada pelo senador Flávio Arns (Rede-Paraná).

A PEC n.º 33/2019 e a PEC n.º 65/2019, a partir de 15/04/2020, tramitaram em conjunto no âmbito do Senado Federal.

As PECs da Câmara dos Deputados (15/2015) e do Senado Federal (33/2019 e 65/2019) trataram da permanência do Fundeb como instrumento para o financiamento da educação básica pública no Brasil, uma vez que o fundo encerrar-se-ia em 31/12/2020, conforme previsto na legislação.

A tramitação do "Novo Fundeb" ocorreu a partir da Proposta de Emenda à Constituição n.º 15/2015; do Projeto de Lei n.º 4.372/2020, da Câmara dos Deputados; do Projeto de Lei n.º 4.519/2020 do Senado Federal, redundando na Emenda à Constituição n.º 108/2020, regulamentada pela Lei n.º 14.113, de 25 de dezembro de 2020; e pelo Decreto Federal n.º 10.656/2021, de 23 de março de 2021.

A terminologia "Fundeb Permanente" refere-se ao fato de que o fundo não tem mais prazo de vigência, pois foi incorporado ao texto permanente da Constituição Federal, devendo ser reavaliado periodicamente.

A atuação da Campanha Nacional pelo Direito à Educação, na tramitação do projeto de Emenda à Constituição que instituiu o "Fundeb Permanente", foi de suma importância na luta política pela instituição permanente do fundo, conforme relatado por Nascimento (2019) no livro *Fundeb para valer! A incidência política da CNDE na criação do Fundo da Educação Básica*.

Cabe ressaltar que o CAQ, o Sistema Nacional de Educação (SNE) e o Sistema Nacional de Avaliação da Educação Básica (Sinaeb) necessitam de regulamentação e implementação nesse contexto do novo Fundeb.

Quanto à contribuição ao Fundeb, no período de 2007 a 2018, realizado pelo Gesp, as receitas que representam são: Desoneração do ICMS das Exportações, Dívida ativa e de juros e multas, FPE, ICMS, IPI – Exp, IPVA, ITCMD, ITR. As despesas referem-se a quadro de pessoal e encargos sociais, pagamento de aposentadorias (educação básica), remuneração e encargos dos servidores e dos profissionais do magistério do ensino fundamental e do ensino médio e manutenção do ensino público regular e técnico.

Na Tabela 2 são apresentados os valores depositados pelo Gesp junto ao Fundeb (A), o quanto o fundo devolveu ao governo estadual paulista (B) e o quanto ficou retido no fundo como contribuição do Poder Executivo do estado de São Paulo (C).

Tabela 2 – Evolução dos valores constituintes do Fundeb – 2007 a 2018

ANO	FUNDEB (*FUNDEF)		
	DEPÓSITO AO FUNDO – PARTE DO ESTADO (A)	DEVOLUÇÃO DO FUNDO AO ESTADO (B)	DESPESA DE CONTRIBUIÇÃO AO FUNDO (C)
	Valores em reais		
2007*	13.722.113	8.034.737	5.687.376
2007	8.343.437.004	7.045.534.725	1.297.902.279
2008	11.334.604.309	9.436.810.258	1.897.794.051
2009	12.925.673.540	10.593.495.323	2.332.178.217
2010	15.148.258.198	12.029.645.752	3.118.612.446
2011	16.690.575.363	13.334.176.940	3.356.398.422
2012	18.130.292.375	14.127.044.392	4.003.247.982
2013	19.948.660.538	15.564.602.835	4.384.057.703
2014	20.020.305.648	15.479.254.307	4.541.051.341
2015	21.023.230.805	15.802.436.417	5.220.794.388
2016	21.121.739.897	15.593.878.084	5.527.861.813
2017	22.231.232.460	16.001.056.634	6.230.175.826
2018	23.460.071.584	16.537.595.507	6.922.476.077

*Valor residual contabilizado como recurso do Fundef.
Fonte: elaborada pelos autores

Na análise da Tabela 2 constata-se que o Gesp repassou valores maiores do que recebeu do Fundeb. Os recursos financeiros não recebidos pelo Poder Executivo estadual paulista foram distribuídos aos municípios paulistas que atendiam as exigências legais do fundo para serem contemplados.

No sítio eletrônico do IBSA encontra-se disponível estudo sobre o impacto do Fundeb, que demonstra os municípios que "ganham" (IBSA, s/d) e os que "perdem" (IBSA, s/d) na metodologia de repasse e o retorno dos recursos financeiros do fundo, seja por parte do Gesp ou dos municípios paulistas, no ano de 2020.

Depreende-se da análise dos dados disponíveis no referido sítio eletrônico que dos 645 municípios paulistas, 418 "ganham" na forma de repasse e retorno dos recursos do Fundeb, e os demais 227 municípios paulistas e o Gesp "perdem", pois repassam valores superiores daqueles que recebem do fundo.

Cabe ressaltar que no ano de 2019, o TCESP, a partir das análises das contas do Gesp relativas ao ano de 2018, definiu que os Inativos (Aposentados) e Pensionistas não deveriam ser contabilizados nos recursos do Fundeb, com restituição dos valores aplicados em anos anteriores até 2018.

3.3 SALÁRIO-EDUCAÇÃO (RECURSOS VINCULADOS ADICIONAIS AO PERCENTUAL MÍNIMO DE IMPOSTOS)

No ano de 1964 foi instituído o Salário-Educação, por meio da Lei n.º 4.440, de 27 de outubro, alterada por diversas leis e decretos posteriores. É uma contribuição social paga pelas empresas para o financiamento da educação pública e não compõe o percentual mínimo, visto que se trata de contribuição social. Todavia, durante décadas foi legalmente utilizada para financiar bolsas de estudos em escolas particulares.

O Salário-Educação é administrado pelo FNDE, que fica com 10% para financiar projetos, programas e ações da educação básica pública, sendo o restante (90%) repartido entre o governo federal (1/3) e estados e municípios (2/3), com a quota estadual/municipal repassada às unidades federativas em que foi arrecadado e com base no número de matrículas na educação básica. Antes de 2007, o critério era o número de matrículas no ensino fundamental, sendo assim, estados como São Paulo, Rio de Janeiro e Minas Gerais têm repasses maiores do que os estados das regiões norte e nordeste.

O FNDE é uma autarquia federal responsável pela execução das políticas educacionais do MEC, entre elas o repasse do Salário-Educação aos estados e seus respectivos municípios, assim como a gestão do PDDE.

Foram analisados os dados constantes no sítio eletrônico do FNDE referentes ao Salário-Educação com base na distribuição da quota estadual/municipal, no período de 2007 a 2018, relativos aos repasses para o Gesp e aos 645 municípios paulistas, conforme pode ser visto na Tabela 3.

Tabela 3 – Evolução dos recursos financeiros da Qese e da QMSE – 2007 a 2018

Qese/QMSE (QUOTA ESTADUAL/QUOTA MUNICIPAL DO SALÁRIO-EDUCAÇÃO) * (R$)		
Ano	Repasse total	Repasse ao governo do estado de São Paulo	Repasse aos municípios paulistas
2007	1.794.576.561,58	1.015.021.890,75	779.554.670,83
2008	2.225.028.893,34	1.247.778.096,03	977.250.797,31

Qese/QMSE (QUOTA ESTADUAL/QUOTA MUNICIPAL DO SALÁRIO-EDUCAÇÃO) * (R$)			
Ano	Repasse total	Repasse ao governo do estado de São Paulo	Repasse aos municípios paulistas
2009	2.414.062.114,21	1.334.370.696,89	1.079.691.417,32
2010	2.742.380.137,45	1.500.672.999,07	1.241.707.138,38
2011	3.199.414.583,21	1.730.141.303,42	1.469.273.279,79
2012	3.522.547.398,00	1.902.348.713,00	1.620.198.685,00
2013	3.934.873.580,80	2.090.917.479,36	1.843.956.101,44
2014	4.307.445.976,29	2.259.846.923,06	2.047.599.053,23
2015	4.470.074.787,15	2.297.913.309,74	2.172.161.477,41
2016	4.610.429.751,31	2.299.254.937,53	2.311.174.813,78
2017	4.756.781.161,72	2.337.744.832,66	2.419.036.329,06
2018	5.085.331.004,19	2.458.397.186,50	2.626.933.817,69

*Salário-Educação repassado ao Governo do Estado de São Paulo e aos municípios paulistas pelo FNDE/MEC.
Fonte: elaborada pelos autores

A Tabela 3 mostra que os repasses ao Gesp e aos municípios paulistas, no período de 2007 a 2018, apresentam evolução positiva, ou seja, aumenta de forma constante.

Os estudos de Davies (2008b) e Lo Bello (1999) são fundamentais para entender a importância do Salário-Educação no contexto do financiamento da educação pública do Brasil, visto tratar-se de recursos adicionais aos constitucionalmente vinculados à educação.

A temática do Salário-Educação no campo do financiamento da educação pública no Brasil não apresenta expressivo volume de publicações e estudos, como depreende-se da análise dos trabalhos de Cruz e Jacomini (2017), Davies (2010, 2011, 2014) e Santos (2013, 2017).

3.4 DÍVIDA ATIVA DO GOVERNO DO ESTADO DE SÃO PAULO

Conforme definição constante no sítio eletrônico da Secretaria de Estado da Fazenda e Planejamento de São Paulo, a Dívida Ativa

> [...] é o conjunto de créditos tributários e não tributários em favor da Fazenda Pública, não recebido no prazo para pagamento definido em lei ou decisão proferida em processo regular, cadastrado no Sistema da Dívida Ativa pelo órgão ou entidade competente, após apuração de certeza e liquidez. Cabe à Procuradoria-Geral do Estado de São Paulo (PGE-SP) promover, com exclusividade a inscrição, controle e cobrança dos débitos estaduais inscritos em dívida ativa, nos termos do Decreto Estadual n.º 61.141, de 27/02/2015. (SÃO PAULO. Governo do Estado de São Paulo, s/d).

A dinâmica da Dívida Ativa, assim como as Dívidas Externa e Interna, deve ser compreendida dentro do conceito de Sistema da Dívida, que compreende como elas são criadas, financiadas e refinanciadas, além de seus impactos e desdobramentos políticos, econômicos, financeiros e sociais para o conjunto da sociedade.

A produção bibliográfica que aborda essa temática do Sistema da Dívida é diversa, com destaque aos seguintes autores: Acosta, Gorfinkiel, Gudynas e Lapitz (2005); Arruda (1999a, 1999b e 2020); Batista Jr. (2005); Belluzzo e Carneiro (2003); Betancourt (2003); Chesnais (2012); Conti (2018); Faro (2005); Fattorelli (2003, 2011, 2012, 2013a, 2013b, 2020); Ferreira e Scherer (2005); Gonçalves e Pomar (2000); Pidhdd e Cdes (2004); Pinaud (1992); Rodrigues, Askenazy, Coutrot, Orléan e Sterdyniak (2012); Toussaint (2001); Toussaint e Millet (2006, 2013) e Tribunal da Dívida Externa (2000). Na Tabela 5 consta a evolução da Dívida Ativa do Governo do Estado de São Paulo.

Tabela 5 – Evolução da dívida ativa do Governo do Estado de São Paulo – 2007 a 2018

Dívida ativa do Governo do Estado de São Paulo (2007 a 2018)	
ANO	**VALOR (R$)**
2007	76.106.989.677,00
2008	92.603.982.070,00
2009	120.987.279.637,00
2010	198.383.766.724,00
2011	193.440.164.048,00
2012	226.276.665.497,00
2013	246.504.566.800,00
2014	279.940.184.775,00

Dívida ativa do Governo do Estado de São Paulo (2007 a 2018)	
ANO	VALOR (R$)
2015	302.058.739.666,00
2016	335.075.120.865,00
2017	369.843.753.370,00
2018	396.316.391.138,00

Fonte: elaborada pelos autores

A Tabela 5 apresenta os valores constituintes da Dívida Ativa do Gesp no período de 2007 a 2018. Evidencia-se uma evolução constante e significativa, exceto no ano de 2011 (R$ 193.440.164.048,00) se comparado ao ano de 2010 (R$ 198.383.766.724,00), em que se percebe queda do volume da dívida ativa, porém volta a ocorrer aumento nos anos de 2012 a 2018.

Os recursos financeiros da dívida ativa, caso fossem efetivamente cobrados dos respectivos devedores (pessoas físicas e jurídicas), poderiam ser aplicados pelo governo em todas suas respectivas áreas de competência, dentre elas na rubrica MDE e com Inativos (Aposentados) e os Pensionistas, sobretudo fora do percentual mínimo vinculado à MDE, assim como o pagamento de precatórios. No caso de recebimento de valores oriundos da dívida ativa, parte é aplicada em MDE quando provenientes de impostos.

No ano de 2009, na gestão de José Serra/PSDB, o Gesp fez a opção política de implementar a Securitização da Dívida Ativa com a criação da empresa de economia mista denominada de Companhia Paulista de Securitização (CPSEC),[7] com o objetivo de negociar os títulos da dívida. A securitização da dívida ativa consiste na autorização de venda aos bancos e às instituições financeiras, por parte da União, dos estados, do Distrito Federal e dos municípios, por preço menor, o direito a créditos devidos pelo setor privado, sendo esses créditos tributários ou não tributários.

No Senado Federal estava em tramitação o Projeto de Lei do Senado (PLS n.º 204/2016), visando à regularização e ao estabelecimento de garantias de segurança jurídica e a essa prática de securitização da dívida ativa, que ocorre em diversos entes da Federação (União, estados, Distrito Federal e municípios). O PLS n.º 204/2016 apresenta como ementa o seguinte

---

[7] Lei Estadual n.º 13.723, de 29 de setembro de 2009. Autoriza o Poder Executivo a ceder, a título oneroso, os direitos creditórios originários de créditos tributários e não tributários, objeto de parcelamentos administrativos ou judiciais, na forma que especifica. Disponível em: https://www.al.sp.gov.br/repositorio/legislacao/lei/2009/lei-13723-29.09.2009.html. Acesso em: 25 abr. 2020.

texto: "Dispõe sobre a cessão de direitos creditórios originados de créditos tributários e não tributários dos entes da Federação". A ementa traz a seguinte explicação:

> Permite aos entes da federação, mediante autorização legislativa, ceder direitos creditórios originados de créditos tributários e não tributários, objeto de parcelamentos administrativos ou judiciais, inscritos ou não em dívida ativa, a pessoas jurídicas de direito privado. (BRASIL. Senado Federal, 2016).

O mencionado PLS foi aprovado pelo Senado Federal em 14 de dezembro de 2017 e ficou em tramitação na Câmara dos Deputados, sob o Projeto de Lei Complementar (PLP) n.º 459/2017, que não foi aprovado até a sessão do dia 17 de março de 2020, tendo sua tramitação encerrada.

Com relação à Securitização da Dívida Ativa, o sítio eletrônico da Auditoria Cidadã da Dívida traz estudos e análises sobre o impacto desse procedimento nos orçamentos públicos no âmbito da União, dos estados, do Distrito Federal e dos municípios.

Os referidos estudos e análises da Auditoria Cidadã da Dívida servem como referência para a análise da opção política dos governantes, em todos os níveis de governo (federal, estadual e municipal) e nas três esferas de poder (Executivo, Legislativo e Judiciário). Essa opção visa atender aos interesses de determinados setores da sociedade brasileira, em especial o sistema financeiro, especificamente os bancos, assim como as grandes empresas nacionais e internacionais, os rentistas e os beneficiários da dívida pública, em detrimento dos trabalhadores assalariados dos setores público e privado, dos aposentados e pensionistas de baixa e média rendas e dos excluídos de toda ordem dos benefícios sociais, econômicos e políticos produzidos pelas políticas públicas da sociedade brasileira.

A respeito da Securitização da Dívida Ativa, Paulo Kliass, economista, apresenta a tramitação do Projeto de Lei do Senado (PLS) n.º 459/2017, de autoria do senador José Serra (PSDB/SP), que trata da Securitização da Dívida Ativa e seus impactos nas finanças dos estados, do Distrito Federal e dos municípios caso seja aprovado como proposto no citado projeto de lei.

Em suma, a gestão da dívida ativa e da dívida pública, assim como o respectivo processo de securitização, visam atender aos interesses de determinados grupos sociais e econômicos, que, por sua vez, têm estreitas relações social e política com os governantes que instituem essa política de gestão dessas dívidas, por intermédio das respectivas legislações. Essa opção política dos governantes de beneficiar os privilegiados e não atender às demandas de amplas parcelas da população, em geral a mais vulnerável economicamente, tendo sido a tônica da atuação da classe política brasileira em geral, e da paulista em particular.

4

BALANÇO GERAL DO GOVERNO DO ESTADO DE SÃO PAULO E DINÂMICA DOS GASTOS PÚBLICOS (ADMINISTRAÇÕES DIRETA E INDIRETA, FUNÇÃO 12 E SECRETARIA DE ESTADO DA EDUCAÇÃO DE SÃO PAULO): 2007 - 2018

Neste capítulo são apresentados dados quantitativos sobre o Balanço Geral do Estado (Poderes Executivo, Poder Judiciário e Poder Legislativo, Administração Direta, Administração Indireta, Despesas com a Função Orçamentária n.º 12 e a SEE-SP, no período de 2007 a 2018.

Os dados e as informações são apresentados a seguir:

Tabela 6 – Balanço Geral do Estado: Despesas Totais / Despesas da Administração Direta / Despesas da Administração Indireta – 2007 a 2018

ANO	BGE/T	BGE/AD	BGE/AI
2007	96.095.014.842,00	75.548.551.817,00	20.546.463.025,00
2008	120.734.533.460,00	89.543.639.736,00	31.190.893.724,00
2009	130.760.670.353,00	96.001.677.732,00	34.758.992.621,00
2010	147.056.059.386,00	107.980.053.751,00	39.076.005.635,00
2011	159.949.788.188,00	119.092.192.629,00	40.857.595.559,00
2012	173.106.698.940,00	127.800.972.804,00	45.305.726.136,00
2013	197.870.171.922,00	142.815.736.929,00	55.054.434.993,00
2014	209.842.014.024,00	152.663.085.676,00	57.178.928.348,00
2015	220.506.971.963,00	161.347.302.434,00	59.159.669.529,00
2016	219.266.294.160,00	157.011.392.734,00	62.254.901.426,00
2017	231.982.243.692,00	166.638.501.581,00	65.343.742.111,00
2018	242.037.293.543,00	174.965.234.082,00	67.072.059.461,00

Fonte: elaborada pelos autores

Com base em dados do BGGESP, a Tabela 6 apresenta as despesas totais do Poder Executivo estadual paulista e os valores nominais aplicados nas despesas da administração direta e nas despesas da administração indireta, no período de 2007 a 2018.

A administração direta corresponde aos serviços públicos ofertados diretamente pelos órgãos do Estado, no âmbito dos poderes Executivo, Legislativo e Judiciário e do MPSP. São exemplos de órgãos da administrativa direta no âmbito do estado de São Paulo as secretarias estaduais, o TCESP, o MPC-SP, a Alesp e o Tribunal de Justiça, dentre outros.

A administração indireta é constituída de pessoa jurídica criada pelo poder público visando à execução de determinado serviço ou atividade. São exemplos da administração indireta estadual paulista as fundações, as autarquias, as empresas públicas e as sociedades de economia mista, tais como a Companhia Ambiental do Estado de São Paulo (Cetesb), a FDE e a Companhia de Saneamento Básico do Estado de São Paulo (Sabesp), dentre outras.

Depreende-se da análise da Tabela 6 que ocorreu o aumento nominal dos valores financeiros do Balanço Geral Total, assim como das administrações direta e indireta, no mencionado período, com ligeira oscilação negativa no ano de 2016.

Tabela 7 – Balanço Geral do Estado: Administração Direta / Despesas dos Poderes Executivo, Legislativo, Judiciário e Ministério Público – 2007 a 2018

ANO	BGE/AD	BGE/AD/PE	BGE/AD/PL	BGE/AD/PJ	BGE/AD/MPSP
2007	75.548.551.817,00	69.092.978.486,00	762.780.728,00	4.615.118.652,00	1.077.673.951,00
2008	89.543.639.736,00	82.371.256.406,00	945.804.144,00	5.018.297.804,00	1.208.281.382,00
2009	96.001.677.732,00	88.431.740.123,00	1.037.422.914,00	5.260.379.327,00	1.272.135.368,00
2010	107.980.053.751,00	99.541.993.495,00	1.131.448.230,00	5.505.768.149,00	1.800.843.877,00
2011	119.092.192.629,00	109.710.711.988,00	1.185.783.745,00	6.213.434.795,00	1.982.262.191,00
2012	127.800.972.804,00	116.696.738.330,00	1.286.962.676,00	7.711.957.973,00	2.105.313.825,00
2013	142.815.736.929,00	130.490.959.371,00	1.405.524.520,00	8.631.119.925,00	2.288.133.113,00
2014	152.663.085.676,00	139.203.403.204,00	1.552.698.331,00	9.366.422.179,00	2.540.561.962,00
2015	161.347.302.434,00	146.434.042.633,00	1.709.784.788,00	10.322.687.619,00	2.880.787.394,00
2016	157.011.392.734,00	141.146.215.547,00	1.929.245.998,00	10.952.204.234,00	2.983.726.955,00
2017	166.638.501.581,00	149.428.274.755,00	2.001.587.953,00	12.081.656.176,00	3.126.982.697,00
2018	174.965.234.082,00	156.950.929.118,00	2.091.598.251,00	12.518.567.844,00	3.404.138.869,00

Fonte: elaborada pelos autores

A Tabela 7, com base nos dados da Administração Direta, apresenta as despesas totais do Poder Executivo estadual paulista e os valores nominais aplicados nas despesas dos poderes Executivo, Legislativo, Judiciário e do MPC-SP no referido período. Na análise da Tabela 7 percebe-se que entre 2007 e 2018 houve a variação positiva nominal dos valores financeiros da administração direta, assim como dos mencionados poderes e do Ministério Público, com oscilação negativa no ano de 2016, especificamente no Poder Executivo, pois os demais poderes tiveram aumento nominal de recursos financeiros no citado ano.

Tabela 8 – Balanço Geral do Estado: Despesas Totais / Despesas da Administração Indireta/ FDE / Despesas da Administração Indireta/Outros – 2007 a 2018

ANO	BGE/T	BGE/AI	BGE/AI/FDE	BGE/AI/O
2007	96.095.014.842,00	20.546.463.025,00	59.822.029,38	20.486.640.995,62
2008	120.734.533.460,00	31.190.893.724,00	72.806.122,13	31.118.087.601,87
2009	130.760.670.353,00	34.758.992.621,00	85.255.583,00	34.673.737.038,00
2010	147.056.059.386,00	39.076.005.635,00	99.749.032,00	38.976.256.603,00
2011	159.949.788.188,00	40.857.595.559,00	86.767.758,00	40.770.827.801,00
2012	173.106.698.940,00	45.305.726.136,00	97.679.297,92	45.208.046.838,00
2013	197.870.171.922,00	55.054.434.993,00	479.831.545,87	54.574.603.447,13
2014	209.842.014.024,00	57.178.928.348,00	1.324.025.956,98	55.854.902.391,02
2015	220.506.971.963,00	59.159.669.529,00	1.072.638.341,14	58.087.031.187,86
2016	219.266.294.160,00	62.254.901.426,00	555.908.146,43	61.698.993.279,57
2017	231.982.243.692,00	65.343.742.111,00	516.072.336,73	64.827.669.774,27
2018	242.037.293.543,00	67.072.059.461,00	879.607.679,00	66.192.451.782,00

Fonte: elaborada pelos autores

A Tabela 8, baseada em dados do BGGESP, da Administração Indireta/FDE e outros órgãos da citada administração, apresenta os valores nominais aplicados no período supramencionado. Na análise da Tabela 8 observa-se que os recursos financeiros da Fundação para o FDE variaram de 59 milhões de reais em 2007 até 1 bilhão e 324 milhões de reais em 2014, sendo que em 2015 passa a ser de 1 bilhão e 72 milhões de reais, e de 516 milhões de reais em 2017 e 879 milhões de reais em 2018.

A Fundação é responsável pela construção e pela reforma das escolas estaduais paulistas, assim como pelo repasse de recursos financeiros para as unidades escolares, por intermédio da Associação de

Pais e Mestres (APM). A partir de 2020, com o início da implantação do PDDE Paulista, a FDE deixa de ser responsável pelo repasse dos recursos financeiros à APM.

No segmento denominado de Administração Indireta/Outros, os repasses de recursos financeiros foram constantes ao longo do período de 2007 a 2018, com evolução positiva de ano a ano.

Tabela 9 – Balanço Geral do Estado: Despesas Totais / Despesas do Poder Executivo da Administração Direta / Despesas da SEE-SP – 2007 a 2018

ANO	BGE/T	BGE/AD/PE	BGE/AD/SEE-SP
2007	96.095.014.842,00	69.092.978.486,00	13.117.430.055,64
2008	120.734.533.460,00	82.371.256.406,00	15.249.038.001,00
2009	130.760.670.353,00	88.431.740.123,00	15.989.333.162,00
2010	147.056.059.386,00	99.541.993.495,00	18.878.970.335,00
2011	159.949.788.188,00	109.710.711.988,00	21.300.651.995,33
2012	173.106.698.940,00	116.696.738.330,00	22.203.294.210,25
2013	197.870.171.922,00	130.490.959.371,00	25.440.810.771,14
2014	209.842.014.024,00	139.203.403.204,00	26.676.646.856,75
2015	220.506.971.963,00	146.434.042.633,00	28.565.861.995,02
2016	219.266.294.160,00	141.146.215.547,00	28.112.227.073,74
2017	231.982.243.692,00	149.428.274.755,00	29.766.717.544,88
2018	242.037.293.543,00	156.950.929.118,00	27.836.988.335,00

Fonte: elaborada pelos autores

A Tabela 9 traz os valores das despesas do BGGESP, do Poder Executivo/ Administração Direta e da Administração Direta/SEE-SP, aplicados no período de 2007 a 2018. Depreende-se que a SEE-SP apresentou, de 2007 até 2015, valores crescentes ano a ano. Em 2016 ocorreu diminuição do valor na ordem de 450 milhões de reais, no ano de 2017 há um aumento, e no ano de 2018 ocorre nova redução, em torno de 1 bilhão e 900 milhões de reais. Essas alterações não impactaram na aplicação dos 30% das receitas resultantes de impostos conforme definido no artigo 255 da Constituição do Estado de São Paulo.

Os recursos financeiros do Poder Executivo/Administração Direta tiveram alteração negativa apenas no ano de 2016, sendo que antes e depois desse exercício anual os valores foram sempre crescentes.

Tabela 10 – Balanço Geral do Estado: Despesas Totais / Despesas com a Função 12 Total / Despesas com a Função 12 da Administração Direta / Despesas com a Função 12 da Administração Indireta – 2007 a 2018

ANO	BGE/T	F12/T	F12/AD	F12/AI
2007	96.095.014.842,00	18.426.022.552,14	13.336.585.753,23	5.089.436.798,91
2008	120.734.533.460,00	22.287.658.490,71	15.562.407.896,99	6.725.250.593,72
2009	130.760.670.353,00	22.945.341.124,85	16.182.741.437,94	6.762.599.686,91
2010	147.056.059.386,00	27.174.237.663,34	19.015.033.976,01	8.159.203.687,33
2011	159.949.788.188,00	30.405.974.910,60	21.453.362.604,43	8.952.612.306,17
2012	173.106.698.940,00	32.216.168.539,31	22.364.903.240,63	9.851.265.298,68
2013	197.870.171.922,00	37.753.729.104,02	25.752.361.589,51	12.001.367.514,51
2014	209.842.014.024,00	38.935.628.246,46	26.961.274.037,17	11.974.354.209,29
2015	220.506.971.963,00	41.718.689.046,60	28.833.524.480,21	12.885.164.566,39
2016	219.266.294.160,00	41.346.576.921,54	28.538.524.194,33	12.808.052.727,21
2017	231.982.243.692,00	42.755.876.365,14	30.085.706.654,17	12.670.169.710,97
2018	242.037.293.543,00	40.747.350.822,00	28.383.476.757,00	12.363.874.065,00

Fonte: elaborada pelos autores

A Tabela 10 mostra os valores das despesas do BGGESP, da Função 12 (Educação) Total e Função 12 (Educação), nas Administrações Direta e Indireta nos anos de 2007 a 2018. Depreende-se dessa análise que os valores foram ampliando ano a ano, com redução nos anos de 2016 e 2018, seja no valor total, seja nas administrações direta e indireta.

Cabe mencionar que a Função Orçamentária n.º 12 (Educação) está definida na Lei Federal n.º 4.320/1964, que organiza e sistematiza o orçamento público em níveis federal, estadual e municipal, sendo que essa função engloba o conjunto de gastos relativos à área da educação em todos os órgãos da Administração Pública Direta e Indireta. Sendo assim, nessa função orçamentária estão contidas as despesas com MDE, que compõem os recursos da F12 (Educação), fazendo essa rubrica parte dessa função orçamentária, com suas especificidades definidas nos artigos 70 e 71 da LDB (Lei n.º 9.394/1996).

Tabela 11 – Balanço Geral do Estado: Despesas Totais / Despesas com a Função 12 Total / Despesas com a Função 12 da Administração Direta / Despesas com a SEE-SP – 2007 a 2018

ANO	BGE/T	F12/T	F12/AD	BGE/SEE-SP
2007	96.095.014.842,00	18.426.022.552,14	13.336.585.753,23	13.117.430.055,64
2008	120.734.533.460,00	22.287.658.490,71	15.562.407.896,99	15.249.038.001,00
2009	130.760.670.353,00	22.945.341.124,85	16.182.741.437,94	15.989.333.162,00
2010	147.056.059.386,00	27.174.237.663,34	19.015.033.976,01	18.878.970.335,00
2011	159.949.788.188,00	30.405.974.910,60	21.453.362.604,43	21.300.651.995,33
2012	173.106.698.940,00	32.216.168.539,31	22.364.903.240,63	22.203.294.210,25
2013	197.870.171.922,00	37.753.729.104,02	25.752.361.589,51	25.440.810.771,14
2014	209.842.014.024,00	38.935.628.246,46	26.961.274.037,17	26.676.646.856,75
2015	220.506.971.963,00	41.718.689.046,60	28.833.524.480,21	28.565.861.995,02
2016	219.266.294.160,00	41.346.576.921,54	28.538.524.194,33	28.112.227.073,74
2017	231.982.243.692,00	42.755.876.365,14	30.085.706.654,17	29.766.717.544,88
2018	242.037.293.543,00	40.747.350.822,00	28.383.476.757,00	27.836.988.335,00

Fonte: elaborada pelos autores

Na Tabela 11 constam os valores das despesas do BGGESP, da Função 12 (Educação) Total, na Função 12 (Educação) Administração Direta e na SEE-SP entre os anos de 2007 e 2018. Os valores da SEE-SP compõem em torno de 98% da função orçamentária 12 (Educação) / Administração Direta no período citado. No ano de 2016 houve ligeira redução dos valores nominais se comparados os anos de 2007 a 2015, em 2017 ocorreu aumento se comparado a 2016, e em 2018 houve diminuição do volume de recursos financeiros na Função 12 (Educação) e na SEE-SP.

Com a análise das tabelas 6 a 11, percebe-se que no período de 2007 a 2018 ocorreu aumento constante nos gastos do Poder Executivo relativos à administração pública direta e indireta, dos poderes Legislativo e Judiciário estadual paulista e do MPSP, assim como da SEE-SP. Em suma, ao emitirem pareceres favoráveis pela aprovação das contas do GESP, mesmo que com ressalvas e recomendações, o TCESP e o MPC-SP não instituíram mecanismos técnicos, legais e políticos que determinassem à administração pública estadual paulista a adoção de medidas para alterar as condições estruturais das escolas, a ampliação da proficiência do desempenho dos alunos nas avaliações externas (Idesp/Saresp e Ideb/Saeb), assim como a implementação de melhorias na estrutura da carreira e dos salários dos profissionais da educação (professores, diretores de escola, supervisores de ensino e funcionários administrativos).

Concluímos que o TCESP e o MPC-SP, apesar das diversas manifestações com ressalvas e recomendações, ao não emitirem pareceres pela reprovação das contas do GESP quanto à rubrica MDE, e nela o Fundeb, proporcionaram condições legais, técnicas e políticas para que fossem aprovadas as contas públicas e colaboraram de forma decisiva para a permanência dos três problemas que foram objeto de análise nas entrevistas realizadas.

4.1 BALANÇO GERAL DO ESTADO NA PERSPECTIVA DO TCESP E DO MPC-SP [MDE E INATIVOS – APOSENTADOS] E PENSIONISTAS) - 2007 A 2018

O processo orçamentário no Brasil está definido na Lei n.º 4.320/1964, sendo elaborado a partir de iniciativa do Poder Executivo (federal, estadual e municipal) e tem as seguintes configurações: o PPA, a LDO e a LOA, conforme estabelece o artigo 165 da Constituição Federal. Destacamos que nas citadas legislações, a educação é descrita como a Função Orçamentária de n.º 12.

Por esses instrumentos legais são previstas as receitas e definidas as despesas públicas para o exercício do ano seguinte, com as respectivas justificativas e especificações do "Custeio/Consumo" e "Investimento/Capital" para todas as áreas da administração pública direta e indireta (federal, estadual e municipal), nos poderes Executivo, Legislativo e Judiciário.

Por sua vez, na despesa pública,[8] a Educação é expressa pela rubrica n.º 12 e constitui-se em projetos, programas e atividades integrantes das administrações direta e indireta. A função orçamentária n.º 12 compreende as despesas da Administração Direta (Secretaria da Educação e outras Secretarias da Administração Direta) e da Administração Indireta, constituída pela USP, Unicamp, Unesp, CPS, Fundação Casa, Famema e Famerp. A composição da receita corrente líquida é feita pela somatória das receitas tributárias (impostos, taxas e contribuições) deduzidas as transferências constitucionais e legais.

---

[8] Despesa pública também pode ser definida como o conjunto de gastos realizados pelos entes públicos para custear os serviços públicos (despesas correntes) prestados à sociedade ou para a realização de investimentos (despesas de capital). As despesas públicas devem ser autorizadas pelo Poder legislativo, através do ato administrativo chamado orçamento público. Exceção são as chamadas despesas extra orçamentarias. (PRATES, 2018).

Ao analisar pareceres do TCESP, assim como manifestações do MPC-SP, relativos às prestações de contas do Gesp no período de 2007 a 2018, constatou-se que no citado percurso histórico, as despesas com MDE foram as inscritas na função orçamentária n.º 12 (Educação).

A seguir são apresentados pareceres dos Conselheiros do TCESP e as manifestações dos procuradores do MPC-SP no período de 2007 a 2018, a respeito dos gastos da SEE-SP na rubrica MDE e no Fundeb.

Referente ao **Exercício de 2007**, o Conselheiro Edgard Camargo Rodrigues (TCESP) emitiu voto com propositura de parecer favorável à aprovação das contas do Poder Executivo estadual paulista (governador José Serra – PSDB), visto que foram atendidas as premissas estabelecidas pela Constituição do estado de São Paulo, em seu artigo 255, que institui a aplicação de 30% das receitas resultantes de impostos em MDE e a utilização de, no mínimo, 60% dos recursos do Fundeb na remuneração dos profissionais do magistério da educação básica em exercício na rede pública, conforme estabelece o artigo 22 da Lei n.º 11.494/2007.

Foram aplicados 30,11% na rubrica MDE e 72,26% no Fundeb, no pagamento dos profissionais do magistério; outros 21,26% na remuneração de Inativos (Aposentados) e Pensionistas e o restante de 6,48% com outros servidores. Foram gastos R$ 1.507.310.685,00, correspondentes a 21,26% dos recursos do Fundeb com pagamento de Inativos (Aposentados) e Pensionistas. Ainda referente à execução orçamentária do ano de 2007, o conselheiro Edgard Camargo Rodrigues (TCESP), devido às improprieda-des verificadas, em relatório publicado no ano de 2008 pontua as seguintes advertências e recomendações:

> [...] o Poder Executivo providenciará sejam abatidos dos 30% constitucionais (art. 255, C.E.) relativos à manutenção e desenvolvimento do ensino público, os recursos que, até 31 de janeiro do exercício subseqüente, não tenham significado, na Fundação de Desenvolvimento da Educação – FDE, *despesa plena*, assim entendida a *empenhada, liquidada e paga*. De igual forma, a origem fica advertida quanto à necessidade de que o correspondente numerário repassado tenha, em contra-partida, dotações claramente identificadas no orçamento específico da Fundação, de molde a se possa constatar a efetiva movimentação dos recursos.
>
> Ante todo o exposto, acolho manifestações unânimes das dependências internas de suporte técnico e de douta Procura-doria da Fazenda do Estado e proponho ao Colendo Tribunal

> Pleno, na forma prevista no artigo 33, inciso I, da Constituição do Estado e artigo 23 e parágrafos da Lei Complementar nº 709/93, a emissão de *PARECER FAVORÁVEL* à aprovação das CONTAS DO GOVERNADOR DO ESTADO DE SÃO PAULO, relativas ao exercício econômico financeiro de **2.007**, com as apontadas advertências e recomendações constantes do corpo deste voto (grifos no original). (SÃO PAULO. Tribunal de Contas do Estado de São Paulo, 2008, p. 646-47).

O conselheiro mencionou a necessidade de a SEE-SP proceder ajustes nas formas de repasse e contabilização dos recursos financeiros junto à FDE. Não existe a menção a outras situações específicas na área do ensino, como: condições físicas das escolas, desempenho acadêmico dos alunos e remuneração dos profissionais do magistério.

Em relação ao **Exercício de 2008**, o Conselheiro Robson Marinho (TCESP) manifestou-se com voto e indicação de parecer favorável à aprovação das contas do Poder Executivo estadual paulista (governador José Serra – PSDB), pois atendeu ao contido no artigo 255 da Constituição Estadual Paulista, e a utilização dos recursos do Fundeb, totalizando 30,13% em MDE e 70,18% na remuneração dos profissionais do magistério. No voto do conselheiro constata-se o mesmo princípio adotado pelo conselheiro Edgard Camargo Rodrigues nas contas do Poder Executivo estadual paulista do ano de 2007.

O Conselheiro Robson Marinho (TCESP), em parecer publicado no ano de 2009, falou sobre a rubrica MDE com base no extrato a seguir apresentado.

> Considerando, finalmente, que as poucas impropriedades detectadas não constituem motivo impediente à aprovação das contas do Estado, relativas ao exercício fiscal encerrado, VOTO pela emissão de parecer, abaixo exposto, FAVORÁVEL à aprovação delas, lembrando que a análise técnica antecedente, bem como a emissão do parecer prévio propriamente dita não interferem nem condicionam o posterior julgamento pelo Tribunal das prestações de contas realizadas pelos administradores e demais responsáveis por dinheiros, bens e valores da administração pública direta e indireta, de qualquer dos Poderes do Estado, bem como daqueles que derem causa a perda, extravio ou outra irregularidade de que resulte prejuízo ao erário, conforme dispõe o inciso III do artigo 2º da Lei Complementar estadual n. 709, de 14 de janeiro de 1993, e sugerindo, à margem do parecer, o seguinte:

> – o encaminhamento de cópias deste e do parecer que se emitir aos eminentes Relatores das contas anuais, relativas a 2008, da Secretaria de Educação, da Secretaria da Saúde, da Secretaria da Fazenda, da Secretaria de Segurança Pública e da Secretaria de Assistência e Desenvolvimento Social, tanto como da Fundação para o Desenvolvimento da Educação – FDE, para acompanharem eventuais providências dos órgãos e entidade ante os apontamentos registrados no relatório da Diretoria de Contas do Governo, no tópico 'Atividades Desenvolvidas *in Loco*'; e – o registro de recomendações ao Governo do Estado de São Paulo, nestes termos:
> 5ª – Cuidar para que os recursos vinculados à manutenção e desenvolvimento do ensino, sobretudo os despendidos por meio de convênios celebrados entre a Fundação para o Desenvolvimento da Educação – FDE e o Estado, sejam efetivamente aplicados dentro do exercício, segundo o cronograma físico-financeiro das obras e serviços;
> 6ª – Demonstrar, de forma clara e inequívoca, o resultado de aplicações feitas com os recursos adicionais da Educação. (SÃO PAULO, 2009, p. 34-5, grifo no original).

Importante observar que no voto do conselheiro relativo ao ano de 2008, o parecer não aborda aspectos cruciais, como a condição das instalações das unidades escolares da rede estadual de ensino em São Paulo, bem como o desempenho acadêmico dos alunos e o status das carreiras e das remunerações dos profissionais do setor educacional. Isso implica uma lacuna na análise do conselheiro, já que esses são aspectos relevantes para a avaliação abrangente da gestão educacional do Estado no período em questão.

Em relação ao **Exercício de 2009**, o conselheiro Antônio Roque Citadini (TCESP) emitiu voto com indicação de parecer favorável à aprovação das contas do Poder Executivo estadual paulista (governador José Serra – PSDB), pois foi atendido o artigo 255 da Constituição Paulista e cumprida a efetiva utilização de 60% do Fundeb. Na rubrica MDE foram aplicados 30,09% das receitas líquidas de impostos e 63,93% do Fundeb com o pagamento dos profissionais do magistério. O mencionado conselheiro teceu as seguintes ponderações a respeito da aplicação dos recursos em MDE no ano de 2009.

> Os **gastos com ensino** totalizaram pouco mais de r$ 20 bilhões e 394 milhões, representando 30,09%, atendendo, portanto, aos 30% exigidos pela constituição estadual. Os cálculos do governo

atingiam, antes das glosas, 30,14. Traz boa notícia a instrução processual, de que atendendo à recomendação deste tribunal a fazenda abriu uma conta bancária apartada e específica para receber os recursos dos restos a pagar do ensino.

Importa ressaltar, nos gastos com ensino, que **a movimentação dos recursos do Fundeb se mostrou regular, com integral aplicação**, conforme atesta a fiscalização, tendo sido atendida, também, a exigência legal de que o conselho estadual da educação aprove as despesas [aponta, a instrução processual, portaria do MEC referindo-se a valores faltantes, com o que não concorda a fazenda que está se defendendo junto ao MEC].

Restou atendida, ainda, a exigência de aplicar o mínimo de 60% na remuneração do pessoal do magistério, uma vez que a aplicação efetiva foi equivalente a 63,93% [a Fiscalização concorda com a Fazenda (fls. 337 do acessório 2)].

A aplicação dos recursos para o ensino oriundos das outras fontes de financiamento também teve sua regularidade [fls. 338 do acessório 2] atestada pela fiscalização, ressaltando que essas despesas não são computadas para fins do limite constitucional.

Para encerrar o assunto do ensino, conforme relatado a fiscalização apurou uma diferença de pouco mais de r$ 15 milhões, que já foi reconhecida e regularizada pela fazenda. *Cabe lembrar que para os gastos com ensino a constituição federal exige um mínimo de 25%, enquanto a do nosso estado exige 30%. E é esse mínimo de 30,00% paulista exigido pelo artigo 255 da constituição estadual que se tem por atendido em 2009, com a aplicação de 30,09%.*

Faço agora meus comentários sobre o relatório de atividades publicado pelo governo no suplemento do diário oficial do estado.

Como exemplo há uma ação da educação que a previsão era de atender 475.533 alunos e atendeu 851.511 alunos com a mesma verba orçada de r$ 52 milhões de reais [fls.144 programa 0803 – ação 5743 intervenção pedagógica nos anos iniciais do ensino fundamental]. Aparentemente é um excelente resultado, mas tamanha diferença entre o previsto e o realizado, está a merecer alguma explicação.

Uma outra ação, também da educação, teve como previsão realizar 3 projetos com uma verba orçada de mais de r$ 15 milhões. Consta ter realizado 11 projetos e consumido apenas r$ 1 milhão de reais [fls. 149 programa 0815 – ação 5811 gestão estratégica e política].

> Nem sempre a superação na execução indica bom resultado. No mínimo ter-se-á falta ou erro no planejamento e é bom que se investigue isto para que haja no futuro aprimoramento. Penso que da parte do governo uma ação de trabalho conjunto coordenado pela secretaria do planejamento com as diversas secretarias eliminará essas inadequações, fazendo com que as previsões sejam feitas com indicadores possíveis de serem aferidos.
> **Feitas essas considerações, apresento a proposta das seguintes recomendações, sendo que algumas já constaram em pareceres de anos anteriores, cabendo ao governo providências para:**
> Cuidar para que os recursos vinculados à manutenção e desenvolvimento do ensino, sobretudo os despendidos por meio de convênios celebrados entre a fundação para o desenvolvimento da educação – fde e o estado, sejam efetivamente aplicados dentro do exercício, segundo o cronograma físico-financeiro das obras e serviços. Recomendação integrante do parecer de 2008 e também só parcialmente atendida. (SÃO PAULO, 2010, p. 16-8, 28, 32-5, grifos no original).

No voto do ano de 2009, tornado público em 2010, é notável a recorrência das mesmas observações presentes em votos anteriores quanto às ações a serem tomadas pela Secretaria da Educação do Estado de São Paulo em parceria com a Fundação para o Desenvolvimento da Educação (FDE). Vale ressaltar que não há menção a outras questões relacionadas ao cenário da educação pública estadual paulista, o que sugere uma limitação na abordagem do parecer em relação à avaliação integral da educação no Estado.

No que diz respeito ao **Exercício de 2010**, o conselheiro Renato Martins Costa (TCESP) emitiu voto com parecer favorável à aprovação das contas do Poder Executivo estadual paulista (governadores José Serra e Alberto Goldman – PSDB), pois foi atendido ao disposto no artigo 255 da Constituição Paulista, com a rubrica MDE e aos 60% do Fundeb. Foram investidos 30,15% na rubrica MDE e 62,64% do Fundeb foram aplicados na remuneração dos profissionais do magistério.

No que concerne à rubrica MDE, pode-se ler no voto relativo às contas de 2010, publicado em 2011, que

> [...] a aplicação no Ensino alcançou R$ 23,9 bi, valor equivalente a 30,15% das receitas advindas de impostos, percentual que atende ao artigo 255 da Constituição do Estado.

ALFREDO SÉRGIO RIBAS DOS SANTOS | RENÉE COURA IVO VITURI

> Como exposto no relatório, o Estado de São Paulo contribuiu com R$ 3,1 bi a mais do que recebeu do FUNDEB, aplicando na remuneração dos profissionais da educação básica 62,64% de suas receitas, dando igualmente atendimento ao artigo 22 da Lei nº 11.494/07.
>
> A criação da U.G. Tesouro do Estado – Aplicação no Ensino em 2009 facilitou o acompanhamento da aplicação dos recursos, ressalvados os Restos a Pagar das Universidades Estaduais, demonstrando a conta que o saldo anterior de R$ 201 mi, somadas as receitas e excluídas as despesas extraorçamentárias, apresentou saldo para 2011 de R$ 53 mi.
>
> O levantamento efetuado para verificação do quanto empenhado em favor da FDE – Fundação para o Desenvolvimento da Educação e o efetivamente gasto mostrou que em 2010 houve crescimento de 44,77% do empenhado, que passou de R$ 857 mi para R$ 1,2 bi, enquanto os valores pagos recuaram 40,46%, de R$ 1,4 bi para R$ 1 bi, apresentando saldo remanescente de R$ 945 mi, 23,91% maior do que o remanescente do exercício de 2009.
>
> No decênio 2000/2010, a variação nos gastos do Ensino atingiu 192,57%, enquanto o IGP-DI do mesmo período variou 129,51%, representando os empenhos a favor da FDE 5,18% do total gasto na área, enquanto em 2000 era de 1,51%. O resultado demonstra atenção crescente da Administração para os programas desenvolvidos pela FDE, porém, ao mesmo tempo, conta preocupação com a expressiva parcela desses gastos concentrados para realização de despesas em exercícios seguintes, motivo de recomendações nas contas anuais de 2007 a 2009.
>
> As glosas promovidas, basicamente voltadas à remuneração de estagiários (contrato FUNDAP e programa Acessa Escola), subsídio de transporte (METRÔ), FAPESP, reembolso de professores e servidores - escolas municipais, restaurantes universitários, restos a pagar cancelados (Ensinos Básico e superior) e programa Escola da Família [...] se apresentam na conformidade do entendimento que este Tribunal vem sustentando desde 2005. (SÃO PAULO, 2011, p. 1346-6).

Destaca-se no voto do conselheiro Renato Martins Costa especial atenção a ser dada aos seguintes aspectos:

> **1. Acessibilidade às pessoas com necessidades especiais**. a. Objetividade nas peças orçamentárias e nos instrumentos destinados ao cumprimento dos objetivos do programa, inclusive no convênio firmado com a FDE: transparência na

execução, de modo a permitir aferir os valores efetivamente destinados e aplicados, inclusive promovendo-se à contabilização adequada dos recursos, bem como à identificação clara da origem, objeto e importância exata da despesa que esta sendo paga, propiciando maior transparência em sua liquidação;
b. Critérios de escolha das escolas e reais necessidades instrumentais: não observado o requisito da demanda, fazendo-se necessária, inclusive, a alteração de projetos básicos para adequação da execução das obras, em alguns casos superando-se o limite legal para tanto;
c. Adequação às normas sobre acessibilidade: apurado o descumprimento da NBR9050, da ABNT;
d. Acompanhamento da execução das obras: constatadas divergências entre os valores medidos e pagos, evidenciando falha na fiscalização.

2. Informatização Escolar – Ação Acessa Escola.
a. Objetividade nas peças orçamentárias e nos instrumentos destinados ao cumprimento dos objetivos do programa, inclusive no convênio firmado com a FDE: transparência na execução, de modo a permitir aferir os valores efetivamente destinados e aplicados, neste caso, inclusive, fazendo constar o valor da taxa de administração devida à Fundação e, também aqui, existindo a necessidade de identificação dos credores, especificação e importância da despesa, evitando o que a DCG denominou como liquidação forçada, ou seja, apenas escritural;
b. Descompasso entre os valores empenhados e liquidados: inscrição em restos a pagar de elevado valor, cuja aplicação será efetivamente aperfeiçoada apenas nos exercícios seguintes, matéria, aliás, já tratada em exercícios anteriores;
c. Atuação do Agente de inclusão digital: desprovido dos recursos materiais e operativos para fazer frente ao atendimento das exigências definidas no programa;
d. Remuneração dos estagiários: não apropriáveis à conta do ensino as parcelas correspondentes ao 'uso livre' nas salas de informática, além da necessidade de adequação à Lei nº 11.788/08;
e. Efetiva utilização das salas do Acessa Escola: necessário o melhor planejamento da disponibilidade dos recursos aos alunos, bem como ações destinadas ao incentivo do uso dentro dos objetivos específicos do projeto. (SÃO PAULO, 2011, p. 1375-78).

Considerando o verificado nas contas do Gesp do ano de 2010, o conselheiro conclui que

> [...] não constatada a existência de vício que possa compro-
> meter a gestão empreendida, acolho as manifestações da
> Assessoria Técnica Jurídica, da Secretaria Diretoria Geral
> e da douta Procuradoria da Fazenda Estadual, propondo a
> Vossas Excelências a emissão de PARECER FAVORÁVEL
> às contas do Governador do Estado de São Paulo, relativas
> ao exercício de 2010, respectivamente de Suas Excelências,
> Senhores José Serra, período de 01/01 a 01/04/2010 e Alberto
> Goldman, período de 02/04 a 31/12/2010. (SÃO PAULO,
> 2011, p. 1403).

Percebe-se o mesmo padrão de análise dos conselheiros do TCESP nas contas do Poder Executivo paulista dos anos de 2007, 2008, 2009 e 2010, reiterando a necessidade do aperfeiçoamento do repasse e da contabilização dos recursos da FDE, menção sobre a ampliação da oferta da Educação de Jovens e Adultos (EJA), e as necessidades de aperfeiçoar a acessibilidade nas escolas públicas, ampliar a informática educacional e não contabilizar estagiários na rubrica MDE.

Nos anos de 2007 a 2010, o MPC-SP não realizou manifestação a respeito das contas anuais do Gesp, visto que foi criado pela Lei Complementar n.º 1.110, de 14 de maio de 2010.

Referente ao **Exercício de 2011**, o conselheiro Edgard Camargo Rodrigues (TCESP) aprovou as contas do Poder Executivo estadual paulista (governador Geraldo Alckmin – PSDB), pois foi atendida a Constituição Estadual, artigo 255, e o mínimo de 60% dos recursos do Fundeb. Foram aplicados 30,15% na rubrica MDE e no Fundeb foram utilizados 64,12% no pagamento dos profissionais do magistério.

No voto desse ano, menciona-se a fiscalização realizada pela DCG em escolas da rede estadual paulista, que verificou a implantação de programas de expansão, melhoria e reforma da rede física escolar e melhoria da qualidade do ensino fundamental e do ensino médio; também há recomendações para a SEE-SP e para a FDE visando ao aperfeiçoamento dos programas de expansão.

No parecer do ano de 2011, publicado em 2012, o referido conselheiro faz menção aos gastos na rubrica MDE, tecendo as seguintes observações:

> Aplicação efetiva dos recursos do ensino, sobretudo os convênios com a Fundação para o Desenvolvimento da Educação – FDE, no próprio exercício de repasse.

> A Fundação de Desenvolvimento da Educação – FDE deve evidenciar em sua página eletrônica, por data, os repasses oriundos do Tesouro, bem assim os decorrentes empenho, liquidação e pagamento. (SÃO PAULO, 2012, p. 625).

Ainda quanto às do Poder Executivo estadual paulista do ano de 2011, em manifestação exarada em 18/05/2012, o procurador-geral do MPC-SP, Celso Augusto Matuck Feres Junior, posicionou-se favoravelmente pela aprovação das contas sem realizar qualquer menção a respeito dos gastos da rubrica MDE, do Fundeb e dos Inativos (Aposentados) e Pensionistas, limitando-se a reforçar as recomendações da DCG, da ATJ, da ADG e do conselheiro Edgard Camargo Rodrigues que tratavam da atuação FDE.

Em relação ao **Exercício de 2012**, o conselheiro Robson Marinho (TCESP) posicionou-se em voto favorável à aprovação das contas do Poder Executivo estadual paulista (governador Geraldo Alckmin – PSDB), pois foi atendido o artigo 255 da Constituição Paulista, e o mínimo de 60% do Fundeb, tendo sido aplicados 30,13% na rubrica MDE e 62,86% do Fundeb na remuneração dos profissionais do magistério.

Ainda no voto de 2012, faz-se menção à fiscalização realizada pela DCG, sendo constatada a existência, na rede de ensino estadual paulista, de sistemas de informações desativados, alocação irregular de veículos, superlotação de alunos em veículos escolares, problemas nos processos de contratação de serviços realizados pela FDE e cessão incorreta de veículos do Estado aos municípios. Também foi reiterado o pedido para que a FDE fizesse a aplicação dos recursos no ano em curso e aperfeiçoasse o processo de informação à sociedade dos recursos alocados com o ensino público. Essa última recomendação junto à FDE é recorrente nos votos dos conselheiros desde o ano de 2007.

O conselheiro Robson Marinho, em relatório publicado em 2013, faz as seguintes recomendações ao Gesp no que concerne aos gastos com MDE.

> **II. 1– quanto à Ação 5740 do Programa 0815 (vinculada à Secretaria de Estado da Educação, com participação da Fundação para o Desenvolvimento da Educação – FDE):**
> 1ª – Aprimore-se o sistema de informação utilizado para armazenamento e gerenciamento das informações dos alunos e do transporte escolar.
> 2ª – Aperfeiçoem-se os controles a serem exercidos sobre a Ação Transporte de Alunos, principalmente no tocante ao cumprimento das exigências legais.

3ª – Providencie-se a regularização dos veículos de transporte escolar próprios, adequando suas características às especificações técnicas exigidas pelos órgãos competentes.
4ª – Aperfeiçoem-se as condições de cessão de uso dos veículos de transporte escolar aos municípios.
5ª – Providencie-se a regularização da situação cadastral dos veículos de transporte escolar cedidos pelo Estado aos municípios junto ao Departamento Estadual de Trânsito.
6ª – Apontem-se diretrizes aos municípios conveniados para a elaboração das rotas a serem percorridas pelos veículos escolares, de modo a se evitar que as mesmas sejam muito extensas e demoradas.
7ª – Realizem-se estudos acerca da viabilidade de instalação de unidades escolares em locais afastados da área urbana ou de difícil acesso, para atendimento aos moradores da região.
8ª – Editem-se cartilhas a serem distribuídas às unidades escolares e até mesmo aos pais/responsáveis dos alunos, explicitando as exigências legais referentes ao transporte de alunos, de modo que esses possam também exercer um controle da regularidade do transporte prestado.
9ª – Incentive-se ou possibilite-se a implantação de canais de consulta que reúnam informações sobre a regularidade dos veículos destinados ao transporte de alunos, a exemplo da boa prática identificada no município de São Paulo pela EMTU.
10ª – Solicite-se à FDE o levantamento dos valores pagos pela Empresa Turística Benfica Ltda. aos prestadores subcontratados para a execução do transporte escolar, calculando a diferença entre esses valores e aqueles repassados pelo Estado à Benfica como pagamento pelos serviços contratados, s.m.j., com a devida restituição dessa diferença aos cofres públicos do Estado. (SÃO PAULO, 2013, p. 69-70, grifos no original).

O procurador-geral do MPC-SP em exercício, Rafael Neubern Demarchi Costa, em manifestação datada de 22/05/2013, referente às contas do Poder Executivo estadual paulista do ano de 2012, foi a favor da aprovação de todas e não fez qualquer comentário sobre a rubrica MDE, do Fundeb e dos Inativos (Aposentados) e Pensionistas, limitando-se a informar que as aplicações em ensino (MDE e Fundeb) atenderam às legislações em vigor.

Em relação ao **Exercício de 2013**, a conselheira Cristiana de Castro Moraes (TCESP) emitiu voto favorável à aprovação das contas do Poder Executivo estadual paulista (governador Geraldo Alckmin – PSDB), pois considerou que o artigo 255 da Constituição Paulista foi atendido, assim como o mínimo de 60% dos recursos do Fundeb – foram aplicados 30,15% na rubrica MDE e 64,40% do Fundeb na remuneração dos profissionais do magistério.

Em seu voto, a conselheira menciona o gasto de 9,32% do Fundeb para pagamento de "outros servidores" sem a especificação de quem seriam esses servidores. Pode-se inferir que sejam Inativos (Aposentados) e Pensionistas, mas não existe confirmação dessa informação no voto emitido. No voto consta também anotação referente à fiscalização operacional empreendida pela DCG com relação ao Programa Parceria Escola, Comunidade e Sociedade Civil – Ação Escola da Família e do Saresp, assim como recomendações quanto ao referido programa, ao sistema de avaliação e à necessidade de melhoria das condições estruturais das escolas, da carreira e dos salários dos profissionais do magistério e da aprendizagem dos alunos.

Em manifestação publicada em 2014 sobre a aplicação dos gastos por parte da SEE-SP e da FDE, a conselheira comenta:

> Evidencie, mediante o Demonstrativo do Saldo da Conta Financeira as sobras vinculadas a fins específicos, sobretudo quando relacionados estes aos assuntos Educação, Saúde, Precatórios Judiciários, Multas de Trânsito e *Royalties*;
> Cuide para que os recursos da educação, sobretudo quando repassados à Fundação para o Desenvolvimento da Educação – FDE, sejam efetivamente aplicados no próprio exercício de competência;
> Atente para que, das despesas relacionadas no Programa Escola da Família, sejam incluídas, no cálculo da aplicação no ensino, apenas aquelas referentes ao pagamento de universitários.
>
> **– Quanto ao Sistema de Avaliação do Rendimento Escolar do Estado de São Paulo – SARESP (vinculado à Secretaria de Estado da Educação):**
> 1ª - Antecipe a data de publicação dos relatórios pedagógicos e de estudos do SARESP, se possível anteriormente ao início do ano letivo, para que seus apontamentos possam ser analisados e empregados pela comunidade escolar durante o período reservado ao planejamento pedagógico das unidades;
> 2ª - Divulgue, juntamente com as análises já veiculadas pelos relatórios pedagógicos e de estudos, o percentual de erros e acertos registrados em todas as séries avaliadas pelo SARESP, bem como dos dados socioeconômicos e das demais informações recolhidas por meio dos questionários de contexto, por unidade escolar (pelo menos), e não apenas do agregado de todos os participantes da prova no Estado;

3ª - Distribua maior número de exemplares dos relatórios pedagógicos e de estudos do SARESP às unidades da rede, para que mais professores e membros das equipes de gestão escolar possam estudá-los, simultaneamente, sem prejuízo de sua divulgação concomitante na internet;

4ª - Proporcione mais eventos de aperfeiçoamento profissional, destinados preferencialmente aos professores, inclusive das disciplinas não avaliadas pelo SARESP, a fim de capacitá-los, para interpretar e utilizar as análises e orientações veiculadas nos relatórios pedagógicos e de estudos como subsídios para a reflexão e a transformação das práticas didáticas e das propostas pedagógicas das escolas;

5ª - Implemente estudos visando a possibilidade de uma reformulação do índice que representa a qualidade do ensino oferecido pelas escolas, considerando, além das características socioeconômicas do público atendido, as características objetivas dos estabelecimentos de ensino que influenciam nos resultados da aprendizagem;

6ª - Observe a Resolução SS 493/94, quanto à área por aluno em sala de aula, e a Resolução SE nº 86/08; e

7ª - Adote estratégias que incentivem os estudantes a se preparar para a realização das provas do SARESP, de modo a proporcionar diagnósticos de aprendizagem ainda mais fidedignos.

– Quanto à Ação 5146 do Programa 0805 – Escola da Família (vinculado à Secretaria de Estado da Educação e à Fundação para o Desenvolvimento da Educação – FDE):
1ª - Ajuste o indicador considerado no PPA;

2ª - Aprimore o Sistema Gerencial do Programa Escola da Família;

3ª - Cobre maior participação do Conselho de Escola, no Programa Escola da Família;

4ª - Estude a possibilidade da designação de mais um Professor Coordenador do Núcleo Pedagógico para as Diretorias de Ensino com grande número de escolas participantes do Programa Escola da Família;

5ª - Exija das Instituições de Ensino Superior o cumprimento da atribuição de monitorar os projetos desenvolvidos pelos educadores universitários de acordo com o regulamento previsto no Bolsa Universidade; e

6ª - Amplie a divulgação do Bolsa Universidade, nas escolas de ensino médio e nas universidades conveniadas, a fim de obter maior participação de universitários. (SÃO PAULO, 2014, p. 86, 151-4, grifos no original).

O voto emitido pela conselheira Cristiana de Castro Moraes reitera que foram atendidas as recomendações expressas em pareceres anteriores no que concerne à FDE, pois a fundação aplicou os recursos financeiros no ano em curso e realizou a divulgação das informações conforme recomendado.

Em manifestação exarada em 15/05/2014, referente às contas do Poder Executivo estadual paulista do ano de 2013, o procurador-geral do MPC-SP, Celso Augusto Matuck Feres Junior, manifestou-se favorável à aprovação das contas e não fez qualquer menção a respeito da rubrica MDE, do Fundeb e dos Inativos (Aposentados) e Pensionistas.

No concernente ao **Exercício de 2014**, o conselheiro Dimas Eduardo Ramalho (TCESP) enunciou voto favorável à aprovação das contas do Poder Executivo estadual paulista (governador Geraldo Alckmin – PSDB), visto que ocorreu o atendimento ao artigo 255 da Constituição Estadual e o mínimo de 60% dos recursos do Fundeb. Foram aplicados 30,22% na rubrica MDE e 70,51% do Fundeb no pagamento dos profissionais do magistério, e 7,33% com "outros servidores" sem a devida comprovação de quem seriam esses servidores. Como no exercício do ano anterior, infere-se que sejam Inativos (Aposentados) e Pensionistas.

Em seu voto, o conselheiro questiona o gasto com o Programa de Formação do Patrimônio do Servidor Público (Pasep), pois foi esse procedimento que garantiu atingir os 30% de impostos na rubrica MDE, expediente que não poderia ter sido utilizado por não ter previsão legal.

No voto relativo ao exercício de 2014 foram feitas ponderações quanto problemas existentes na rede de ensino estadual paulista, a saber: carreira e jornada de trabalho dos professores da rede, demonstrando suas carências e deficiências, por exemplo, baixo salário e exercício da profissão em diversas unidades escolares; condições materiais com relação ao número de alunos por sala de aula e demais espaços escolares (cozinha, laboratórios e refeitórios), os quais estavam insuficientes e inadequados nos locais fiscalizados pela DCG em anos anteriores; precárias condições físicas das escolas (rede elétrica, quadra e cobertura); salas de aula com rachaduras, ausência de janelas/vidros, mofo e goteiras; ausência de merenda; falta de materiais básicos para o processo ensino-aprendizagem, como livros e periódicos insuficientes; laboratórios sem equipamentos e falta de pessoal de apoio para a sua efetiva utilização; ações da SEE-SP e inúmeras metas não atingidas; recomendações em relação ao Saresp, que deveriam ser atendidas no ano de 2015 e posteriores; e a necessidade de utilização dessa avaliação como parâmetro norteador das ações pedagógicas da escola.

No voto do conselheiro Dimas Eduardo Ramalho, publicado em 2015, há indicações para necessária articulação de ações entre a SEE-SP e a FDE para a resolução dos problemas supracitados.

> Secretaria de Estado da Educação - Condições Oferecidas nas Unidades Escolares Estaduais Quanto ao Quadro de Professores e Condições Materiais de Ensino
>
> 1ª - Realize o levantamento e mapeamento do quadro de professores, traçando um plano de preenchimento dos cargos em vacância por meio de regular concurso público de provas e títulos;
>
> 2ª - Reduza drasticamente o número de contratações temporárias de professores ao limite preconizado pela CNE, de 10%, de modo que esta modalidade cumpra a sua finalidade de suprir situações de vacâncias excepcionais;
>
> 3ª - Efetue o provimento dos cargos por profissionais habilitados com formação compatível com a matéria para a qual prestou concurso público, ou conforme as necessidades da rede de educação, evitando-se, em situações de normalidade, o aproveitamento de profissionais para lecionar matérias às quais não estejam habilitados;
>
> 4ª - Cuide para que em casos de acumulação, a jornada de trabalho seja razoavelmente adequada aos padrões estabelecidos pela CNE, não sendo demais advertir que o excesso de jornada compromete não só a qualidade do trabalho prestado, como também a saúde física e mental do servidor público;
>
> 5ª - Providencie a reforma e adequação dos equipamentos escolares da estrutura física do imóvel/quadra até a disponibilização de meios para o pleno uso de laboratórios, cantinas, cozinhas, salas de áudio e vídeo;
>
> 6ª - Promova estudos acerca das plantas e quantidades das unidades escolares a serem construídas, para que comportem a demanda de estudantes em conformidade com os Pareceres n.º 08 e 09 da CNE/CBE;
>
> 7ª - Promova projeto de adequação físico-estrutural dos equipamentos já existentes, de modo a torná-los plenamente funcionais e capazes de atender à finalidade educacional.
>
> **Merenda Escolar**
>
> 1ª - Investigue, de forma aprofundada, os motivos pelos quais há um número baixo de comensais e envide esforços para uma maior adesão dos alunos ao programa de fornecimento de merenda escolar;

2ª - Reveja os horários em que as refeições completas são servidas e adeque o tipo de refeição ao respectivo período (manhã, tarde ou noite), de modo a respeitar a cultura e os hábitos alimentares paulistas, bem como permitir o desenvolvimento de ações de educação nutricional;

3ª - Efetue Ata de Registro de Preços condicionada a um cardápio elaborado anteriormente, de modo que as escolas possam receber os ingredientes integrantes do cardápio e possam cumpri-lo sem que tenham que promover alterações, o que poderia levar a um comprometimento das necessidades nutricionais diárias;

4ª - Envide esforços para uma maior agilidade na implementação e implantação da nova versão do SAESP (II) e que contemple funcionalidades de modo a permitir um gerenciamento e controle efetivo dos estoques e de todo o processo que envolve o fornecimento da merenda escolar;

5ª - Oriente efetivamente todas as escolas sobre quem são os usuários do programa de alimentação escolar;

6ª - Oriente as Unidades Escolares para que disponibilizem o cardápio tanto para a comunidade escolar quanto para os pais, de modo que eles possam acompanhar as refeições servidas;

7ª - Oriente as Diretorias de Ensino sobre a importância da fiscalização nas Unidades Escolares de modo a efetivar a observância ao cardápio, o qual foi elaborado por um responsável, considerando-se as necessidades nutricionais diárias;

8ª - Convirja esforços para a adoção de uma prática alimentar mais natural;

9ª - Adote um sistema padronizado e diário de contagem de refeições servidas e oriente, efetivamente, todas as Diretorias de Ensino e Unidades Escolares sobre a necessidade de controle das mesmas;

10ª - Aprimore o sistema de contagem de comensais/refeições servidas, com acompanhamento e controle efetivos do registro nas escolas ou modifique a forma de pagamento às empresas terceirizadas;

11ª - investigue os motivos da variação da verba PEME para aquisição de gêneros para alunos com necessidades específicas e o baixo de número de alunos atendidos;

12ª - Envide esforços no sentido de oferecer mais orientações para as Diretorias de Ensino/Unidades Escolares e tornar obrigatório o envio de um formulário consolidado dos alunos cuja patologia exija algum tipo de cardápio específico, com estabelecimento de prazo para as escolas encaminharem estas informações ao Departamento de Alimentação e Assistência ao Aluno (DAAA);

13ª - intensifique a sua atuação para promover a educação alimentar e nutricional, sanitária e ambiental nas escolas centralizadas da rede pública de ensino estadual e oriente os municípios neste sentido, já que constitui sua responsabilidade quando da celebração do convênio, conforme o Decreto no 55.080/2009, art. 60;

14ª - intensifique as fiscalizações conforme estabelece o Decreto no 57.141/2011 de modo a assegurar os cardápios definidos e a qualidade de produtos e da preparação especificados, além de supervisionar e fiscalizar normas e padrões definidos para a execução dos programas de alimentação escolar;

15ª - Envide esforços no sentido de identificar possíveis dificuldades na participação da chamada pública, de modo a viabilizar o certame para aquisição de produtos da agricultura familiar;

16ª - Aplique, no mínimo, 30% dos recursos financeiros repassados pelo FNDE para aquisição de gêneros alimentícios diretamente da Agricultura Familiar e do Empreendedor Familiar Rural e mantenha um controle separado desse recurso;

17ª - Apure os valores informados e explique encontradas, fundamentando as Receitas, Aplicação Financeira, Despesas e Saldos;

18ª - Oriente as Prefeituras Municipais quanto à necessidade de se ter um controle formal de estoque, de maneira a obedecer aos ditames do Decreto no 55.080/2009, art. 9º, I- a fim de garantir maior eficiência ao serviço de fornecimento de alimentação escolar, a Secretaria da Educação deverá subsidiar técnica e administrativamente as Prefeituras Municipais, quando necessário, na programação, na execução, no controle e na avaliação das ações relativas à alimentação escolar;

19ª - Oriente os municípios sobre quem são os usuários da merenda;

20ª - Envide esforços para uma fiscalização mais atuante nas escolas descentralizadas, de modo a acompanhar a execução do objeto do convênio e assegurar a qualidade da alimentação servida nas escolas de sua responsabilidade, de forma a supervisionar e fiscalizar normas e padrões definidos para execução dos programas de alimentação escolar;

21ª - implemente os requisitos higiênico-sanitários gerais para serviços de alimentação de modo a atender à Resolução - RDC no 216, à Portaria CVS-5 e o Manual de boas práticas da Secretaria de Estado da Educação;

> 22ª - Dê maior transparência orçamentária à aplicação dos recursos da alimentação escolar;
> 23ª - Reconheça, no orçamento, os recursos decorrentes do QESE como fonte 1 - Tesouro. (SÃO PAULO, 2015, p. 949-52).

Ainda que tenha havido a utilização inadequada de expediente, como anteriormente mencionado, e que haja diversas recomendações e ponderações, as contas referentes ao exercício de 2014 foram aprovadas pelo TCESP.

O procurador-geral do MPC-SP, Rafael Neubern Demarchi Costa, em manifestação datada de 22/05/2015, posicionou-se a favor da aprovação das contas e não fez qualquer menção a respeito da rubrica MDE, do Fundeb e dos Inativos (Aposentados) e Pensionistas.

No que se refere ao **Exercício de 2015**, o conselheiro Sidney Estanislau Beraldo (TCESP) posicionou-se em voto favorável à aprovação das contas do Poder Executivo estadual paulista (governador Geraldo Alckmin - PSDB), visto que foi atendido o artigo 255 da Constituição Estadual e o mínimo de 60% dos recursos do Fundeb. Foram investidos 31,27% na rubrica MDE e 68,53% do Fundeb na remuneração dos profissionais do magistério. O citado conselheiro informa o dispêndio de 13,83% do Fundeb para pagamento de "outros servidores", como ocorrido em anos anteriores, sem a especificação de quem seriam esses servidores. Consta ainda no voto a exclusão dos gastos com o Pasep na contabilização dos 30% da receita líquida de impostos.

No voto de 2015, menciona-se que a DCG verificou as ações da SEE-SP com relação à Escola de Tempo Integral (ETI) e à escola do Programa de Ensino Integral (PEI), apontando para a necessidade de aperfeiçoamento das estratégias pedagógicas e de melhoria das condições físicas em ambas. A DCG manifestou-se quanto ao fato de que a SEE-SP e a FDE atenderam à recomendação expressa em anos anteriores relativa aos procedimentos do Restos a Pagar e às informações no Sistema Integrado de Administração Financeira para Estados e Municípios (Siafem).

As recomendações supracitadas, referentes à atuação pedagógica e aos modelos de escolas empreendidos pela SEE-SP constam no relatório de voto de 2015 publicado em 2016, como pode ser lido:

> SECRETARIA DA EDUCAÇÃO:
> Modelos de Educação em Período Integral na Rede Pública Estadual de Ensino:
> Estabelecer as próximas unidades do Programa Educação Integral em locais caracterizados pela elevada vulnerabilidade socioeconômica de seus moradores;

> Estudar a elaboração de outras estratégias, auxiliares das tecnologias pedagógicas já introduzidas pelo programa, que garantam a permanência de todos os estudantes matriculados em suas unidades, sobretudo dos que apresentam dificuldades em corresponder às exigências acadêmicas estabelecidas pelo modelo;
>
> Estudar a viabilidade de políticas de concessão de bolsas que permitam a diminuição da transferência dos alunos que, em face da necessidade de contribuir com sua renda familiar, são constrangidos a exercer atividades de natureza profissional, inviabilizando sua permanência nos estabelecimentos do programa;
>
> Estabelecer como critério principal para a atribuição das matrículas nas unidades do PEI, quando o número de interessados for superior ao de vagas disponíveis, a distância mínima entre a residência daqueles e a localização da escola;
>
> Introduzir nas unidades do projeto ETI, sempre que possível, as tecnologias e métodos pedagógicos que integram o modelo do Programa Educação Integral;
>
> Estudar a promoção de estratégias que viabilizem a distribuição alternada, nos dois turnos de aula, das disciplinas da base comum e da parte diversificada do currículo, também em todas as unidades do projeto ETI, a exemplo do PEI. (SÃO PAULO, 2016, p. 300-1).

O procurador-geral do MPC-SP, Rafael Neubern Demarchi Costa, em manifestação datada de 20/05/2016, foi a favor da aprovação das contas do Poder Executivo estadual paulista do ano de 2015 e não faz qualquer menção sobre a rubrica MDE, o Fundeb e os Inativos (Aposentados) e Pensionistas ou outros assuntos relacionados ao ensino.

Nos anos de 2011 a 2015, as manifestações do MPC-SP são favoráveis à aprovação das contas.

Referente ao **Exercício de 2016**, o conselheiro Antônio Roque Citadini (TCESP) expressou voto favorável à aprovação das contas do Poder Executivo estadual paulista (governador Geraldo Alckmin – PSDB) em virtude do atendimento do artigo 255 da Constituição Paulista e da aplicação de, no mínimo, 60% do Fundeb na remuneração dos profissionais do magistério – foram aplicados 31,43% na rubrica MDE e 65,42% na remuneração dos profissionais.

Em seu voto, o conselheiro menciona que caso exista a contestação judicial junto ao TJSP e ao STF sobre a inconstitucionalidade da aplicação de recursos do MDE com Inativos (Aposentados) e Pensionistas para fins de atingir os 30% na citada rubrica, é possível emitir parecer favorável, pois os 25% definidos no artigo 212 da CF tinham sido alocados pelo Poder Executivo estadual paulista. Esse entendimento de que é possível contabilizar 25% da receita resultante de impostos, conforme estabelece o artigo 212 da CF em MDE, e de que os demais 5% podem ser utilizados no pagamento de Inativos (Aposentados) e Pensionistas, para atingir os 30% estabelecido no artigo 255 da Constituição Paulista, não tem amparo legal.

Em relação ao atendimento do contido na CF ou na Constituição Estadual Paulista no que concerne à rubrica MDE e aos gastos com Inativos (Aposentados) e Pensionistas, o conselheiro Antônio Roque Citadini teceu os seguintes apontamentos em relatório publicado no ano de 2017:

> Importante registrar que entre as despesas estão incluídos os gastos com inativos da educação no valor de R$ 15 milhões e 772 mil reais e também a transferência para cobrir insuficiência financeira da SPPREV, o órgão previdenciário do estado, no valor de r$ 6 bilhões 578 milhões e 459 mil reais. No que se refere aos inativos da educação, o assunto já foi amplamente discutido neste e. Plenário, no julgamento do TC 1564/026/13 e o governo já tem conhecimento da decisão tomada por este tribunal, sabendo, portanto, que a partir de 2018 tais valores não mais serão aceitos para compor o percentual mínimo exigido.
>
> A novidade, neste ponto, é que nos autos está noticiado o ajuizamento, pela procuradoria da república, de uma ação de inconstitucionalidade perante o STF, com pedido de liminar ainda não apreciado (evento 62), englobando o assunto dos inativos e da insuficiência da SPPREV.
>
> Quanto à insuficiência financeira da SPPREV interessa registrar que este tribunal a tem considerado dentre as que compõem as despesas com ensino, porque há uma autorização legal específica, tanto na lei de criação da SPPREV, quanto na lei orçamentária anual.
>
> Porém, ajuizada que está a ação referida, arguindo a inconstitucionalidade, resta ao tribunal aguardar a decisão do STF, registrando-se desde já sugestão à e. Presidência para que determine ao GTP o seu acompanhamento.
>
> Este fato impõe ser aconselhável que o governo atente para a situação, cabendo-lhe encontrar, o quanto antes, alternativas que contemplem eventual concessão de medida liminar, o que, se ocorrer, poderá antecipar a data fixada por este tribunal para a desconsideração daquelas despesas com inativos, e abrangerá, possivelmente, a transferência para a insuficiência da SPPREV.

Para o julgamento deste processo há tranquilidade deste relator neste ponto, pois, conforme consta da instrução processual, mesmo se fossem excluídas as despesas, tanto com inativos da educação, quanto com a transferência para suprir a insuficiência financeira da SPPREV, restaria atendido o mínimo de 25% exigido pela constituição federal.

Este é um dado relevante para a decisão que este e. Plenário adotará neste processo. Reafirmo, neste momento, a posição que adotei e já externei em discussões anteriores, no julgamento de outros processos neste e. Plenário.

Entendo que para fins de emissão de parecer prévio das contas anuais de governador e de prefeitos, o tribunal deverá exigir para os gastos no ensino o cumprimento da constituição federal, que impõe como mínimo o atingimento de 25%.

É louvável que a constituição estadual exija 30% e estou certo que o governador deverá empenhar-se para atender esta imposição que lhe é feita pela constituição estadual.

Porém, se houver o desatendimento do mínimo estadual, creio seja assunto a ser tratado pela a. Assembleia Legislativa a quem o governador presta contas e é quem, ao final, decidirá pela aprovação ou não do parecer que este tribunal emite.

Como órgão de controle externo que é o tribunal, tenho para mim que, relativamente ao ensino, a emissão de parecer desfavorável, só pode ocorrer no caso de não se concretizar a aplicação mínima de 25%, pois assim fazendo estará dando um tratamento uniforme aos chefes do poder executivo, tanto estadual quanto municipal.

Chego a pensar que eventual emissão de parecer prévio pela rejeição, no caso de desatendimento do limite estadual, mas, comprovado o atendimento aos 25% do limite federal, ainda que o legislativo aceite o parecer e desaprove as contas, o chefe do poder executivo terá chance de vitória no STF.

Por esta razão, reafirmo minha posição de que o desatendimento ao limite mínimo estadual, tenho para mim, é assunto a ser tratado pela a. Assembleia legislativa quando for discutir e julgar a prestação de contas, momento em que estará apreciando o parecer prévio emitido por este tribunal.

Acrescento, ainda, que a este tribunal interessa - e isto vale para quaisquer despesas - conhecer, quanto possível, a qualidade da despesa, instando, como tem feito pelas fiscalizações ordenadas, operacionais e complementares, que os gestores se preocupem em apresentar resultados positivos, comprovando a boa aplicação do dinheiro público.

> Os mínimos legais hão de ser exigidos sem dúvida, mas, este tribunal tem demonstrado - sem desprezar a exigência legal - maior preocupação, a cada dia, com a qualidade da aplicação dos recursos, e isto não só na educação, mas em todas as áreas.
>
> Por fim, ainda na questão do ensino, é exigida a aplicação mínima de 60% dos recursos do Fundeb na remuneração dos profissionais do magistério, e, neste caso, aponta a instrução que tal aplicação alcançou 65,42%.
>
> Neste particular do Fundeb, como não há qualquer ponto de discussão, e tendo-se a afirmação do atendimento à legislação e também a informação de que neste exercício o estado mais contribuiu do que recebeu do fundo, a lei resta atendida.
>
> Concluindo, em relação a este item específico do ensino: com a aplicação equivalente a 31,43% - maior índice dos últimos 4 anos - nas despesas com ensino, e a 65,42% do Fundeb, para o pagamento do magistério, tem-se, neste exercício, atendida a constituição federal e a legislação do Fundeb. (SÃO PAULO, 2017, p. 22-4).

Cabe ressaltar que em relação às contas dos anos de 2016 e 2017, os conselheiros do TCESP, Renato Martins Costa e Sidney Estanislau Beraldo, e a Procuradoria-Geral do Estado (PGE), na análise das contas do Poder Executivo estadual paulista de 2018, comungam do mesmo entendimento que o conselheiro Antônio Roque Citadini. Contudo destacamos que é uma compreensão eivada de equívocos legal e técnico, pois se procura apenas justificar a aplicação incorreta dos recursos em MDE e no Fundeb, com interpretações de cunho político, distorcendo o embasamento legal que rege a matéria.

Ainda no que tange ao exercício de 2016, como consta no relatório de voto do TCESP, em fiscalização realizada pela DCG, identificaram-se problemas na alimentação escolar no que se refere à qualidade dos produtos, nos procedimentos logísticos de transporte, na quantidade insuficiente de merendeiras, no armazenamento dos alimentos, na falta de utensílios domésticos (pratos e talheres), refeitórios pequenos e inadequados e a diferença dos valores entre as refeições servidas e as efetivamente pagas. Também foram identificados problemas em relação ao atendimento na Educação Especial, a saber: precárias condições físicas das escolas, como a falta de rampas, elevadores, corrimãos e piso tátil, e a inexistência de plano específico para o atendimento dessa modalidade.

O procurador-geral do MPC-SP, Rafael Neubern Demarchi Costa, em manifestação exarada em 16/05/2017, expressou-se favorável à aprovação das contas do Poder Executivo estadual paulista do ano de 2016, mas com ressalvas, e faz menção ao inciso I do artigo 26 da Lei Complementar Estadual n.º 1.010/2007 expresso no voto do TCESP. Esse artigo da lei define que os valores dos benefícios pagos pela SPPREV devem ser computados para efeito do cumprimento de vinculações legais e constitucionais de gastos em áreas específicas. A partir desse dispositivo legal é possível considerar os gastos com Inativos (Aposentados) e Pensionistas na rubrica MDE. O procurador discorda desse entendimento legal, pois considera que o estado-membro da Federação não tem competência legislativa para definir o que é e o que não é MDE, uma vez que se trata de matéria exclusiva da União, conforme estabelecem os artigos 22, inciso XXIV, e os §§ 2º e 4º da CF.

É importante destacar que o referido procurador entrou com Representação (SÃO PAULO. Ministério Público de Contas, 2016) junto à Procuradoria-Geral da República (PGR), com proposta de Ação Direta de Inconstitucionalidade (ADI) em face do artigo 26, inciso I da Lei Complementar Estadual n.º 1.010/2007.

Quanto à contabilização de Inativos (Aposentados) e Pensionistas na rubrica MDE, o referido procurador pontua sobre o impacto desse cômputo nas despesas do ensino, conforme segue:

> Dispõe a Constituição do Estado de São Paulo que, da receita resultante de impostos (incluindo recursos provenientes de transferências), o Estado deve aplicar no mínimo 30% na manutenção e no desenvolvimento do ensino [CE/SP, art. 255. O Estado aplicará, anualmente, na manutenção e no desenvolvimento do ensino público, no mínimo, trinta por cento da receita resultante de impostos, incluindo recursos provenientes de transferências.
> Parágrafo único - A lei definirá as despesas que se caracterizem como manutenção e desenvolvimento do ensino].
> Trata-se de patamar mais elevado que a Constituição Federal, que prevê um piso de 25% [CF, art. 212. A União aplicará, anualmente, nunca menos de dezoito, e os Estados, o Distrito Federal e os Municípios vinte e cinco por cento, no mínimo, da receita resultante de impostos, compreendida a proveniente de transferências, na manutenção e desenvolvimento do ensino].
> Segundo os cálculos da DCG, em 2016 o Estado de São Paulo aplicou a importância de R$35.394.773 mil na manutenção e no desenvolvimento do ensino, equivalente a 31,43% da receita de impostos.

No entanto, verificou o Ministério Público de Contas [Eventos 10.1 (Ofício 406/2016 - GPGC), 10.2 (Memorando 08/2016 - 2ª Procuradoria de Contas) e 10.3 (Ofício 11/2016 - 2ª Procuradoria de Contas)], que o patamar previsto na Constituição Estadual não teria sido atingido se não fosse a regra prevista no artigo 26, inciso I da Lei Complementar Estadual nº 1.010, de 01 de junho de 2007:

LEI COMPLEMENTAR Nº 1.010, DE 01 DE JUNHO DE 2007
'Dispõe sobre a criação da São Paulo Previdência - SPPREV, entidade gestora do Regime Próprio de Previdência dos Servidores Públicos - RPPS e do Regime Próprio de Previdência dos Militares do Estado de São Paulo – RPPM'
[...] CAPÍTULO III - DAS DISPOSIÇÕES ECONÔMICAS E FINANCEIRAS
Seção I - Da São Paulo Previdência – SPPREV [...]
Artigo 26 - Os valores dos benefícios pagos pela SPPREV serão:
I - computados para efeito de cumprimento de vinculações legais e constitucionais de gastos em áreas específicas;
[...]
A referida norma estadual disciplinou que os gastos com benefícios previdenciários podem, no Estado de São Paulo, ser *computados para efeito de cumprimento de vinculações legais e constitucionais de gastos em áreas específicas'*. Em outras palavras, a lei em questão autorizou o Estado de São Paulo a considerar seus gastos com inativos e pensionistas para atingir os patamares mínimos obrigatórios de despesas vinculadas. Entretanto, segundo entende o Ministério Público de Contas, o Estado- Membro da Federação não possui competência legislativa para disciplinar o que deve ser considerado para atingir os mínimos constitucionais de gastos com manutenção e o desenvolvimento da educação. Isto porque compete privativamente à União legislar sobre diretrizes e bases da educação nacional (art. 22, inc. XXIV, CF), além de ser sua a competência para editar normas gerais de ensino (art. 24, inc. IX e §§ 2º e 4º, CF). No âmbito de tais competências, o Congresso Nacional editou a Lei de Diretrizes e Bases da Educação (LDB, Lei Federal nº 9.394/1996).
O art. 70 da LDB é taxativo para expor quais despesas podem ser consideradas como 'manutenção e desenvolvimento do ensino'. Por sua vez, o art. 71 da LDB é exemplificativo para expor as despesas que não constituem manutenção e desenvolvimento do ensino [A rigor, pela técnica legislativa, o art. 71 nem precisaria existir: se a despesa não está no rol do art. 70, já não pode ser considerada como manutenção e

desenvolvimento do ensino. No entanto, verifica-se que o legislador preferiu expor, com a redação do art. 71, alguns exemplos do que não deve ser considerado gasto com manutenção e desenvolvimento do ensino]. E, dentre o rol taxativo do art. 70, não há previsão para contabilizar os gastos com inativos como despesa do ensino [De outro modo, dentro do rol exemplificativo do art. 71, vale frisar:

Lei Federal 9.394/1996, art. 71. Não constituirão despesas de manutenção e desenvolvimento do ensino aquelas realizadas com: [...]

I - pessoal docente e demais trabalhadores da educação, quando em desvio de função ou em atividade alheia à manutenção e desenvolvimento do ensino].

De outro modo, a lei paulista, inovando no que poderia ser computados para efeito de cumprimento do gasto mínimo na educação, admitiu que os valores dos benefícios pagos pela entidade gestora única do Regime Próprio de Previdência dos Servidores pudessem ser somados nesta equação.

Como dito, as despesas que podem ser incluídas como 'manutenção e desenvolvimento do ensino' constituem tema de interesse geral, que reclama tratamento uniforme em todo o país. Não há razão para cada Estado-Membro poder adotar regras próprias nesta seara. Menor razão há em poder classificar suas despesas previdenciárias como 'manutenção e desenvolvimento do ensino'.

Por conta de tais razões, este Ministério Público de Contas, em 12.12.2016 [Ofício 402/2016-GPGC], representou à Procuradoria-Geral da República (PGR) para que seja proposta Ação Direta de Inconstitucionalidade contra o mencionado art. 26, inc. I da Lei Complementar Estadual nº 1.010/2007. Oportuno informar que a Procuradoria-Geral da República recentemente ingressou com duas Ações Diretas de Inconstitucionalidade contra normas locais que permitiam mecanismos semelhantes de contabilização (ADI 5.546/PB [Na qual contestado o art. 2º, incisos I e IV, da Lei nº 6.676/1998, do Estado da Paraíba] ADI 5.691/ES [Na qual contestado o art. 21, §§ 4º e 5º, da Resolução nº 238/2012, do Tribunal de Contas do Estado do Espírito Santo]). Destarte, é elevada a probabilidade de que a PGR venha a questionar a norma paulista.

Oportuno também informar que a própria Advocacia-Geral da União já se manifestou pela procedência da ADI 5.546/PB. Como dito pela AGU, 'em se entendendo da constitucionalidade dos incisos I e IV do artigo 20 da Lei nº 6.676/98 do Estado da Paraíba, estaria se permitindo a aplicação a menor de recursos na educação, uma vez que se estaria permitindo a utilização relativos a pagamentos previdenciários, que não possuem aplicação direta e efetiva na manutenção e desenvolvimento do ensino.' [Despacho nº 02425/2016/CONJUR-MEC/CGU/AGU].

Este Ministério Público de Contas, em petição datada de 13.12.2016 [Expediente TC-3337/026/16 (SÃO PAULO. Ministério Público de Contas do Estado de São Paulo. Procuradoria-Geral, 2017, p. 12-4)], solicitou que o relatório da Diretoria de Contas do Governador destacasse os valores dos benefícios pagos pela SPPREV que foram computados 'para efeito de cumprimento de vinculações legais e constitucionais de gastos em áreas específicas'.

Segundo apontou a DCG, foram contabilizados R$6.562.687 mil referentes à COBERTURA DE INSUFICIÊNCIA FINANCEIRA SPPREV (SÃO PAULO, 2017, p. 12-4, grifos no original).

Frente ao reconhecimento da inconstitucionalidade do artigo 26, inciso I da Lei Complementar Estadual n.º 1.010/2007, ou seja, "reconhecida a impossibilidade de contabilizar a cobertura de insuficiência do Regime de Previdência como gasto na educação" (SÃO PAULO. Assembleia Legislativa do Estado de São Paulo, 2007), nas palavras do procurador, a aplicação do recurso deveria apresentar a seguinte composição:

Figura 1 – Acompanhamento e Avaliação da Aplicação de Recursos no Ensino

	R$ milhares	%
Total de receita de impostos	112.629.975	100,00%
Total de despesas no ensino apurada por DCG	35.394.773	31,43%
Exclusão COBERTURA DE INSUFICÊNCIA FINANCEIRA SPPREV	-6.562.687	-5,83%
Total de aplicação no ensino se reconhecida a inconstitucionalidade do art. 26, inc. I da LCE 1.010/2007	28.832.086	25,60%

Fonte: elaborado pelo MPC, sobre dados do relatório da Diretoria de Contas do Governador (fls. 176) e processo eTC-11834/989/16-2 (Acompanhamento e Avaliação da Aplicação dos Recursos no Ensino).

O procurador-geral do MPC-SP, Rafael Neubern Demarchi Costa, ressalta ainda que

[...] sem enfrentar especificamente a constitucionalidade da referida norma estadual, o Pleno deste Tribunal de Contas já teve a oportunidade de se posicionar se eventuais despesas com cobertura de déficit de Regime Próprio de Previdência Social podem ser consideradas à conta das aplicações mínimas no ensino.

A discussão mais completa sobre o tema se deu na análise das contas municipais da Prefeitura de Campinas do exercício de 2013 (TC-1564/026/13) [Reconheça-se que grande parte da discussão foi motivada por conta do Pedido de Reexame interposto pelo Ministério Público de Contas, por meio da Procuradora titular da 2ª Procuradoria de Contas, dra. Élida Graziane Pinto]. Em sessão de 14.12.2016, após aprofundados debates, decidiu o Plenário desta Corte de Contas que despesas com inativos não são válidas para o cômputo dos investimentos no ensino. Todavia, <u>modulou os efeitos desta decisão para 2018</u> [Ainda pendente de publicação o voto divergente, do redator designado Conselheiro Antonio Roque Citadini, mas as notas taquigráficas já disponibilizadas (http://www2.tce.sp.gov.br/arqs_juri/pdf/593388.pdf) deixam clara a modulação]. Isto é, apenas a partir do exercício de 2018 o TCE-SP não tolerará este tipo de contabilização nas despesas do ensino [A SDG bem resume o tema em seu parecer (fls. 29 do evento 36.1): 'Neste ponto, é necessário registrar que em decorrência de apreciação de Contas de Prefeituras esta Corte entendeu incabível a inclusão de gastos com inativos do magistério nos mínimos constitucionais vigentes. Isso põe fim ao entendimento criado em 1997 de que o exame desses mínimos constitucionais seria apreciado segundo a lei orçamentária do exercício'].

De todo modo, considerando o impacto de eventual medida cautelar em Ação Direta de Inconstitucionalidade em face do artigo 26, inciso I da Lei Complementar Estadual nº 1.010/2007, e mesmo ante a possibilidade do próprio Tribunal de Contas do Estado de São Paulo, com esteio em sua súmula 6 [Súmula nº 6 do TCE/SP: 'Compete ao Tribunal de Contas negar cumprimento a leis inconstitucionais'], ou na súmula 347 do Supremo Tribunal Federal [Súmula nº 347 do STF: 'O Tribunal de Contas, no exercício de suas atribuições, pode apreciar a constitucionalidade das leis e dos atos do poder público (grifos no original)], reconhecer a inconstitucionalidade da norma em questão, <u>recomenda-se que o Estado de São Paulo, desde já, planeje sua alocação de despesas de modo a dar pleno cumprimento ao art. 255 da Constituição Estadual' (grifos no original)</u>. (SÃO PAULO, 2017, p. 15).

Cabe destacar que no tange à constitucionalidade quanto à utilização de recursos do MDE para pagamento de Inativos (Aposentados) e Pensionistas, existem cinco ADI em tramitação no STF:

1. ADI n.º 5.719/SP, formulada pelo procurador-geral da República à época, Dr. Rodrigo Janot Monteiro de Barros, fazendo alusão ao estudo realizado pela titular da 2ª Procuradoria de Contas, Dr.ª Élida Graziane Pinto, sobre o impacto no financiamento da educação pública estadual com a aplicação dos comandos definidos pelos artigos 26 e 27 da LC n.º 1.010/2007, de relatoria do ministro Edson Fachin.

2. ADI n.º 6.593/SP, de 06/11/2020, ajuizada pelo procurador-geral da República, Dr. Augusto Aras, contra dispositivos da Lei Complementar n.º 1.333/2018 do estado de São Paulo, que permite a utilização da parcela excedente ao limite mínimo previsto constitucionalmente para ser aplicada na educação para a manutenção do equilíbrio do sistema previdenciário estadual, de relatoria da ministra Cármen Lúcia.

3. ADI n.º 5.546/PB, de relatoria do ministro Roberto Barroso.

4. ADI n.º 5.691/ES, de relatoria da ministra Rosa Weber.

5. ADI n.º 6.049/GO, de relatoria do ministro Ricardo Lewandowski.

Todas essas ações questionam a inclusão de Inativos (Aposentados) e Pensionistas na rubrica de MDE.

No que concerne à ADI n.º 5.719/SP, de relatoria do ministro Edson Fachin, em 18/08/2020, o STF acolheu parcialmente o entendimento de que os artigos 26, inciso I, e 27, da Lei n.º 1.010/2007, do estado de São Paulo, que estabelecem que a inclusão de encargos com servidores Inativos (Aposentados) e Pensionistas, no déficit de regime próprio de previdência, como despesas relativas à MDE, são inconstitucionais, ou seja, os citados servidores não podem ser incluídos na mencionada rubrica.

A Procuradoria-Geral da República (PGR), em 18/12/2018, no documento n.º 282/2018 – SFCONST/PGR Sistema Único n.º 232.878/2018, manifestou o mesmo entendimento que o STF quanto ao cômputo de gastos previdenciários com inativos, fundamentada na ADI n.º 5.719/SP, e o MPC-SP realizou estudo posicionando-se favorável à compreensão do STF e da PGR (SÃO PAULO, 2020).

Quanto à ADI n.º 6.593/SP, a ministra Cármen Lúcia julgou procedente a Medida Cautelar com relação ao inciso III do artigo 5º da Lei Complementar n.º 1.333/2018 do estado de São Paulo, o qual estabelece a inclusão de despesas necessárias aos equilíbrios atuarial e financeiro do sistema previdenciário próprio para fins do cômputo do previsto no artigo 212 da Constituição Federal. Todavia, em 15/09/2021, o ministro Alexandre de Moraes pediu vistas ao processo. Com esse procedimento do ministro, a ADI n.º 6.593/SP aguarda decisão final pelo STF para formalizar a inconstitucionalidade da proposição de incluir as despesas com Inativos (Aposentados) e Pensionistas na referida rubrica.

No que se refere à ADI n.º 5.546/PB, a ação não foi julgada pelo ministro Roberto Barroso, ainda que os autos estejam em seu poder desde 09/08/2017 para apreciação e posterior decisão do plenário da corte. Ainda em relação a esse expediente jurídico/legal, a PGR declarou, em 09/06/2016 e 08/08/2017, respectivamente, nos documentos n.º 130.258/2016-AsJConst/SAJ/PGR e n.º 190.109/2017-AsJConst/SAJ/PGR, a inconstitucionalidade do pagamento de Inativos no contexto da definição de salários e encargos dos Inativos como MDE, relativo ao art. 2º, I e IV, da Lei n.º 6.676/1998, do estado da Paraíba, em virtude do desrespeito à não afetação de impostos e à invasão de competência legislativa privativa da União.

Em relação à ADI n.º 5.691/ES, a ministra Rosa Weber, do STF, julgou procedente a inconstitucionalidade da inclusão de Inativos (Aposentados) e Pensionistas na rubrica MDE. Entende a ministra que com essa medida reitera-se a compreensão de que essa inclusão fere o disposto na Constituição Federal e na LDB. Desse modo, decisões exaradas no âmbito dos governos estaduais ou municipais e seus respectivos Tribunais de Contas não têm prerrogativas para legislarem sobre a citada matéria, pois ela é de competência exclusiva da União (Poder Executivo federal). O Ministério Público de Contas do Espírito Santo (MPC-ES) declarou-se favorável à decisão da ministra Rosa Weber sobre a inconstitucionalidade da aplicação em MDE dos gastos com Inativos (Aposentados) e Pensionistas e advoga a necessidade de que os recursos aplicados indevidamente sejam repostos pelo poder público estadual capixaba.

No tocante à ADI n.º 6.049/GO, o ministro Ricardo Lewandowski, em 19/12/2018, deferiu medida cautelar para suspender a eficácia da Lei Complementar n.º 147/2018 do estado de Goiás, que alterou o art. 99 da Lei Complementar Estadual n.º 26/1998, que inclui na rubrica MDE o pagamento de Inativos (Aposentados) e Pensionistas. Em sessão virtual, ocorrida no período de 01/08/2021 a 20/08/2021, o STF, por unanimidade, confirmou a medida liminar deferida pelo ministro, julgando procedente o pedido para declarar a inconstitucionalidade da Lei Complementar n.º 147/2018 do estado de Goiás, que alterou o art. 99 da Lei Complementar Estadual n.º 26/1998, nos termos do voto do relator.

A questão da inclusão de Inativos (Aposentados) e Pensionistas no cômputo dos gastos na rubrica MDE por parte dos governos estaduais (Espírito Santo, Goiás, Paraíba e São Paulo) demonstra flagrante desrespeito à CF, na medida em que realizam ingerência a respeito de matéria que é de competência exclusiva da União, a qual legisla sobre assuntos afetos à educação, e também violam o definido no *caput* do artigo 212 e no artigo 60 do Ato das Disposições Constitucionais Transitórias (ADCT) da Carta Constitucional.

Ainda referente à contabilização de Inativos (Aposentados) e Pensionistas na rubrica MDE, cabe mencionar a manifestação da 2ª Procuradoria de Contas do MPC-SP, Procuradora Dr.ª Élida Graziane Pinto, em relação à rubrica MDE, nas contas da Prefeitura do Município de Campinas, exercício de 2013 (SÃO PAULO, 2013).

Com fundamento nos arts. 208, I e IV, 212 e 227 da CF/1988, a procuradora posiciona-se pela emissão de parecer prévio desfavorável em relação às contas do mencionado Poder Executivo municipal. Contudo, por decisão do TCESP, os efeitos da decisão de não aceitar a contabilização de Inativos (Aposentados) e Pensionistas na rubrica MDE foram estendidos para vigorar a partir do ano de 2018. Tendo como base esse posicionamento, o TCESP recomendou ao poder público estadual paulista a necessidade de cumprir o estabelecido na Constituição Estadual, artigo 255, com a aplicação dos 30% na rubrica MDE.

Retomando a leitura dos relatórios de voto, referente ao **Exercício de 2017**, o conselheiro Edgard Camargo Rodrigues (TCESP) apresentou anuência à aprovação das contas do Poder Executivo estadual paulista (governador Geraldo Alckmin – PSDB), visto que foi atendido o artigo 255 da Constituição Estadual, os 25% definidos pelo artigo 212 da CF, e o mínimo de 60% do Fundeb na remuneração dos profissionais do magistério. Foram aplicados na rubrica MDE 31,36%, o que corresponde a R$ 37.185.894, e 62,97%, equivalente a R$ 10.156.646, do Fundeb, na remuneração dos profissionais do magistério, de acordo, portanto, com o disposto no artigo 22 da Lei Federal n.º 11.494/07.

O conselheiro menciona que a partir de 2018 não será mais possível considerar os Inativos (Aposentados) e Pensionistas na rubrica MDE com vistas a suprir a insuficiência financeira da SPPREV, e não faz qualquer referência detalhada quanto aos gastos com MDE e SEE-SP. Referente a essa questão, o conselheiro relata:

> Simulação levada a cabo pela equipe de inspeção da Diretoria de Contas do Governador demonstra que caso fosse excluído o valor da cobertura da insuficiência financeira da SPPREV (2017 - inativos - R$ 7.194.553 mil) as despesas da espécie, afetas ao período em apreço, decairiam para 25,30% da receita de impostos e transferências.
>
> Nessa hipótese, o direcionamento de verbas ao ensino estaria em conformidade com o parâmetro imposto pela Constituição Federal (25%), porém, desatendido o limite previsto na Constituição do Estado de São Paulo (30%). (SÃO PAULO, 2018, p. 92).

Ainda em relação a esse aspecto, o conselheiro Edgard Camargo Rodrigues compartilha do mesmo entendimento do conselheiro Antonio Roque Citadini:

> [...] na oportunidade em que relatou o processo (TC-005198.989-16) de prestação de contas do Governador relativas ao pretérito exercício (2016), no sentido de que este Tribunal deve conferir tratamento equânime àquele ordinariamente dispensado aos chefes dos Executivos municipais e somente reprove os demonstrativos quando a aplicação no ensino não ultrapassar o piso estabelecido pela Constituição Federal, reservando-se a. Assembleia Legislativa, privativamente, a avaliação desse específico ponto, no momento que lhe couber deliberar, em caráter definitivo, sobre os balanços gerais do governo do Estado.
>
> Nada obstante, o Executivo deverá providenciar, que os recursos voltados à cobertura de insuficiência financeira do regime próprio de previdência estadual – SPPREV sejam aproveitados para o pagamento de despesas consideradas como aplicação no ensino. (SÃO PAULO, 2018, p. 92).

O procurador-geral do MPC-SP, Rafael Neubern Demarchi Costa, em manifestação datada de 23/05/2018, posicionou-se favorável à aprovação das contas do Poder Executivo estadual paulista do ano de 2017. Ele mencionou que o Parecer SubG-Cons n.º 11/2018 (Subprocuradoria-Geral da Consultoria-Geral da Procuradoria-Geral do Estado de São Paulo), manifestou-se pela inconstitucionalidade do artigo 255 da Constituição Estadual e que incluirá os Inativos (Aposentados) e Pensionistas nos 25% estabelecidos no artigo 212 da CF, conforme consta no parecer anual de contas do MPC-SP de 2017.[9] Todavia o TCESP não votou e/ou deliberou a respeito da inconstitucionalidade do referido artigo da constituição estadual paulista.

O MPC-SP posicionou-se de forma contrária ao entendimento do TCESP com relação aos gastos com Inativos (Aposentados) e Pensionistas na rubrica MDE e do Fundeb, assim como o atendimento ao artigo 212 da CF e não ao artigo 255 da Constituição Estadual Paulista, para o cômputo dos percentuais mínimos a serem aplicados na mencionada rubrica. O entendimento do MPC-SP quanto a esse assunto fundamenta-se no fato de que os argumentos técnicos e legais dos conselheiros do TCESP não têm embasamento legal, visto que contrariam o disposto na CF (artigo 212), na LDB (artigos 69, 70 e 71), e na Constituição do estado de São Paulo (artigo 255).

A respeito da contabilização de Inativos (Aposentados) e Pensionistas na rubrica MDE, o procurador-geral do MPC-SP, Rafael Neubern Demarchi Costa, pontua sobre o impacto desse cômputo nas despesas do ensino, conforme segue:

> Dispõe a Constituição do Estado de São Paulo que, da receita resultante de impostos (incluindo recursos provenientes de transferências), o Estado deve aplicar no mínimo 30% na manutenção e no desenvolvimento do ensino [CE/SP, art. 255. O Estado aplicará, anualmente, na manutenção e no desenvolvimento do ensino público, no mínimo, trinta por cento da receita resultante de impostos, incluindo recursos provenientes de transferências. Parágrafo único - A lei definirá as despesas que se caracterizem como manutenção e desenvolvimento do ensino].

---

[9] Na análise do cumprimento de tal recomendação, a Diretoria de Contas do Governador relata que "conforme consta da informação enviada pela Secretaria da Fazenda, houve esforços conjuntos entre as Secretarias da Fazenda, da Educação, Planejamento e PGE na busca de soluções. Foi apresentado o Parecer SUBG-CONS nº11/2018, da Subprocuradoria-Geral da Consultoria Geral da PGE. Observamos que, apoiado no voto do Conselheiro Relator de 2016, o Procurador do Estado Assistente infere que o percentual de 30% da Carta Estadual seria inconstitucional, entendendo que esta Corte de Contas compreende como suficiente o atingimento do percentual de 25% na aplicação do Ensino. A Secretaria da Educação acolheu o Parecer, e a Contadoria Geral do Estado informa que passou a excluir, a partir de janeiro de 2018, os gastos de inativos nas despesas do Ensino, considerando como satisfatório o atingimento do percentual de 25% determinado na Constituição Federal" (fls. 587 do relatório da DCG).

ALFREDO SÉRGIO RIBAS DOS SANTOS | RENÉE COURA IVO VITURI

Trata-se de patamar mais elevado que a Constituição Federal, que prevê um piso de 25% [CF, art. 212. A União aplicará, anualmente, nunca menos de dezoito, e os Estados, o Distrito Federal e os Municípios vinte e cinco por cento, no mínimo, da receita resultante de impostos, compreendida a proveniente de transferências, na manutenção e desenvolvimento do ensino].

Segundo os cálculos da DCG, em 2017 o Estado de São Paulo aplicou a importância de R\$37.185.894 mil na manutenção e no desenvolvimento do ensino, equivalente a 31,36% da receita de impostos.

O atingimento deste percentual, todavia, deve ser analisado com cautela. Conforme discutido nas contas do exercício de 2016, foi verificado que o Estado considera seus gastos com inativos e pensionistas para atingir os patamares mínimos obrigatórios de despesas vinculadas, valendo-se da regra prevista no artigo 26, inciso I da Lei Complementar Estadual 1.010/2007 [Lei Complementar nº 1.010, de 01 de junho de 2007. Dispõe sobre a criação da São Paulo Previdência - SPPREV, entidade gestora do Regime Próprio de Previdência dos Servidores Públicos - RPPS e do Regime Próprio de Previdência dos Militares do Estado de São Paulo - RPPM [...]]. Em outras palavras, o Estado de São Paulo computa gastos com aposentados da área da educação como manutenção e desenvolvimento do ensino. Segundo apontou a DCG, em 2017, foram contabilizados, como gastos em educação, R\$7.194.553 mil referentes à 'cobertura de insuficiência financeira SPPREV'.

Pelos motivos que declinamos no exercício anterior [Entretanto, segundo entende o Ministério Público de Contas, o Estado-Membro da Federação não possui competência legislativa para disciplinar o que deve ser considerado para atingir os mínimos constitucionais de gastos com manutenção e o desenvolvimento da educação. Isto porque compete privativamente à União legislar sobre diretrizes e bases da educação nacional (art. 22, inc. XXIV, CF), além de ser sua a competência para editar normas gerais de ensino (art. 24, inc. IX e §§ 2º e 4º, CF). No âmbito de tais competências, o Congresso Nacional editou a Lei de Diretrizes e Bases da Educação (LDB, Lei Federal nº 9.394/1996). O art. 70 da LDB é taxativo para expor quais despesas podem ser consideradas como 'manutenção e desenvolvimento do ensino'. Por sua vez, o art. 71 da LDB é exemplificativo para expor as despesas que não constituem manutenção e desenvolvimento do ensino. E, dentre o rol taxativo do art. 70, não há previsão para contabilizar os gastos com inativos como despesa do ensino. De outro modo, a lei paulista, inovando no que poderia ser computado para efeito de cumprimento do gasto mínimo na educação, admitiu que os valores dos benefícios pagos pela entidade gestora única do Regime Próprio de Previdência dos Servidores pudesse ser somada nesta equação. Como dito, as despesas que podem ser incluídas como 'manutenção e desenvolvimento do ensino' constituem tema de interesse geral, que reclama tratamento uniforme em todo o país. Não há razão para cada Estado- Membro poder adotar regras próprias nesta seara. Menor razão há em poder classificar suas despesas previdenciárias como 'manutenção e desenvolvimento do ensino'], este MPC reputa inconstitucional tal dispositivo legal, razão pela qual encaminhou representações à Procuradoria-Geral da República (PGR), para que referida norma fosse contestada [Ofício 402/2016-GPGC].Conforme previmos, a PGR propôs Ação Direta de Inconstitucionalidade no Supremo Tribunal Federal (ADI 5.719/SP, Rel. Min. Edson Fachin), contra a mencionada lei estadual.

Oportuno mencionar que, além da referida ADI contra a norma paulista, tramitam no STF duas outras Ações Diretas de Inconstitucionalidade discutindo normas estaduais que permitem mecanismos semelhantes de contabilização (ADI 5.546/PB [Na qual contestado o art. 2º, incisos I e IV, da Lei nº 6.676/1998, do Estado da Paraíba. Nesta ação, a própria Advocacia-Geral da União já se manifestou pela procedência da ADI. Como dito pela AGU, 'em se entendendo da constitucionalidade dos incisos I e IV do artigo 20 da Lei nº 6.676/98 do Estado da Paraíba, estaria se permitindo a aplicação a menor de recursos na educação, uma vez que se estaria permitindo a utilização relativos a pagamentos previdenciários, que não possuem aplicação direta e efetiva na manutenção e desenvolvimento do ensino.' (Despacho nº 02425/2016/CONJUR-MEC/CGU/AGU)]. Rel. Min. Roberto Barroso, e ADI 5.691/ES [Na qual contestado o art. 21, §§ 4º e 5º, da Resolução nº 238/2012, do Tribunal de Contas do Estado do Espírito Santo], Rel. Min. Rosa Weber). (SÃO PAULO, 2018, p. 18-9).

No que se refere à ADI n.º 5.719/SP, o procurador-geral frisou:

[...] após aprofundados debates na análise das contas municipais da Prefeitura de Campinas do exercício de 2013 (TC-1564/026/13), decidiu o Plenário deste Tribunal de Contas que despesas com inativos não são válidas para o cômputo dos investimentos no ensino. Todavia, decidiu-se modular os efeitos desta decisão para 2018 [Ainda pendente de publicação o voto divergente, do redator designado Conselheiro Antonio Roque Citadini, mas as notas taquigráficas já disponibilizadas (http://www2.tce.sp.gov.br/arqs_juri/pdf/593388.pdf) deixam clara a modulação]. Isto é, apenas a partir do exercício de 2018 o TCE-SP não tolerará este tipo de contabilização nas despesas do ensino [A SDG bem resume o tema em seu parecer (fls. 33 do evento 40.1):

Nesse ponto, necessário reiterar que, em decorrência de apreciação de Contas de Prefeituras, esta Corte entendeu incabível a inclusão de gastos com inativos do magistério nos mínimos constitucionais vigentes.

Isso põe fim ao entendimento criado em 1997, de que o exame desses mínimos constitucionais seria efetivado segundo a lei orçamentária do exercício.

Ao final, e sem a edição de uma deliberação quando do exame de contas de Prefeitura, estabeleceu-se que, a partir de 2018, o sistema atual não mais será admitido e, na ocasião, já se vislumbrou as imensas dificuldades que seriam imputadas às Contas do Governador do Estado. (SÃO PAULO, 2018, p. 19-20, grifos no original).

Tendo em vista esse posicionamento, no parecer das contas do Gesp referente ao ano de 2016, determina-se *"não mais considerar, a partir de janeiro de 2018, no cômputo dos gastos com ensino, os valores despendidos com o pagamento dos inativos da educação, adotando medidas orçamentárias"* (grifos no original) (SÃO PAULO. Ministério Público de Contas do Estado de São Paulo. Procuradoria-Geral, 2018, p. 20).

Face à recomendação, a DCG expressa que

> *[...] apoiado no voto do Conselheiro Relator de 2016, o Procurador do Estado Assistente infere que o percentual de 30% da Carta Estadual seria inconstitucional, entendendo que esta Corte de Contas compreende como suficiente o atingimento do percentual de 25% na aplicação do Ensino. A Secretaria da Educação acolheu o Parecer, e a Contadoria Geral do Estado informa que passou a excluir, a partir de janeiro de 2018, os gastos de inativos nas despesas do Ensino, considerando como satisfatório o atingimento do percentual de 25% determinado na Constituição Federal.* (fls. 587 do relatório da DCG). (SÃO PAULO, 2018, p. 20, grifos no original).

No Parecer Anual do MPC-SP, é mencionado o Parecer SubG-Cons n.º11/2018, aprovado pelo procurador-geral do Estado, no qual se observa o entendimento:

> *i) O artigo 255 e seu parágrafo único da Constituição Estadual não estão em sintonia com o texto constitucional federal, ao ampliar o percentual de vinculação de receitas de impostos ao ensino (conforme delineado pelo Parecer PA n. 146/2003) e ao possibilitar a regulamentação por lei local das hipóteses de despesas que se caracterizam como manutenção e desenvolvimento do ensino.*
>
> *ii) A despeito da ausência de manifestação formal do Supremo Tribunal Federal quanto à constitucionalidade dos dispositivos da Lei Completar n. 1.010/07 (ADI n. 5.719/SP), entendo que o Poder Executivo deve cumprir a diretriz traçada pelo Tribunal de Contas do Estado de São Paulo e não considerar as despesas com inativos da educação no cômputo do percentual constitucional de vinculação das receitas com educação.*
>
> *iii) Igualmente, com o escopo de garantir segurança jurídica para aprovação das contas apresentadas pelo Governador do Estado, recomendo que seja seguida a orientação da Corte de Contas estadual, que compreendeu suficiente o atingimento do percentual de 25% da arrecadação de impostos para despesas com manutenção e desenvolvimento do ensino.* (SÃO PAULO, 2018, p. 20, grifos no original).

Na manifestação final do MPC-SP, conclui-se que a postura do procurador-geral do Estado

> [...] no mínimo, causa espécie: sem a propositura de uma Ação de Direta de Constitucionalidade, o Estado de São Paulo aventa considerar inconstitucional, não uma norma qualquer, mas um artigo relevantíssimo da Constituição Estadual.
>
> Diga-se, ademais, que, diferentemente do quanto cogitado no referido parecer da Procuradoria-Geral do Estado, este Tribunal de Contas não declarou inconstitucional a disposição da Constituição bandeirante. Apesar de o tema ter sido brevemente aventado nas discussões das Contas do Governador do exercício de 2016, eventual declaração de inconstitucionalidade (seja com esteio em sua súmula 6, seja com base na súmula 347 do Supremo Tribunal Federal) sequer chegou a ser posta em votação [Aliás, nem todos os julgadores se manifestaram sobre o tema, e, dentre aqueles que o fizeram, apresentaram posições distintas. Destaco aqui alguns trechos da discussão, extraídos das notas taquigráficas (evento 74.2 do e TC-5198.989.16-2):
>
> Conselheiro Edgard Camargo Rodrigues: 'Se bem me lembro, Conselheiro Renato, e Vossa Excelência pode me ajudar, não sou jurista, mas com a humildade que tenho do pouco conhecimento, entendo que é uma norma constitucional de eficácia

contida, ela só se concretiza se houver uma lei estadual que define as despesas que se caracterizem como manutenção e desenvolvimento de ensino, que até hoje não existe. Ou seja, é uma norma constitucional aguardando regulamentação; até que ponto ela pode ser exigida, portanto? Cumprimento do caput independentemente do parágrafo, não existe. A lei definirá as despesas. Evidentemente uma lei estadual. O Ministério Público de Contas no parecer destas contas também diz que não cabe ao Estado definir essas despesas, elas são iniciativa própria da União. É possível que Vossa Excelência tenha razão. Mas, se não cabe definir, também não cabe legislar sobre o tema. Nessa medida o artigo 255 seria inconstitucional, a matéria é federal.

De qualquer maneira eu insisto, é uma norma de eficácia contida, ela não pode ser imposta enquanto não houver a lei que defina as despesas. [...]' (fls. 10)

Conselheiro Renato Martins Costa: '[...] portanto, com todos os percalços, com todos os ônus políticos, que não são deste Tribunal, que não pertencem a este Tribunal, cabe ao Poder Executivo, cabe ao Poder Legislativo avaliarem a pertinência da continuidade desse índice'. Dirão: 'O Tribunal de Contas ou especificamente - já que isso não fará parte de delibe-ração alguma, apenas constará das notas taquigráficas – o Conselheiro Renato Martins Costa está contra os 30% da Educação?' Não. [...]' (fls. 15)

Conselheira Cristiana de Castro Moraes: [não houve mani-festação expressa sobre a constitucionalidade do art. 255 da Constituição Estadual]

Conselheiro Dimas Eduardo Ramalho: 'A questão legislativa, a questão das providências, o Tribunal não faz lei, o Tribunal não legisla, o Tribunal não impõe políticas públicas, que é do Poder Executivo e do Legislativo. Nós apontamos os problemas. Está escrito no relatório do Conselheiro Antonio Roque, que aprovo integralmente, que não mais será permi-tido. Isso é importante porque vai permitir uma discussão profunda na Assembleia Legislativa, no Governo do Estado, sobre a LDB, vai se discutir a realidade da Educação no nosso País. Creio que o Tribunal contribui para essa discussão ao apontar para esse problema que há tanto tempo tem pautado as administrações. Ressalto que em São Paulo o Governo tem aplicado muito na Educação também. Mas é evidente que sem os inativos seria inviabilizada a questão dos 30%. Mas é uma questão na qual vou acompanhar o Conselheiro Roque, com todas as observações e recomendações.' (fls.

21). <u>Auditor Substituto de Conselheiro Josué Romero</u>: [não houve manifestação expressa sobre a constitucionalidade do art. 255 da Constituição Estadual], portanto, permanece em vigor o artigo 255 da Constituição Estadual, que exige que o Estado aplique, no mínimo, 30% da receita resultante de impostos (incluindo recursos provenientes de transferências) na manutenção e no desenvolvimento do ensino. (SÃO PAULO, 2018, p. 21-2, grifos no original).

A respeito do computo na rubrica MDE de Inativos (Aposentados) e Pensionistas, quanto à informação da Procuradoria-Geral do Estado, no âmbito da ADI n.º 5.719/SP, em 20 de junho de 2018, o procurador-geral do MPC-SP, Rafael Neubern Demarchi Costa, em manifestação complementar posicionou-se conforme segue:

[...] o Estado pugnou pela interpretação conforme dos dispositivos atacados, de forma que os mesmos possam ser interpretados como autorizativos apenas para fins do cumprimento do percentual adicional de 5% decorrente do artigo 255 da Constituição do Estado. Na oportunidade, comprovou, com base em atestação da Secretaria da Fazenda, que o Estado, no plano fático, somente utiliza as despesas com inativos para tal finalidade, cumprindo a obrigação de aplicação de 25% em despesas com manutenção e desenvolvimento do ensino público sem computar gastos com inativos. Ainda subsidiariamente, foi requerida, em caráter incidental, interpretação conforme ao artigo 255 da Constituição do Estado, para considerar que o adicional de 5% dele decorrente não possui a mesma natureza de vinculação do artigo 212 da Constituição da República – sob pena de ser inconstitucional por afronta ao artigo 167, IV – podendo, assim, ser cumprida de acordo com regras específicas fixadas em âmbito estadual'. (evento 74.10, fls. 07). Ante o impacto nas Contas do Governador, oportuno que a Procuradoria- Geral do Estado acompanhe detidamente a tramitação desta ADI no Supremo Tribunal Federal. (SÃO PAULO, 2018, p. 2, grifos no original).

Referente ao **Exercício de 2018**, a conselheira Cristiana de Castro Moraes (TCESP) trata da fiscalização da DCG que recomendou providências junto à SEE-SP a respeito das condições físicas das unidades escolares, da carreira, dos salários e das jornadas de trabalho. No relatório de voto, a conselheira questiona o fato de o Gesp contabilizar gastos com Inativos (Aposentados) e Pensionistas na rubrica MDE e nas despesas do Fundeb com a finalidade de atingir a aplicação dos 30% de impostos.

Os órgãos superiores da administração pública estadual paulista, assim como a manifestação dos conselheiros do citado Tribunal, entendem que é legal o Poder Executivo estadual paulista aplicar apenas 25% da receita de impostos em MDE.

O argumento utilizado pelos conselheiros do TCESP, Renato Martins Costa e Sidney Estanislau Beraldo, e pelos órgãos centrais da administração pública estadual paulista, é o de que existe a previsão legal de utilização de 5% do total dos 30% definidos no artigo 255 na Constituição Paulista para pagamento de Inativos (Aposentados) e Pensionistas, desde que aplicado o mínimo de 25% definido no artigo 212 da CF e na LDB, artigo 69.

Cabe destacar que a LDB estabelece que as Constituições estaduais e as Leis Orgânicas dos municípios podem definir percentuais mínimos acima daquele definido na Constituição Federal e no artigo da Lei n.º 9.394/1996, e esses percentuais passam a ser os parâmetros legais a serem obedecidos e não mais a Constituição Federal e a LDB. Dessa forma, as referidas legislações estabelecem o mínimo como "base" e não como "teto", a ser aplicado na rubrica MDE. Portanto essa interpretação dos conselheiros é total e completamente incoerente e ilegal, pois a Constituição Estadual Paulista estabelece que o mínimo a ser aplicado é de 30% das receitas líquidas de impostos em MDE, sem qualquer menção ao entendimento aludido pelos citados membros do TCESP e do Poder Executivo estadual paulista.

Os conselheiros do TCESP, em especial o conselheiro Antonio Roque Citadini, com o intuito de justificar e dar respaldo legal ao argumento da possibilidade da aplicação dos gastos com Inativos (Aposentados) e Pensionistas na rubrica MDE, utilizaram do disposto no artigo 6º, parágrafo 1º, alínea g, da Lei n.º 7.348/1985, mas essa legislação deixou de vigorar com a edição da Constituição Federal de 1988 e com a LDB. A Lei n.º 7.348/1985 dispõe sobre a execução do § 4º do art. 176 da CF, e dá outras providências, conforme segue:

> Art. 6º Os recursos previstos no caput do art. 1º desta Lei destinar-se-ão ao ensino de todos os graus regular ou ministrado pela via supletiva amplamente considerada, aí incluídas a educação pré-escolar, a educação de excepcionais e a pós-graduação.
> § 1º Consideram-se despesas com manutenção e desenvolvimento do ensino todas as que se façam, dentro ou fora das instituições de ensino, com vista ao disposto neste artigo, desde que as correspondentes atividades estejam

> abrangidas na legislação de Diretrizes e Bases da Educação Nacional e sejam supervisionadas pelos competentes sistemas de ensino ou ainda as que:
> g) decorram da manutenção de pessoal inativo, estatuário, originário das instituições de ensino, em razão de aposentadoria. (BRASIL, 1985).

Infere-se, portanto, que esse aparato legal não pode ser utilizado para fins de justificação da aplicação em MDE dos gastos com Inativos (Aposentados) e Pensionistas, visto que foi suplantada pela Constituição Federal de 1988 e pela LDB de 1996. Dessa forma, não existem justificativas educacional, jurídica e política para a contabilização em MDE dos gastos com Inativos (Aposentados) e Pensionistas, com fulcro na mencionada legislação de 1985.

Cabe reiterar que o artigo 70 da LDB define os gastos em MDE, e o artigo 71 não deve ser considerado como MDE. Em ambos os artigos não existe a previsão de que os gastos com Inativos (Aposentados) e os Pensionistas devam ser considerados como MDE para o cômputo dos percentuais mínimos definidos na referida legislação. Nesse sentido, o Parecer n.º 26/1997 do CNE/CP define os entendimentos e os procedimentos que devem ser utilizados pelos poderes executivos (federal, estaduais e municipais) para a aplicação dos impostos no financiamento da educação pública em todo o país.

Vale lembrar que o artigo 70 define que apenas a remuneração de quem trabalha na educação será considerada MDE, ao contrário dos inativos e dos pensionistas, que recebem proventos, não remuneração. Também, como pode ser lido no *Manual de demonstrativos fiscais: aplicado à União e aos estados, Distrito Federal e municípios*, de elaboração do Ministério da Fazenda, Secretaria do Tesouro Nacional "A Constituição Federal, por sua vez, veda a utilização, para pagamento de aposentadorias e de pensões, dos recursos de impostos e transferências de impostos a serem aplicados em MDE para cumprimento do limite mínimo" (BRASIL. Secretaria do Tesouro Nacional, 2020, p. 296).

Em função do intenso debate entre os conselheiros do TCESP e os procuradores do MPC-SP sobre a questão dos Inativos (Aposentados) e Pensionistas, o TCESP, à luz da legislação em vigor, a partir das considerações do Conselheiro Renato Martins Costa do egrégio tribunal, definiu que a partir de 2020 os gastos com Inativos (Aposentados) e Pensionistas não deveriam ser considerados como gastos no âmbito do Fundeb, procedimento que já não deveria existir desde 2007, pois o fundo era destinado apenas aos que estivessem em exercício na educação básica pública. Estabeleceu-se também que o ano de 2019 seria considerado o ano de transição entre o entendimento anterior, baseado na possibilidade de contabilizar os referidos gastos para a composição do citado fundo e a nova interpretação, como estabelecido nos documentos do TCESP.

A decisão do TCESP, expressa nas Contas anuais do Gesp, exercício de 2018, definiu que no período de 2020 a 2024 fosse garantido o repasse dos recursos financeiros a serem utilizados no âmbito do Fundeb sem a contabilização dos Inativos (Aposentados) e Pensionistas, de anos anteriores até 2018, no valor de R$ 3.415.306.00,00 (três bilhões, quatrocentos e quinze milhões e trezentos e seis mil reais) divididos em cinco parcelas (2020, 2021, 2022, 2023 e 2024), com repasses anuais de R$ 683.061.000,00 (seiscentos e oitenta e três milhões e sessenta e um mil reais).

Na decisão do Tribunal estabeleceu-se o procedimento pelo qual o TCESP decidiu, ainda, por maioria, conforme voto do conselheiro Renato Martins Costa, aprovar a modulação em relação à aplicação dos recursos do Fundeb, na conformidade consubstanciada na tabela demonstrativa a seguir:

Tabela 4 – Modulação para cinco anos dos recursos aplicados indevidamente como Inativos (Aposentados) e Pensionistas na rubrica do Fundeb*

EXER-CÍCIO	DESPESA C/ INATI-VOS	UM QUIN-TO (1/5)	ÍNDICE ATUALIZA-ÇÃO	VALOR DE ATUALIZA-ÇÃO	TOTAL AO ENSINO BÁSICO
2018	3.415.306	683.061	4,05%	27.663	710.725
2019	TRANSIÇÃO				
2020	3.415.306	683.061	---	---	683.061
2021	2.732.245	683.061	---	---	683.061
2022	2.049.184	683.061	---	---	683.061
2023	1.366.123	683.061	---	---	683.061
2024	683.062	683.062	---	---	683.062
2025	-0-	-0-	---	---	-0-

*Elaborada sem os índices de atualização da receita arrecadada no exercício anterior e preenchido o ano de 2018 como exemplo.
Fonte: elaborada pelos autores

FINANCIAMENTO DA EDUCAÇÃO PÚBLICA EM SÃO PAULO: ENTRE A POLÍTICA E A TÉCNICA – A ATUAÇÃO DO TRIBUNAL DE CONTAS E DO MINISTÉRIO PÚBLICO DE CONTAS DO ESTADO DE SÃO PAULO (2007 A 2018)

A modulação proposta e aprovada pelos conselheiros do TCESP, com a ciência dos procuradores do MPC-SP, demonstra de forma inequívoca a variável política, amparada em premissas técnicas e jurídico/legais, que expressa o debate em face da análise das contas do Poder Executivo estadual paulista e a consequente emissão de pareceres pela aprovação dessas contas. Ou seja, a modulação aprovada foi a única apresentada no período de 2007 a 2018, expondo as tensões e os conflitos entre os conselheiros e os procuradores quanto aos gastos com a rubrica MDE e o Fundeb.

Diante do exposto, o que se pode perceber a respeito do cômputo do Pessoal Inativo (Aposentados) e Pensionistas em MDE, é que existe intenso debate jurídico/legal, mas, antes de tudo, trata-se de questão política, que deve ser equacionada pela Alesp, com vista a atender ao disposto na Constituição Estadual Paulista e ao definido na CF e na LDB.

Com o objetivo de garantir a contribuição para a insuficiência financeira do Regime Próprio de Previdência Social (RPPS), ou seja, gastos com Inativos (Aposentados) e Pensionistas para fins de atingir os mínimos constitucionais, a DCG utilizou-se da Lei Complementar Estadual n.º 1.333/2018. Referente a essa legislação, a conselheira Cristiana de Castro Moraes, em seu voto referente às contas do exercício de 2018 do poder público estadual paulista, incluiu Representação (TC005980.989.19-8) da procuradora Élida Graziane Pinto, do MPC-SP, sobre a inconstitucionalidade da citada lei para fins de computar os gastos com Inativos (Aposentados) e Pensionistas na rubrica MDE.

Ainda relativo às contas do Poder Executivo estadual paulista do ano de 2018, o procurador-geral do MPC-SP em exercício, Rafael Neubern Demarchi Costa, em manifestação exarada em 20/05/2019, posicionou-se desfavorável à aprovação das contas do Poder Executivo estadual paulista. Do mesmo modo, o procurador-geral do Ministério Público do MPC-SP, Thiago Pinheiro Lima, em 03/06/2019, reafirma o posicionamento do MPC-SP pela reprovação das contas do Gesp do ano de 2018, em função da aplicação incorreta dos recursos com a MDE e o Fundeb.

O MPC-SP, conforme consta nos documentos *Contas do governador. Exercício 2018: Parecer e MPC-SP – Contas do governador. Exercício 2018: Manifestação após defesa*, tem entendimento diverso dos órgãos superiores da administração pública estadual paulista e dos citados conselheiros Renato Martins Costa e Sidney Estanislau Beraldo do TCESP. Esse posicionamento do MPC-SP fundamenta-se no fato de que o Poder Executivo deve aplicar

30% de impostos em MDE sem a contabilização com o Pessoal Inativo (Aposentados) e os Pensionistas, para fins de atendimento ao diploma constitucional paulista.

No documento *MPC-SP – Contas do governador. Exercício de 2018: Parecer*, está expressa a manifestação do voto do Tribunal de Justiça do Estado de São Paulo com relação à aplicação do inciso III do art. 5º da Lei Complementar n.º 1.333/2018:

> Por outro lado, a despesa relacionada ao 'equilíbrio atuarial e financeiro do sistema previdenciário próprio' desborda dessa análise inicial. Em primeiro lugar, não está absolutamente claro o que seria esse 'sistema próprio', porque a previdência dos servidores civis e militares do Estado de São Paulo é gerida concentradamente pela SPPREV, criada pela LC 1.010/2007, de modo que a destinação de recursos para um sistema de 'repartição' e não de 'capitalização' poderia caracterizar um fundo comum às outras carreiras. Segundo, porque o custeio de previdência de profissionais da educação em situação de inatividade não implica na manutenção e desenvolvimento do ensino, de incumbência dos ativos. Terceiro, porque a abrangência conferida pelo artigo 26, inciso I, da citada LC 1.010/2007 está em aparente descompasso com a diretriz do artigo 212, caput, da CF e do artigo 60 do ADCT, o que, aliás, é objeto da ADI nº 5719 em trâmite no Supremo Tribunal Federal, sob relatoria do Ministro Edson Fachin.
>
> Assim, se a ideia do legislador ordinário estadual é a de garantir o 'equilíbrio atuarial e financeiro' da previdência dos profissionais da educação no Estado de São Paulo, parece que não está direcionado para a contribuição 'em dobro' que deva fazer para os servidores da ativa, mas unicamente para a cobertura do déficit decorrente do pagamento aos inativos (artigo 5º, parágrafo único, do Decreto Estadual nº 52.859, de 02 de abril de 2008).
>
> Aparentemente, **não destinar os 30% que o constituinte bandeirante, meritoriamente, decidiu vincular à manutenção e desenvolvimento do ensino público em âmbito estadual, para custear despesas impróprias, é fazer letra morta uma grande conquista na área da Educação**. E considerando que é fato notório que o tesouro estadual tem feito a cobertura do déficit previdenciário, fato comum em outros Estados, e que enseja a atual discussão do sistema previdenciário brasileiro no Congresso Nacional, caracteriza-se o periculum in mora em permitir o repasse mensal de recursos àquele sistema que deveriam, em tese, ser aplicados na Educa-

ção (TJ-SP, Órgão Especial, ADI 2077323-86.2019.8.26.0000 [cautelar], Rel. Des. Jacob Valente, j. 10.04.2019, v.u.) (sublinhadas no original, negritos do MPC-SP) (SÃO PAULO, 2019, p. 26, grifos no original).

Com relação às contas do Gesp dos anos de 2016, 2017 e 2018, o MPC-SP manifesta-se a respeito da rubrica MDE nos seguintes documentos: *Contas do governador. Exercício 2016: parecer; Contas do governador. Exercício 2017: parecer e parecer complementar; Contas do governador. Exercício 2018: parecer e manifestação pós-defesa, com a proposição de rejeição das contas em virtude irregularidades na rubrica MDE e nos gastos com o Fundeb.*

Acrescente-se que à Constituição Paulista, a CF e a LDB, que o TCESP e o MPC-SP devem considerar em suas análises e procedimentos, no que concerne a verificação da aplicação dos impostos em educação pelo Poder Executivo estadual paulista, o definido no Parecer n.º 26/1997, do CNE/CP, que por seu turno interpreta o financiamento da educação.

As ações, programas e projetos contidos nas rubricas Fundeb e MDE apresentados pelo Gesp no período de 2007 a 2018 ocorreram com base nos documentos denominados Balanço Geral do Gesp, referentes às contas dos exercícios de 2007 a 2018. Esses documentos são oficiais e públicos e proporcionam a necessária objetividade e relevância técnica e jurídico/legal fundamentais para fins da análise empreendida.

Cabe mencionar que todas as contas do Gesp, dos exercícios de 2007 a 2018, que foram analisadas pelo TCESP, receberam parecer favorável à aprovação pelo egrégio tribunal, com ressalvas, orientações e indicações. Depreende-se das análises das contas do período que essas determinações, orientações, ressalvas, recomendações e sugestões exaradas pelo egrégio tribunal ao Gesp devem ocorrer no exercício fiscal seguinte. Todavia sinaliza-se que o Gesp adotou-as parcialmente, como pode ser verificado na leitura dos processos de prestação de contas. É razoável inferir que o TCESP assume uma postura política de contemporizar e amenizar o fato de o Gesp não atender ou atender parcialmente à aplicação dos recursos na rubrica do MDE, conforme pode-se entender da análise dos pareceres emitidos.

Ao analisar as ressalvas, as orientações e as indicações expressas pelos conselheiros do TCESP nas análises das contas do Poder Executivo estadual paulista, durante o período de 2007 a 2018, fica evidente que elas estão frequentemente relacionadas às condições estruturais das unidades escolares. Essas condições, por sua vez, estão intrinsecamente ligadas aos problemas identificados na educação pública do estado de São Paulo. Questões como a precária infraestrutura das escolas estaduais, a baixa remuneração salarial dos profissionais da educação e a insuficiente aprendizagem dos alunos emergem como desafios prementes.

Ainda mais significativa é a recente mudança proposta na metodologia de cálculo do Fundeb pelo MPC-SP, especialmente em relação à contabilização de Inativos (Aposentados) e Pensionistas. Essa proposta rompe com o entendimento anteriormente adotado pela administração pública estadual e chama a atenção para a necessidade de reavaliar a alocação de recursos dentro da rubrica MDE. Essa mudança reforça a complexidade da interseção entre fatores técnicos, legais e políticos no contexto da educação pública.

Ademais, a discussão em andamento na Assembleia Legislativa do Estado de São Paulo (Alesp) sobre a tributação dos servidores Inativos (Aposentados) e Pensionistas da administração pública estadual adiciona mais uma camada de complexidade a essa equação. O debate em torno dessa questão ilustra como as decisões políticas podem ter um impacto direto nas finanças da educação e, por extensão, na qualidade do ensino oferecido.

Assim, ao considerar esses aspectos, concluímos que a análise das contas do Governo do Estado de São Paulo, realizada pelo TCESP e pelo MPC-SP, transcende os números e adentra um terreno intricado em que as dimensões técnica, legal e política entrelaçam-se de maneira intrincada. A busca por uma educação pública de qualidade requer não apenas a atenção a indicadores financeiros, mas também uma compreensão profunda das complexas dinâmicas que moldam o sistema educacional como um todo.

O desafio persistente é garantir que a cidadania plena, tão vital para uma sociedade justa e equitativa, seja construída sobre uma base sólida de educação inclusiva e eficaz, conforme levantado por Nicholas Davies (2001b) em sua obra. À medida que avançamos, a pergunta central permanece, ecoando nos corredores do tempo: **quem controla o fiscalizador dos recursos?**

As ressalvas, as orientações e as indicações expressas pelos conselheiros do TCESP nos pareceres quando da análise das contas do Poder Executivo estadual paulista, no período de 2007 a 2018, estão relacionadas, na maioria das vezes, às condições estruturais das unidades escolares, e essas relacionam-se aos gastos com manutenção, reformas e reparos, a qualidade e a eficiência dos cursos de formação de professores, aos critérios de admissão desses profissionais para lecionar na educação básica e a contabilização de Restos a Pagar de determinado ano/exercício fiscal para outro, porém com interpretações distintas entre o TCESP e o MPC-SP.

Em geral, os procuradores do MPC-SP apontam irregularidades quanto à contabilização de gastos com MDE por parte do governo estadual paulista, em especial a contabilização de Inativos (Aposentados) e Pensionistas na rubrica MDE, visto que esse procedimento não está previsto nos artigos 70 e 71 da LDB (Lei n.º 9.394/1996) e reforça as ressalvas, as orientações e as indicações apontadas nos pareceres dos conselheiros do TCESP.

Considerando os apontamentos até aqui realizados, e muito embora o período deste estudo compreenda os anos de 2007 a 2018, é importante ao contexto desta pesquisa pontuar a alteração ocorrida na metodologia de cálculo do Fundeb no ano de 2019.

Em 26 de agosto desse ano, o procurador-geral do MPC-SP, Thiago Pinheiro Lima, apresentou o documento *Representações sobre mudança na metodologia de cálculo dos recursos do Fundeb na Receita Corrente Líquida (RCL)*. Nele, o MPC-SP analisa os procedimentos a serem adotados com relação ao cômputo das receitas e despesas constituintes do Fundeb e da rubrica MDE, propõe uma nova metodologia de cálculo para o Fundeb, veta a contabilização dos gastos com Inativos (Aposentados) e Pensionistas na citada rubrica e apresenta fundamentações jurídico/legal, técnica e teórica para sustentar a mudança no entendimento de cálculo sobre o Fundeb a ser utilizado pelo TCESP e o Gesp.

No referido documento ocorre o questionamento da metodologia de cálculo do Fundeb e da rubrica MDE implementada pelo Gesp, que foi devidamente referendada pelo TCESP em anos anteriores até o ano de 2018, ou seja, a contabilização de Inativos (Aposentados) e Pensionistas, visando atender aos percentuais mínimos definidos na Constituição Federal, artigo 212, na LDB (25%), artigo 69, e na Constituição do Estado de São Paulo (30%), artigo 255.

A sistemática anterior para contabilização do Fundeb no orçamento público estadual paulista baseava-se na não dedução dos recursos do Gesp repassados aos municípios paulistas que atendiam às exigências para o recebimento dos recursos financeiros do citado fundo. Com essa metodologia, o poder público estadual paulista repassava recurso e não deduzia esse repasse no cômputo geral da aplicação no Fundeb, assim como na rubrica MDE.

Na nova metodologia de cálculo, o MPC-SP estabelece o critério de que os repasses ao Fundeb, por parte do Gesp, não devem ser contabiliza-dos para fins de cumprimento das definições legais do fundo, assim como da referida rubrica. Assim, ocorre alteração significativa na apuração dos recursos financeiros aplicados no Fundeb e na rubrica MDE para o ano de 2019 e nos anos seguintes.

A adoção da nova metodologia de cálculo desse fundo em relação à contabilização de Inativos (Aposentados) e Pensionistas como despesas do Fundeb, altera o procedimento até então adotado pela administração pública estadual paulista e acatada pelo Tribunal de Contas.

O documento que sistematiza a nova metodologia de cálculo definida pelo MPC-SP deve ser adaptado aos parâmetros estabelecidos na legislação do "Novo Fundeb", aprovado no 2º semestre do ano de 2020, e esse deve ser utilizado como indicativo na emissão dos pareceres do TCESP, com destaque para a não utilização de recursos do "Novo Fundeb" e da MDE no pagamento de Inativos (Aposentados) e Pensionistas.

Importante mencionar que o Gesp editou o Decreto n.º 65.021/2020, de 19/06/2020, que estabeleceu a tributação dos servidores Inativos (Aposentados) e Pensionistas da administração pública estadual paulista. Essa tributação está sendo discutida e debatida na Alesp, com preposição de revogação desse decreto, por intermédio do PDL n.º 22/2020 (Projeto de Decreto Legislativo), de autoria do deputado estadual Carlos Giannazi (PSOL), e do PDL n.º 39/2020, elaborado pela deputada estadual professora Bebel (PT), a serem votados no plenário da casa legislativa.

5

PROBLEMAS ESTRUTURAIS: ATUAÇÃO DO TCESP E MPC-SP E A PERSPECTIVA DOS ENTREVISTADOS

Conforme definido no artigo 255 da Constituição Estadual Paulista, o Gesp, ao longo dos anos de 2007 a 2018, aplicou os 30% da receita líquida de impostos na rubrica MDE. Todavia, três problemas estruturais permanecem na história da educação pública estadual paulista: baixo salário e carreira pouco atrativa dos profissionais da educação, precária infraestrutura das escolas e baixo desempenho dos alunos dos ensinos fundamental e médio nas avaliações externas (Idesp/Saresp e Ideb/Saeb).

Tais problemas constituem-se temáticas tratadas nesta pesquisa e foram apontados nas entrevistas realizadas, apresentando-se, todos eles, como fator de preocupação, sobretudo o desempenho dos alunos, que não avança e, em alguns casos, indica estagnação. Ademais, são questões abordadas em pareceres do TCESP e manifestações do MPC-SP, com recomendações e ressalvas, mas sem a efetiva resolução dos problemas.

Desse modo, considerando os objetivos deste estudo, a seguir detalharemos esses problemas, incialmente abordando a aprendizagem insuficiente dos alunos, a partir dos dados do Idesp/Saresp e do Ideb/Saeb. Na sequência serão abordadas as condições estruturais das escolas da rede estadual paulista e, por fim, a dinâmica da remuneração dos profissionais da educação estadual, comparando-a com os salários da educação municipal paulistana.

5.1 IDESP/SARESP E IDEB/SAEB

Neste item foram abordadas reflexões em relação ao Idesp/Saresp e ao Ideb/Saeb, índices importantes ao contexto deste estudo, uma vez que o desempenho dos alunos é um dos mais graves problemas apresentados na educação pública estadual paulista no período estudado.

Cabe mencionar que o Idesp é anual e calculado com base nos resultados das avaliações do Saresp e a variável do fluxo escolar. De acordo com os objetivos deste estudo será aqui apresentado o período de 2007 a 2018, espaço-tempo aqui delimitado. Ressalta-se, para conhecimento, que o índice não foi calculado em 2020 em virtude da pandemia do novo coronavírus, pois a avaliação do Saresp não ocorreu nesse ano.

É mister observar que o Ideb é executado a cada dois anos, sendo calculado com base nos resultados das avaliações do Saeb e da variável do fluxo escolar. Assim como os dados do Idesp, eles serão aqui apresentados considerando o período de 2007 a 2019. Justifica-se a utilização desse ciclo, pois abrange o desempenho de 2018, uma vez que o Ideb é bienal.

No que se refere à aprendizagem dos alunos do ensino fundamental (1º ao 5º ano e 6º ao 9º ano) e do ensino médio (1ª a 3ª série), depreende-se e constata-se das análises dos resultados do Idesp e do Ideb, no período de 2007 a 2018, que o nível de aprendizagem não é o adequado, pois a escala de proficiência em ambos os índices são de 0 a 10, como será apresentado nas tabelas 12 e 13.

Tabela 12 – Idesp: notas alcançadas por ano – 2007 a 2018

Índice de Desenvolvimento da Educação do Estado de São Paulo											
ETAPA	ANO										
	2007	2008	2009	2010	2011	2012	2013	2014	2015	2016	2017	2018
4ª série EF / 5º ano EF[1]	3,23	3,25	3,86	3,96	4,24	4,28	4,42	4,76	5,25	5,40	5,33	5,55
8º série EF / 9º ano EF[2]	2,54	2,60	2,84	2,52	2,57	2,50	2,50	2,62	3,06	2,93	3,21	3,38
3ª série EM	1,41	1,95	1,98	1,81	1,78	1,91	1,83	1,93	2,25	2,30	2,36	2,51

1. Nomenclatura adotada com a implementação do ensino fundamental de 9 anos, a partir do ano de 2010. 2. Nomenclatura adotada com a implementação do ensino fundamental de 9 anos, a partir do ano de 2010.
Fonte: elaborada pelos autores

Quanto ao desempenho dos alunos no Idesp, temos da leitura da Tabela 12 os seguintes apontamentos:

- Do 1º ao 5º ano do ensino fundamental, em 2007, o índice alcançado foi de 3,23, e em 2018 foi atingida a marca de 5,55, o que demonstra a constante melhoria desse segmento do ensino estadual paulista. Todavia os resultados estão na metade da meta a ser alcançada, que é de 10,00. O desempenho dos alunos dos anos iniciais do ensino fundamental explica-se, em grande medida, em face das características da organização pedagógica das escolas e do processo ensino-aprendizagem, que se altera nos anos finais do ensino fundamental e no ensino médio.

- Do 6º ao 9º ano do ensino fundamental, em 2007, apresentou-se proficiência de 2,54, e no ano de 2018, 12 anos depois, foi atingido o patamar de 3,38, sempre considerando a escala de 0 a 10 para todas as etapas de ensino.

- Do ensino médio em 2007 teve-se o índice de 1,41, e em 2018 foi alcançada a marca de 2,51, decorridos 12 anos de sua verificação.

Percebe-se a gradativa melhora no período de 2007 a 2018 na proficiência dos alunos do 1º ao 5º ano do ensino fundamental, sendo que em 2007 o desempenho estava em 3,23 e em 2018 alcançou o patamar de 5,55. Ou seja, foram necessários 12 anos para que a metade da escala de proficiência, que varia de 0 a 10, fosse ultrapassada.

Referente ao Ideb temos:

Tabela 13 – Ideb: notas alcançadas x projetadas por ano – 2007 a 2019

ETAPA	Índice de Desenvolvimento da Educação Básica (Ideb)						
	ANO						
	2007	2009	2011	2013	2015	2017	2019
4ª série EF / 5º ano EF[1] ALCANÇADA	4,7	5,4	5,4	5,7	6,4	6,5	6,6
4ª série EF / 5º ano EF[1] PROJETADA	4,6	4,9	5,3	5,5	5,8	6,1	6,3
8ª série EF / 9º ano EF[2] ALCANÇADA	4,0	4,3	4,3	4,4	4,7	4,8	5,2
8ª série EF / 9º ano EF[2] PROJETADA	3,8	4,00	4,2	4,6	5,0	5,3	5,5
3ª série EM ALCANÇADA	3,4	3,6	3,9	3,7	3,9	3,8	4,3
3ª série EM PROJETADA	3,3	3,4	3,6	3,9	3,9	4,6	4,9

1. Nomenclatura adotada com a implementação do ensino fundamental de 9 anos, a partir do ano de 2010. 2. Nomenclatura adotada com a implementação do ensino fundamental de 9 anos, a partir do ano de 2010.
Fonte: elaborada pelo autor

Como podemos perceber na Tabela 13 em relação ao desempenho dos alunos no Ideb:

- Dos anos iniciais do ensino fundamental (1º ao 5º ano), o índice foi de 4,7 em 2007, e decorridos 13 anos, em 2019, foi alcançado o resultado de 6,6.

- Do 6º ao 9º do ensino fundamental foi de 4,0 em 2007 para 6,3 em 2019, demonstrando evolução nesse período.

- Do ensino médio, em 2007, foi de 3,4, e em 2019 alcançou-se o resultado de 4,3. Ou seja, decorridos 13 anos, os alunos não conseguiram atingir metade da escala de proficiência, que vai de 0 a 10.

Salientamos que o desempenho dos alunos do ensino fundamental e do ensino médio alcançado no Idesp/Saresp e do Ideb/Saeb sustenta os argumentos dos entrevistados sobre a necessidade de alteração nas políticas educacionais empreendidas na rede estadual de ensino paulista para melhorar os resultados dos estudantes em ambos os índices.

Porém, embora o Idesp/Saresp e o Ideb/Saeb sejam compreendidos como avalições externas importantes para o diagnóstico do desempenho dos alunos e que sejam relevantes e necessários ao contexto desta pesquisa, destacam os entrevistados que eles não podem ser tidos como únicos indicadores para se entender a totalidade da realidade das escolas estaduais paulistas e seus projetos e resultados pedagógicos.

Os dados apresentados mostram que os índices de desempenho educacional Idesp/Saresp e Ideb/Saeb são essenciais para compreendermos a situação da educação pública estadual paulista no período de 2007 a 2018. Esses índices, que refletem o progresso dos alunos nas avaliações externas e o fluxo escolar, desempenham um papel fundamental na análise da qualidade da educação e na identificação de áreas que precisam de melhorias.

Por meio da avaliação dos resultados apresentados nas tabelas, fica evidente que o nível de aprendizagem dos alunos dos ensinos fundamental e médio nas escolas estaduais não atingiu os patamares desejáveis. Os dados revelam uma trajetória gradual de melhoria no período estudado, especialmente nos anos iniciais do ensino fundamental, mas ainda há um longo caminho a ser percorrido para que sejam alcançados os objetivos propostos.

Ao considerar os resultados tanto do Idesp/Saresp quanto do Ideb/Saeb, observamos que embora haja um progresso, os patamares de proficiência ainda se encontram aquém do ideal. O desempenho dos alunos nas diferentes etapas de ensino demonstra a complexidade da situação, com avanços em alguns casos, mas também com desafios persistentes, especialmente no ensino médio.

As análises apresentadas corroboram as perspectivas dos entrevistados, que apontam para a necessidade de revisar e reformular as políticas educacionais no âmbito da rede estadual de ensino paulista. As melhorias não podem limitar-se apenas à abordagem dos índices de desempenho, também devem abranger a valorização e a formação contínua dos profissionais da educação, bem como investimentos na infraestrutura escolar.

No entanto é importante salientar que embora os índices Idesp/Saresp e Ideb/Saeb sejam indicadores valiosos para aferir o progresso educacional, eles não devem ser os únicos critérios para a avaliação das escolas e de seus projetos pedagógicos. As entrevistas ressaltam a complexidade da realidade escolar, que abrange aspectos que vão além das avaliações externas, como a qualidade da formação dos professores, a gestão escolar eficiente e a infraestrutura adequada.

Portanto os resultados apresentados neste subcapítulo reforçam a importância de políticas públicas abrangentes e abordagens multifacetadas para encarar os desafios educacionais enfrentados pela rede estadual de ensino paulista. O aprimoramento dos índices de desempenho é apenas um componente de um esforço mais amplo e contínuo em direção à qualidade da educação e ao desenvolvimento dos estudantes, considerando todas as dimensões que compõem o cenário educacional.

Com base na leitura dos dados e das informações e nas entrevistas realizadas, podemos dizer que é necessário que o Gesp adote políticas públicas de educação que alterem efetivamente esse quadro de baixo desempenho apresentado ao longo dos anos. Para isso, deve adotar medidas que visem ao aperfeiçoamento da formação continuada e às condições de salários e carreira dos profissionais da educação, assim como a melhoria da infraestrutura das escolas, como será pontuado nos próximos itens.

5.2 INFRAESTRUTURA

A infraestrutura da escola afeta positiva ou negativamente na aprendizagem do aluno, portanto constitui-se em um dos elementos centrais a ser debatido quando se trata da qualidade da educação pública estadual paulista. Desse modo, é importante analisar e tecer reflexões sobre essa temática haja vista ser um dos elementos presentes no cotidiano das escolas que é parte do problema ou da solução no que se refere ao desempenho dos alunos.

Considera-se infraestrutura das escolas as salas de aula, os pátios, as quadras cobertas e descobertas, os laboratórios, as bibliotecas/salas de leitura, os espaços abertos cobertos ou descobertos (vegetação), as salas de vídeo/multimídia, as salas da equipe gestora (diretor, vice-diretor e professor coordenador) e demais equipamentos, espaços e instalações de usos pedagógico e administrativo.

Os recursos financeiros da rubrica MDE, conforme definido no artigo 70 da LDB, devem ser utilizados na implantação e na melhoria da infraestrutura das escolas públicas, por intermédio da ampliação, da construção e da reforma dos prédios escolares. Contudo, apesar da aplicação dos 30% da rubrica MDE, muitas escolas estaduais paulistas apresentam infraestrutura comprometida e inadequada ao processo de aprendizagem e às condições de trabalho dos profissionais da educação.

A DCG/TCESP é a responsável por verificar as condições estruturais das escolas estaduais e municipais, sendo que essas últimas não têm sistema de ensino próprio. O Tribunal realiza verificação amostral, ou seja, são escolhidas escolas em número representativo para serem analisadas pelos técnicos, que realizam visita in loco. Caso sejam detectados problemas estruturais, os técnicos solicitam informações, dados e documentos das autoridades competentes para identificar as causas e serem adotadas as medidas corretivas necessárias.

Em vista das verificações realizadas no decorrer dos anos, a problemática das condições da infraestrutura das escolas estaduais paulistas consta com frequência nos relatórios de voto dos conselheiros do TCESP no período de 2007 a 2018, com indicações, recomendações e ressalvas. Entretanto a infraestrutura das escolas não foi utilizada como objeto de reprovação das contas do Poder Executivo estadual paulista, apesar do fato de constar como situação a ser resolvida pela autoridade pública.

Essa questão também foi objeto de manifestação e preocupação, por parte dos entrevistados, demonstrando que a escola em situação inadequada dificulta o trabalho docente, prejudica o processo ensino-aprendizagem e compromete a proficiência dos alunos nas aulas regulares e nas avaliações externas, tais como Idesp/Saresp e Ideb/Saeb. Isso fica claro com a análise dos pareceres dos conselheiros do TCESP, dos anos de 2007 a 2018, em especial com relação ao ano de 2014, quando foram demonstradas, com destaque, as condições físicas precárias das unidades escolares estaduais paulistas.

A ineficiência na atuação da SEE-SP e da FDE na gestão das construções e reformas das escolas contribui para a persistência das condições inadequadas. Deficiências nos processos licitatórios, cronogramas desajustados e preços discrepantes demonstram uma lacuna na execução eficaz desses projetos. Fica claro na atuação da Secretaria e da Fundação que os processos de licitação têm condições de realização dos serviços (obras), prazos e preços não condizentes com as praticadas no mercado da construção civil, conforme se observa no voto dos conselheiros do egrégio tribunal. E, geral as reformas e as construções realizadas pela SEE-SP e pela FDE não atendem às necessidades das unidades escolares quanto aos serviços prestados (obras), prazos e preços estabelecidos nos contratos.

A partir da leitura e da análise dos pareceres emitidos pelo TCESP e manifestações do MPC-SP, é razoável inferir que a atuação da SEE-SP e da FDE em relação à estrutura física das escolas durante o governo do PSDB no estado de São Paulo, de 1995 a 2022, demonstra a inexistência, por parte desse partido político, da efetiva intenção de melhorar o espaço físico das unidades escolares, apesar de o discurso oficial governamental afirmar o contrário, tendo-se em vista o que se tem na realidade escolar.

A análise abrangente da infraestrutura nas escolas estaduais paulistas revela uma realidade complexa e desafiadora. Como já dito, a qualidade da infraestrutura escolar desempenha um papel crucial na experiência educacional dos alunos e na eficácia do processo de ensino-aprendizagem. No entanto, ao examinar os pareceres dos conselheiros do TCESP e as manifestações do MPC-SP do período de 2007 a 2018, é evidente que muitas escolas enfrentam condições físicas inadequadas e insuficientes para atender às demandas educacionais.

A atuação da Secretaria de Educação do Estado de São Paulo (SEE-SP) e da Fundação para o Desenvolvimento da Educação (FDE) na gestão das construções e das reformas das escolas demonstrou ineficiências significativas. As deficiências nos processos de licitação, os cronogramas de execução desajustados e preços discrepantes em relação ao mercado da construção civil resultaram em projetos que frequentemente não supriam as necessidades das unidades escolares.

Essa problemática ressalta a necessidade de um compromisso genuíno das autoridades educacionais e dos órgãos competentes para abordar de forma eficaz a questão da infraestrutura escolar. A inadequação dos espaços físicos compromete não apenas o ambiente de aprendizagem, mas também a motivação e o desempenho dos docentes, além de influenciar negativamente os resultados educacionais, como evidenciado pelas avaliações externas.

A qualidade da infraestrutura escolar não deve ser negligenciada, pois impacta diretamente na formação dos estudantes e na qualidade da educação básica. É crucial que as instâncias responsáveis adotem medidas concretas para melhorar as condições físicas das escolas, promovendo investimentos eficazes, fiscalização rigorosa e gestão transparente. Somente por meio de um esforço conjunto e dedicado, com ênfase na priorização da educação, é possível proporcionar aos alunos um ambiente propício para o aprendizado e para o desenvolvimento pleno de suas potencialidades.

5.3 SALÁRIOS DOS PROFISSIONAIS DA EDUCAÇÃO ESTADUAL PAULISTA (PROFESSOR, DIRETOR DE ESCOLA E SUPERVISOR DE ENSINO)

Dos três problemas estruturais apontados anteriormente e objeto de perguntas às instituições e seus representantes nas respectivas entrevistas, cabe destacar a questão da remuneração e da carreira dos profissionais da educação pública no Brasil e no estado de São Paulo, considerada de suma importância já que influência o desempenho dos alunos.

As legislações apresentadas a seguir, nos respectivos textos originais, expressam as orientações políticas e técnico/legais dos governos do PSDB (1997 a 2018) no comando do Poder Executivo estadual paulista no que se refere à carreira e à remuneração do magistério público do estado de São Paulo, assim como a criação do SPPREV.

- **Lei Complementar n.º 836, de 30 de dezembro de 1997**

"Institui Plano de Carreira, Vencimentos e Salários para os integrantes do Quadro do Magistério da Secretaria da Educação e dá outras providências correlatas."

- **Lei Complementar n.º 923, de 02 julho de 2002**

> Altera os Anexos que especifica da Lei Complementar n.º 836, de 30 de dezembro de 1997, que institui Plano de Carreira, Vencimentos e Salários para os integrantes do Quadro do Magistério da Secretaria da Educação e acrescenta subanexos nos anexos que especifica da Lei Complementar n.º 888, de 28 de dezembro de 2000, que institui Plano de Carreira, Vencimentos e Salários para os integrantes do Quadro de Apoio Escolar da Secretaria da Educação, e dá outras providências.

- **Lei Complementar n.º 958, de 13 de setembro de 2004**

"Altera a Lei Complementar n.º 836, de 30 de dezembro de 1997, que institui Plano de Carreira, Vencimentos e Salários para os integrantes do Quadro do Magistério da Secretaria da Educação e dá providências correlatas."

- **Lei Complementar n.º 975, de 06 de outubro de 2005**

"Dispõe sobre os vencimentos e salários dos servidores que especifica."

- **Lei Complementar n.º 977, de 06 de outubro de 2005**

"Institui Gratificação por Atividade de Magistério – GAM para os servidores que especifica e dá providências correlatas."

- **Lei Complementar n.º 1010, de 01 de junho de 2007**

"Dispõe sobre a criação da São Paulo Previdência (SPPREV), entidade gestora do Regime Próprio de Previdência dos Servidores Públicos – RPPS e do Regime Próprio de Previdência dos Militares do Estado de São Paulo – RPPM."

- **Lei Complementar n.º 1.018, de 15 de outubro de 2007**

"Institui Gratificação de Função aos servidores que especifica, e dá outras providências."

- **Lei Complementar nº 1.078, de 17 de dezembro de 2008**

"Institui Bonificação por Resultados – BR, no âmbito da Secretaria da Educação."

- **Lei Complementar n.º 1.093, de 16 de julho de 2009**

"Dispõe sobre a contratação por tempo determinado de que trata o inciso X do artigo 115 da Constituição Estadual."

- **Lei Complementar n.º 1.097, de 27 de outubro de 2009**

"Institui o sistema de promoção para os integrantes do Quadro do Magistério da Secretaria da Educação e dá outras providências."

- **Lei Complementar n.º 1.107, de 23 de abril de 2010**

"Dispõe sobre a reclassificação de vencimentos e salários dos integrantes do Quadro do Magistério, da Secretaria da Educação, e dá providências correlatas."

- **Lei Complementar n.º 1.143, de 11 de julho de 2011**

"Dispõe sobre a reclassificação de vencimentos e salários dos integrantes do Quadro do Magistério da Secretaria da Educação, e dá providências correlatas."

- **Lei Complementar n.º 1.144, de 11 de julho de 2011**

"Institui Plano de Cargos, Vencimentos e Salários para os integrantes do Quadro de Apoio Escolar, da Secretaria da Educação, e dá providências correlatas."

- **Lei Complementar n.º 1.204, de 01 de julho de 2013**

"Dispõe sobre a reclassificação de vencimentos e salários dos integrantes do Quadro do Magistério e do Quadro de Apoio Escolar da Secretaria da Educação, e dá providências correlatas."

- **Lei Complementar n.º 1.317, de 21 de março de 2018**

"Dispõe sobre os vencimentos e salários dos servidores que especifica."

- **Lei Complementar n.º 1.319, de 28 de março de 2018**

"Dispõe sobre a reclassificação de vencimentos e salários das classes que especifica do Quadro do Magistério da Secretaria da Educação e dos empregos públicos em confiança do Centro Estadual de Educação Tecnológica Paula Souza – CEETEPS, e dá providências correlatas."

- **Lei Complementar n.º 1.333, de 17 de dezembro de 2018**

"(Atualizada até a decisão cautelar na ADIn n.º 2077323-86.2019.8.26.0000). (Projeto de lei complementar n.º 57, de 2018, do Deputado Gilmar Gimenes – PSDB).

Dispõe sobre o sistema de Educação Profissional e Tecnológica do Estado, e dá outras providências."

A seguir, nas tabelas 14, 15 e 16, são apresentados os comparativos das remunerações dos magistérios públicos vinculados ao Governo do Estado de São Paulo/Secretaria de Estado da Educação (Gesp/SEE-SP) e a Prefeitura do município de São Paulo/Secretaria Municipal de Educação (PMSP/SME), nos de 2007 a 2018.

Tabela 14 – Cargos e salários dos profissionais da PMSP/SME e do Gesp/SEE-SP – 2007 a 2018

Valores em R$

Cargos – Salários / Secretaria Municipal de Educação de São Paulo e Secretaria de Estado da Educação de São Paulo	PMSP/SME Dez. 2007	PMSP/SME Jun. 2018	IPCA / Dez. 2007 a jun. 2018 (PMSP/ SME)	Gesp/SEE-SP Out. 2005	Gesp/SEE-SP Mar. 2018	IPCA / Out. 2005 a Mar. 2018 (Gesp/ SEE-SP)
Professor de Educação Infantil e Ensino Fundamental I /JEIF – 40 h – QPE 14 A (1) (2)	1.243,36	3.458,38	2.313,11			
Professor de Ensino Fundamental II e Médio / JEIF – 40 h – QPE 14 - A (1) (2)	1.243,36	3.458,38	2.313,11			
Diretor de Escola – 40h – QPE 17 A (1) (2)	2.002,50	5.569,91	3.725,39			
Supervisor Escolar – 40h – QPE 18 A (1) (2)	2.132,64	5.931,85	3.967,50			
Professor (PEB I) – 30h/40h Faixa 1 / Nível I (3) (4)				835,12	2.233,02	1.657,99
Professor (PEB II) – 30h/40h Faixa 1 / Nível I (3) (4)				835,12	2.585,01	1.657,99
Diretor de Escola (40h) Faixa 1 / Nível I (3) (5)				1.436,93	3.042,28	2.852,78
Supervisor de Ensino (40h) Faixa 1 / Nível I (3) (5)				1.436,93	3.474,07	2.852,78

Fonte: elaborada apelo autor

Referente à reorganização do quadro e do estatuto dos profissionais da educação municipal paulistana, conforme a Tabela 14, explicamos:

- **Lei n.º 14.660, de 26 de dezembro de 2007**

"Dispõe sobre alterações das Leis n.º 11.229, de 26 de junho de 1992, n.º 11.434, de 12 de novembro de 1993 e legislação subsequente, reorganiza o quadro dos profissionais de educação, com as respectivas carreiras, criado pela Lei n.º 11.4354, de 1993, e consolida o Estatuto dos Profissionais da Educação Municipal" de São Paulo, definindo as características e a remuneração dos cargos de Professor Educação Infantil e Ensino Fundamental I, Professor Ensino Fundamental II e Médio, de Diretor de Escola e de Supervisor Escolar.

A remuneração do Professor de Educação Infantil e Ensino Fundamental I, em face do portador diploma de curso de licenciatura plena em Pedagogia ou Magistério de Nível Médio, assim como do Professor Fundamental II e Médio, portador de diploma de licenciatura plena na disciplina específica, está enquadrada na tabela de vencimentos como QPE 14A e Categoria 3, na jornada de trabalho de 40 horas semanais.

No que se refere a remuneração no cargo de Professor de Educação Infantil e Ensino Fundamental I e no cargo de Professor Ensino Fundamental II e Médio com a Jornada Especial Integral de Formação (JEIF), num total de 40 horas semanais, na referida lei no Anexo II, Tabela "B" Quadro do Magistério Municipal, no Quadro dos Profissionais da Educação (QPE) possuía a seguinte remuneração: **Início da carreira no QPE 14A (R$ 1.243,36) e no final da carreira QPE 21E (R$ 2.485,58).**

Para o exercício do cargo de Diretor de Escola e ser enquadrado no QPE 17A, no início da carreira docente, na referida legislação, é necessário ser portador de diploma do curso de licenciatura plena em Pedagogia e 3 anos de experiência no magistério. No que se refere a remuneração no cargo de Diretor de Escola na referida lei, Anexo II, Tabela "D", no QPE possuía a seguinte remuneração: **Início da carreira no QPE 17A (R$ 2.002,50) e no final da carreira QPE 22E (R$ 3.529,61).**

Para o exercício do cargo de Supervisor Escolar enquadrado no QPE 18A, no início da carreira docente, na referida legislação, é necessário ser portador de diploma do curso de licenciatura plena em Pedagogia e 06 anos de experiência no magistério, sendo 3 no cargo/função de gestor educacional. No que se refere a remuneração no cargo de Supervisor Escolar na referida lei, Anexo II, Tabela "D", no QPE possuía a seguinte remuneração: **Início da carreira no QPE 18A (R$ 2.132,64) e no final da carreira QPE 22E (R$ 3.529,61).**

- **Decreto n.º 58.265, de 08 de junho de 2018**

"Divulga os novos valores das escalas de padrões de vencimentos do QPE, em cumprimento ao disposto no § 2º do art. 6º da Lei n.º 16.275/2015, de 2 de outubro de 2015" que dispõe sobre o ajuste dos limites estabelecidos para abonos complementares e abono de compatibilização devidos aos profissionais de educação, assim como a definição das escalas de padrões salariais para os QPE, conforme estipulado.

No que se refere a remuneração no cargo de Professor de Educação Infantil e Ensino Fundamental I e no cargo de Professor Ensino Fundamental II e Médio com a JEIF, num total de 40 horas semanais, no referido decreto no Anexo Único – QPE –possuía a seguinte remuneração: **Início da carreira no QPE 14A (R$ 3.458,38) e no final da carreira QPE 23E (R$ 7.841,46).**

No que se refere a remuneração no cargo de Diretor de Escola no mencionado decreto e anexo único possuía a seguinte remuneração: **Início da carreira no QPE 17A (R$ 5.569,91) e no final da carreira QPE 24E (R$ 11.135,26).**

No que se refere a remuneração no cargo de Supervisor Escolar no citado decreto e anexo único possuía a seguinte remuneração: **Início da carreira no QPE 18A (R$ 5.931,85) e no final da carreira QPE 24E (R$ 11.135,26).**

Referente à reorganização do quadro e do estatuto dos profissionais da educação estadual paulista, conforme a tabela, explica-se:

- **Lei Complementar n.º 975, de 6 de outubro de 2005**

"Dispõe sobre os vencimentos e salários dos servidores que especifica."

No que se refere a remuneração dos cargos de Professor Educação Básica I (PEB I) (Docente dos Anos Iniciais do Fundamental), Professor Educação Básica II (PEB II) (Docente dos Anos Finais do Ensino Fundamental e do Ensino Médio), de Diretor de Escola e de Supervisor de Ensino.

No que se refere a remuneração no cargo de PEB I na referida lei no Anexo IX, Subanexo 3, Tabela 1, com carga horária total de 30 horas semanais, possuía a seguinte remuneração: **Início da carreira na Faixa 1 Nível I (R$ 835,12) e no final da carreira Faixa 2 Nível V (R$ 1.175,09).**

No que tange a remuneração no cargo de PEB II na referida lei no Anexo IX, Subanexo 3, Tabela 1, com carga horária de 30 horas semanais, percebia a seguinte remuneração: **Início da carreira Faixa 1 Nível I (R$ 835,12) e no final da carreira Faixa 2 Nível V (R$ 1.175,09).**

A remuneração do cargo de Diretor de Escola na citada lei no Anexo IX, Subanexo 1, Tabela 1, com carga horária de 40 horas semanais, se estabeleceu a respectiva remuneração: **Início da carreira Faixa 1 Nível I (R$ 1.436,93) e no final da carreira Faixa 2 Nível V (R$ 1.919,78).**

A remuneração do cargo de Supervisor de Ensino na referida lei no Anexo IX, Subanexo 1, Tabela 1, com carga horária de 40 horas semanais definiu-se a correspondente remuneração: **Início da carreira Faixa 1 Nível I (R$ 1.436,93) e no final da carreira Faixa 2 Nível V (R$ 1.919,78).**

- **Lei Complementar n.º 1.317, de 21 de março de 2018**

"Dispõe sobre os vencimentos e salários dos servidores que especifica", em especial os cargos de PEB I e PEB II.

No que se refere a remuneração no cargo de PEB I na referida lei no Anexo XVIII, Subanexo 3, Estrutura I, Tabela 1, com carga horária total de 40 horas semanais, possuía a seguinte remuneração: **Início da carreira na Faixa 1 Nível I (R$ 2.233,02) e no final da carreira Faixa 8 Nível VIII (R$ 6.320,52).**

No que tange a remuneração no cargo de PEB II na referida lei no Anexo XVIII, Subanexo 3, Estrutura II, Tabela 1, com carga horária de 40 horas semanais, percebia a seguinte remuneração: **Início da carreira Faixa 1 Nível I (R$ 2.585,01) e no final da carreira Faixa 8 Nível VIII (R$ 7.316,80).**

- **Lei Complementar n.º 1.319, de 28 de março de 2018**

"Dispõe sobre a reclassificação de vencimentos e salários das classes que especifica do Quadro do Magistério da Secretaria da Educação e dos empregos públicos em confiança do Centro Estadual de Educação Tecnológica Paula Souza – CEETEPS, e dá providências correlatas", alterou a remuneração do Diretor de Escola e do Supervisor de Ensino passando a receber a seguinte remuneração:

Diretor de Escola: Lei Complementar n.º 1.319/2018 – Anexo I, Subanexo 1, Estrutura I: **Início da carreira Faixa 1 Nível I (R$ 3.042,28) e no final da carreira Faixa 8 Nível VIII (R$ 8.611,13).**

Supervisor de Ensino: Lei Complementar n.º 1.319/2018 – Anexo I, Subanexo 1, Estrutura II: **Início da carreira Faixa 1 Nível I (R$ 3.474,07) e no final da carreira Faixa 8 Nível VIII (R$ 9.833,31).**

Depreende-se da análise das legislações que fundamentam a Tabela 14, de cargos e salários dos profissionais da educação da PMSP/SME e do Gesp/SEE-SP, que a remuneração desses profissionais no ano de 2007 era relativamente inferior em todos os cargos (professor, diretor e supervisor) quando comparados aos percebidos pelos integrantes da rede de ensino municipal paulistana.

Percebe-se que a remuneração do Professor de Educação Infantil e Ensino Fundamental I (Jeif) da PMSP/SME era de R$ 1.225,36 a mais se comparados a do Professor Educação Básica I (PEB I – 40h) do Gesp/SEE-SP.

A remuneração do Professor Ensino de Fundamental II e Médio (JEIF) da PMSP/SME era de R$ 873,37 a mais quando comparada a do Professor Educação Básica II (PEB II – 40h) de rede estadual de ensino paulista.

O Diretor de Escola da PMSP/SME recebia R$ 2.527,63 a mais se comparados ao mesmo cargo no Gesp/SEE-SP, e o Supervisor Escolar da PMSP/SME, R$ 2.457,78 a mais se comparados ao de supervisor de ensino do Gesp/SEE-SP.

Essas comparações têm como base o salário do mês de junho de 2018 da rede municipal paulistana de ensino e o salário de março de 2018 da rede estadual de ensino paulista.

Outra comparação possível, além da salarial, refere-se ao poder de compra dos salários de ambas as redes. Conforme pode ser visto na análise a seguir, que traça um comparativo entre os salários dos profissionais da educação das redes municipal e estadual com os valores[10] corrigidos pelo Índice de Preços ao Consumidor Amplo (IPCA)[11] divulgado pelo Instituto de Geografia e Estatística (IBGE), órgão do governo federal, percebe-se maior defasagem salarial no âmbito estadual do que na esfera municipal.

---

[10] Valores aferidos pela Calculadora do Cidadão do Banco Central do Brasil. Aplicativo que simula operações do cotidiano financeiro a partir de informações fornecidas pelo usuário. Disponível em: https://www.bcb.gov.br/acessoinformacao/calculadoradocidadao. Acesso em: 16 out. 2021.

[11] O Sistema Nacional de Índices de Preços ao Consumidor (SNIPC) produz contínua e sistematicamente o IPCA, que tem por objetivo medir a inflação de um conjunto de produtos e serviços comercializados no varejo, referentes ao consumo pessoal das famílias. Essa faixa de renda foi criada com o objetivo de garantir uma cobertura de 90% das famílias pertencentes às áreas urbanas de cobertura do SNIPC. Esse índice de preços tem como unidade de coleta estabelecimentos comerciais e de prestação de serviços, concessionária de serviços públicos e internet, e sua coleta estende-se, em geral, do dia 01 a 30 do mês de referência. Atualmente, a população-objetivo do IPCA abrange as famílias com rendimentos de 1 a 40 salários-mínimos, qualquer que seja a fonte, residentes nas áreas urbanas das regiões de abrangência do SNIPC, as quais são: regiões metropolitanas de Belém, Fortaleza, Recife, Salvador, Belo Horizonte, Vitória, Rio de Janeiro, São Paulo, Curitiba, Porto Alegre, além do Distrito Federal e dos municípios de Goiânia, Campo Grande, Rio Branco, São Luís e Aracaju. Disponível em: https://www.ibge.gov.br/estatisticas/economicas/precos-e-custos/9256-indice-nacional-de-precos-ao-consumidor-amplo.html?t=o-que-e. Acesso em: 16 out. 2021.

Esses dados e essas informações sobre a remuneração dos profissionais das redes municipal paulista e estadual paulista corroboram as afirmações dos entrevistados quanto à baixa remuneração dos profissionais da rede estadual paulista, com base as legislações mencionadas e o IPCA.

Tendo como referência a data de vigência (mês/ano) da lei que institui o plano de carreira dos profissionais da educação da rede de ensino municipal paulistana (Lei n.º 14.660, de 26 de dezembro de 2007), que foi alterada pela Lei n.º 16.275/2015 e o Decreto n.º 58.265, de 08/06/2018, e aplicando-se o IPCA/IBGE nos salários do Professor de Educação Infantil e Ensino Fundamental I, Professor Ensino Fundamental II e Médio, Diretor de Escola e Supervisor Escolar, temos os seguintes valores:

Tabela 15 – Cargos e salários dos profissionais da Educação da PMSP/SME – 2007 a 2018

Cargos dos profissionais da Educação da PMSP*	Valor do salário em dezembro de 2007	Valor do salário em junho de 2018	Valor Corrigido pelo IPCA (IBGE) de dezembro de 2007 a junho de 2018	Diferença entre o valor do salário em junho de 2018 e o valor corrigido pelo IPCA
Professor de Educação Infantil e Ensino Fundamental I, Professor Ensino Fundamental II e Médio (QPE-14A)	1.243,36	3.458,38	2.331,71	+ 1.126,67
Diretor de Escola (QPE-17A)	2.002,50	5.569,91	3.725,39	+ 1.844,52
Supervisor Escolar (QPE-18A)	2.132,64	5.931,85	3.967,50	+ 1.964,35

*Jornada de 40 horas semanais.
*Valores expressos em R$.
Fonte: elaborada pelo autor

É mister afirmar que o Decreto n.º 58.687, de 28 de março de 2019 da PMSP reajustou os salários dos profissionais da educação da rede de ensino municipal paulistana, todavia esse não foi utilizado no presente estudo, visto que extrapola o período analisado (2007 a 2018).

Considerando a data de vigência (mês/ano) da lei que institui o plano de carreira dos profissionais da educação da rede de ensino estadual paulista (Lei Complementar n.º 836, de 30 de dezembro de 1997), que foi alterada por diversas outras leis complementares até a edição da Lei n.º 1.319, de 21 de março de 2018, e aplicando-se o IPCA nos salários dos professores (PEBI e PEBII), Diretor de Escola e Supervisor de Ensino, temos os seguintes valores:

Tabela 16 – Cargos e salários dos profissionais da Educação do Gesp/SEE-SP – 2005 a 2018

Cargos dos profissionais da Educação do Gesp/ SEE-SP	Valor do salário em outubro de 2005	Valor do salário em março de 2018	Valor corrigido pelo IPCA (IBGE) de outubro de 2005 a março de 2018	Diferença entre o valor do salário em março de 2018 e o valor corrigido pelo IPCA
PEB I	835,12*	2.233,02**	1.657,99	+ 575,03
PEB II	835,12*	2.585,01**	1.657,99	+ 927,02
Diretor de escola	1.436,93**	3.042,28**	2.852,78	+ 189,50
Supervisor de ensino	1.436,93	3.474,07**	2.852,78	+ 621,29

* Jornada de 30 horas semanais – ** Jornada de 40 horas semanais.
*Valores expressos em R$.
Fonte: elaborada pelo autor

Importante frisar que no período de 2007 a 2018, a cidade de São Paulo variou na escolha de prefeitos de diversos partidos e matizes políticas e ideológicas. Por outro lado, na esfera estadual paulista ocorreu a permanência do PSDB no comando do Poder Executivo estadual, que não empreendeu política pública de valorização do magistério quanto à melhoria salarial, concentrando-se na política de concessão de bonificação de resultados. Cabe destacar também que no referido período exerceram o cargo de prefeito na cidade São Paulo os seguintes políticos e partidos:

- 01/01/2005 a 31/03/2006 – José Serra (PSDB).

- 31/03/2006 a 31/12/2012 – Gilberto Kassab (Partido da Frente Liberal [PFL]) até 2007; DEM, de 2007 a 2011; e Partido Social Democrático (PSD), de 2011 até os dias atuais (2022).

- 01/01/2013 a 31/12/2016 – Fernando Haddad (PT).

- 01/01/2017 a 06/04/2018 – João Dória (PSDB).
- 06/04/2018 a 16/05/2021 – Bruno Covas (PSDB), de 1980 a 2021.
- 16/05/2021 a 31/12/2024 – Ricardo Nunes (Movimento Democrático Brasileiro [MDB]).

Com base nas informações extraídas da legislação e das tabelas 14, 15 e 16, podemos inferir que a luta política dos profissionais da educação do município de São Paulo, por intermédio de seus representantes sindicais, logrou êxito na melhoria salarial se compararmos a remuneração dos profissionais da educação estadual paulista.

Essa precarização salarial dos profissionais da educação estadual paulista induz a uma mudança de rede de ensino quando da ocorrência de concursos públicos ou contratação a título precário, pois percebe-se que a remuneração oferecida no âmbito estadual paulista está defasada se comparada à que é recebida, pela mesma atividade docente e/ou de gestor, na rede de ensino municipal paulistana.

Diversos estudos, com destaque para Gatti, Barreto, André e Almeida (2019), focados na área da formação de professores da educação básica, assim como Bassi, Fernandes e Rolim (2018); Camargo, Pereira, Silva, Quibao Neto e Medina (2018); Educação em Foco (2012); Nascimento, Medina e Camargo (2015, 2018) e Thomazini (2018), tratam da carreira do magistério público, sobretudo sua remuneração, e são pesquisas fundamentais para se estabelecer relação síncrona da formação, da carreira e da remuneração com as decisões políticas dos governos (federal, estaduais e municipais). Ou seja, apesar dos discursos políticos sobre a importância da educação pública e dos seus profissionais, a prática política dos governantes, de forma geral, e no âmbito estadual paulista em particular, é a de desvalorização e de descaracterização da carreira docente, além da precarização da remuneração salarial.

Como estratégia, os governos do PSDB utilizam-se de mecanismos compensatórios, como o bônus (bonificação por resultados), a gratificação e o abono salarial, com o objetivo de mitigar os efeitos dos baixos salários, pois os ganhos com esses mecanismos não são incorporados aos proventos, valores pecuniários pagos aos Inativos (Aposentados) e Pensionistas, quando da aposentadoria desses profissionais, tendo efeitos passageiros e circunstanciais na remuneração dos profissionais de educação.

A política de bônus (bonificação por resultados) instituída na rede estadual de ensino paulista pela Lei Complementar n.º 1.078, de dezembro de 2008, com texto atualizado pela Lei Complementar n.º 1.361, de

21 de outubro de 2021, evidencia a forma pela qual os governos do PSDB entendem a concepção de valorização do magistério e ela materializa-se em ofertar remunerações circunstanciais e não perenes.

Porém esses governos poderiam definir políticas de remuneração que garantissem o poder de compra dos salários e estabelecessem critérios efetivos de valorização dos profissionais da educação. Mas para atingir tal objetivo, os governos do PSDB deveriam instituir canais de comunicação e diálogo, e a intensão de acatar as premissas decorrentes das reivindicações dos sindicatos da mencionada categoria profissional (Apase, Apeoesp, Udemo, Apampesp, CPP e Afuse), assim como de órgãos de assessoria sindical, como o Departamento Intersindical de Estatística e Estudos Socioeconômicos (Dieese).

Conforme depreende-se das análises de Melo (2015) e Moura (2016), a política de bonificação de resultados foi implantada em outros entes da federação, como Pernambuco e Goiás. Ainda no que se refere a essa prática, os estudos de Bresolin (2014) abordam a política de bônus (bonificação por resultados) no âmbito das políticas de remuneração dos profissionais da educação realizadas no Brasil, e no âmbito da rede estadual de ensino paulista, as contribuições de Carvalho (2017), Loureiro (2011), Oshiro (2012), Rocha Júnior (2012), Souza (2019) e Spineli (2009) e Vasconcelos (2006) corroboram para o entendimento da implementação dessa política de bônus junto aos profissionais da educação da mencionada rede de ensino.

Os mencionados estudos evidenciam que a política de remuneração dos profissionais da educação com bônus (bonificação por resultados) não melhora o desempenho dos alunos, não altera o absenteísmo dos professores e não aumenta a atratividade da carreira docente, pois tal política não altera as condições estruturais da atividade docente, a saber: a carreira, os salários e as condições de trabalho.

A análise detalhada das legislações e das tabelas comparativas que abordam os salários dos profissionais da educação estadual paulista, como professores, diretores de escola e supervisores de ensino, revela um cenário de desafios significativos quanto à remuneração desses profissionais. Nas décadas abordadas, fica evidente que a questão salarial dos educadores tem sido um ponto crítico, com defasagens em relação à rede municipal de ensino, bem como uma série de modificações nas leis e nas regulamentações que buscam adequar os vencimentos.

Apesar das mudanças legislativas e dos ajustes periódicos nos salários, observamos que a remuneração dos profissionais da educação na rede estadual paulista ainda se mantém abaixo do ideal, influenciando diretamente na motivação e no desempenho desses educadores. A análise das variações salariais ajustadas pelo IPCA realça a discrepância entre as redes municipal e estadual, evidenciando a necessidade de políticas mais consistentes de valorização do magistério.

Os esforços por parte dos governos para amenizar essa situação, como a implementação de bonificações e gratificações, embora possam trazer ganhos temporários, não oferecem uma solução estrutural e duradoura para o problema. Os resultados apontam para a importância de um compromisso mais profundo com a valorização dos profissionais da educação, não apenas em termos financeiros, mas também em reconhecimento e investimento na formação continuada e no ambiente de trabalho.

É fundamental reconhecer que o desafio de melhorar a remuneração dos profissionais da educação estadual paulista é parte de um cenário mais amplo de políticas educacionais e de investimento na qualidade do ensino. Atrair e reter educadores talentosos, motivados e comprometidos com a excelência educacional é um passo fundamental para a melhoria da educação como um todo. Portanto o estudo detalhado das leis, das regulamentações e dos dados salariais não só destaca os desafios enfrentados, como também ressalta a necessidade de uma abordagem abrangente e de longo prazo para a valorização dos profissionais da educação estadual paulista, visando, em última instância, ao avanço da qualidade da educação oferecida aos alunos.

5.4 PERSPECTIVA DOS ENTREVISTADOS

Avaliando as entrevistas realizadas,[12] percebe-se que é consenso entre os entrevistados que a precariedade da infraestrutura das escolas, a baixa remuneração salarial dos profissionais da educação e a insuficiente aprendizagem dos alunos têm como fundamento a decisão política da SEE-SP, atual Seduc-SP, de não priorizar a resolução dos problemas referidos no período de 2007 a 2018. Também é unanimidade o entendimento de que a atuação do TCESP ocorre de forma complacente e leniente com as ações e as omissões da SEE-SP na não resolução definitiva da problemática.

---

[12] Professores: José Marcelino de Rezende Pinto (Fineduca), Márcia Aparecida Jacomini (Repu), Nicholas Davies (UFF), Romualdo Luiz Portela de Oliveira (Cenpec), Rosaura Aparecida de Almeida (Apase), Rubens Barbosa de Camargo (FE/USP e ANPEd/GT05); o sociólogo César Callegari (IBSA); os procuradores Élida Graziane Pinto e Thiago Pinheiro Lima (MPC-SP); Gabriel Barreto Corrêa (Todos pela Educação).

A esse respeito, a Prof.ª Rosaura Aparecida de Almeida (Apase), na qualidade de presidente de sindicato, analisa criticamente a atuação da SEE-SP e afirma que os problemas poderiam ser resolvidos ou, pelo menos, amenizados, se houvesse uma decisão política da secretaria para tal fim. Ela menciona, também, que a luta política dos profissionais da educação estadual paulista é outro meio pelo qual é possível conseguir alterar a situação atual.

Para o Prof. Pós-Dr. Romualdo Luiz Portela de Oliveira (Cenpec), os três problemas poderiam ser resolvidos ou minimizados com a aplicação correta e a ampliação do volume dos recursos financeiros, com o aperfeiçoamento dos gastos públicos na rubrica MDE. Ele destaca que a baixa atratividade da carreira docente da rede estadual de ensino paulista (baixo salário, diversidade de jornada de trabalho e atuação em várias unidades escolares) é a principal questão a ser resolvida.

Porém, na mesma medida em que as precárias condições físicas das escolas precisam de solução imediata, a carreira dos profissionais da educação estadual paulista necessita de investimento em longo prazo. Ainda conforme o professor Romualdo, a melhoria das condições estruturais das escolas e a alteração da carreira docente podem incidir de forma decisiva no aperfeiçoamento do processo ensino-aprendizagem e em seu entendimento, sendo dessa forma que ocorrerão alterações nos indicadores do Idesp/Saresp e Ideb/Saeb dos alunos da rede de ensino estadual paulista.

No que tange à problemática analisada, o Prof. Dr. Rubens Barbosa de Camargo (FE/USP e Anped/GT05), com base em pesquisas relacionadas à remuneração docente no Brasil e em São Paulo, apresentadas em Bassi, Fernandes e Rolim (2018); Camargo, Pereira, Silva e Quibao Neto (2018); Nascimento, Medina e Camargo (2015, 2018) e Thomazini (2018), sustenta que a SEE-SP tem condições legais, políticas e técnicas para solucionar os problemas estruturais mencionados, principalmente no que se refere à carreira e à remuneração dos profissionais da educação estadual paulista. Conforme mencionou o Prof. Rubens, os citados estudos demonstram a perda do poder de compra dos salários dos profissionais da educação no Brasil, com destaque para aqueles pertencentes à rede de ensino estadual de São Paulo.

O Prof. Pós-Dr. José Marcelino de Rezende Pinto (Fineduca) menciona que os problemas estruturais são decorrentes das políticas educacionais implementadas pelo PSDB a partir de 1996, quando esse partido político assumiu o Governo do Estado de São Paulo. O professor afirma que essas questões são passíveis de solução, mas decorrem de políticas educacionais voltadas para esse fim. Entretanto ele não acha que essas políticas sejam implementadas, pois o PSDB não tem a intenção política de resolver ou mesmo minorar a atual condição da educação pública estadual paulista.

Ele destaca que o PSDB tem as premissas teórica e política de que esses problemas são relevantes e precisam ser sanados, mas não tem intenção de solucioná-los, pois caso tivesse isso já teria ocorrido, visto que essa agremiação político-partidária está no poder do Governo do Estado de São Paulo desde o ano de 1996, e até o ano 2021 não havia tido uma resolução definitiva do cenário apresentado, sequer uma minimização dele.

O sociólogo César Callegari (IBSA) menciona as trajetórias política e técnica da instalação, da tramitação, da votação e da repercussão da CPI da Educação na Alesp, realizada entre novembro de 1999 e junho de 2000, com foco na aplicação incorreta dos recursos financeiros na rubrica MDE, promovida pelo PSDB de 1996 a 1998, na gestão do governador Mário Covas.

Para esse entrevistado, a CPI teve como repercussões política e técnica a mudança de procedimentos na aplicação dos recursos financeiros na rubrica MDE, mas os problemas estruturais mencionados permanecem desde 1996, mesmo com a realização da CPI. Ela considera que a atuação do TCESP foi determinante na adoção de parâmetros técnicos apresentados pela CPI.

A CPI da Educação da Alesp foi presidida pelo então deputado estadual César Callegari, tendo se iniciado no dia 17/11/1999 e se encerrado em 20/06/2000. Teve como finalidade apurar o não cumprimento, por parte do Gesp, da destinação mínima obrigatória de recursos para MDE e a avaliação das consequências da sonegação de tais recursos para a educação. Ademais, objetivou propor formas de reparação de eventuais danos, além da caracterização da responsabilidade de todos os agentes quanto a esse descumprimento importante, além de enfatizar que o deputado Cesar Callegari vem desempenhando expressivo papel na luta pela educação paulista, especialmente na luta em defesa da ampliação e da destinação de recursos para o ensino público.

Da segunda sessão legislativa, da décima quarta legislatura (1999 a 2003), e do Relatório Final destacam-se os pontos que tratam da atuação do TCESP no contexto da CPI e dos procedimentos a serem adotados em função das definições empreendidas por essa comissão, conforme pode ser visto a seguir.

> [...] de 90 a 98 o Governo cumpriu o preceito do art. 255 da Constituição Estadual. Esse fato foi constatado por parecer exarado pelo Tribunal de Contas. Durante os trabalhos foram feitos questionamentos pelos Deputados sobre a aplicação das verbas do salário-educação, os repasses do FNDE, compensação financeira da Lei Kandir e outras, não sendo verificada nenhuma irregularidade. (SÃO PAULO. Assembleia Legislativa do Estado de São Paulo, 2000).

No Relatório Final, que traz ampla explicação e detalhamentos sobre o período de 1998, foram apontadas 14 irregularidades pelo deputado Cesar Callegari, com destaque para a alteração sistemática em alguns itens e diferentes interpretações em outros. No que se refere à questão dos Inativos (Aposentados) e Pensionistas, o relatório destaca que "não há hoje legislação que proíba a inclusão dessa despesa entre outras da Educação" (SÃO PAULO. Assembleia Legislativa, 2000). Outra irregularidade apontada no relatório refere-se "à inclusão das despesas com a Fundação Zoológico, Memorial da América Latina e Fundação Padre Anchieta como gastos com Educação", salientando a importância de se perceber que

> [...] ao longo dos anos, houve várias interpretações no sentido de considerar correto ou não tais despesas entre as destinadas à área da Educação. Nos anos de 92 e 93 esse procedimento foi adotado. Em 1998, o Tribunal de Contas glosou algumas despesas dessas fundações. Mesmo que glosadas completamente o percentual de aplicação dessas fundações seria insignificante. (SÃO PAULO. Assembleia Legislativa do Estado de São Paulo, 2000).

Em continuidade à indicação daquilo que se encontrava fora do caráter da norma, pode-se ler no Relatório Final da CPI da Educação a denúncia de verbas destinadas a despesas com restaurantes e assistência médica das universidades, com conclusão do TCESP de que os valores destinados a essas despesas deveriam ser excluídos dos gastos com educação.

Quanto a essa operação, após "análise do percentual aplicado nos exercícios de 91 a 94", constatou-se "uma aplicação de cerca de quarenta por cento, ou seja, maior do que no período de 95 a 98, que foi em média de trinta e dois por cento". Concluiu-se que "em números absolutos o total aplicado foi maior" do que nos anos de 1991 a 1994, quando foram gastos "cerca de sete bilhões, contra oito bilhões no período de 95 a 98" (SÃO PAULO. Assembleia Legislativa do Estado de São Paulo, 2000).

Na conclusão da CPI da Educação,

> [...] o relator enfatiza que o Governo cumpriu o dispositivo legal, tendo aplicado, nos exercícios investigados pela CPI, percentual superior ao estabelecido. Após tal conclusão, são feitas recomendações: a) unificação dos critérios de sistematização dos recursos e das despesas com o ensino, eliminando divergências ocorridas na elaboração do projeto de lei do Orçamento; b) integração imediata das universidades, fundações e autarquias ao SIAFEM, possibilitando a necessária presteza de informações para agilizar a elaboração dos demonstrativos obrigatórios por todos os órgãos e instituições do Estado; c) instituição de controle contábil e financeiro individualizado dos recursos do FUNDEF, convênios, QESE, na forma das recomendações do Tribunal de Contas; d) cumprimento integral das disposições das Instruções Especiais, aprovadas pela Resolução n.º 03/99, do Tribunal de Contas, que dispõe sobre o acompanhamento da execução orçamentária e avaliação da gestão do Governo do Estado. (SÃO PAULO. Assembleia Legislativa do Estado de São Paulo, 2000).

A procuradora Élida Graziane Pinto, do MPC-SP, demonstra de forma cabal a relação política entre o TCESP e o Gesp, visto que existe deliberada atuação do egrégio tribunal em aprovar as contas do poder estadual paulista no período de 2007 a 2018, apesar das determinações, das orientações, das ressalvas, das recomendações e das sugestões ao citado governo estadual pelo próprio tribunal.

Em suma, a procuradora demonstra que o TCESP e o Gesp têm articulação política, legal e técnica, que se expressam na tramitação e na aprovação das contas do Poder Executivo estadual paulista, e essa articulação não se percebe quando da análise das contas das prefeituras paulistas no citado período. Em sua fala, ela enfatiza que os municípios paulistas têm tratamento rigoroso, com reprovação das contas públicas, e o mesmo rigor não se observa, por parte do tribunal, na análise das contas do Poder Executivo estadual paulista.

O sociólogo César Callegari e a procuradora do MPC-SP, Dr.ª Élida Graziane Pinto, em publicação datada de 11/07/2019 e intitulada *Faz de conta que aposentadoria é educação; alunos e professores deveriam "se ocupar" da defesa de recursos*, abordam a decisão do TCESP, que aprovou as contas do Gesp relativas ao ano de 2018, e a contabilização na rubrica MDE dos gastos com Inativos (Aposentados) e Pensionistas. Os autores destacam que

> [...] mais uma vez, o Tribunal de Contas do Estado de São Paulo acatou –inconstitucionalmente – a inclusão de gastos com aposentadorias e pensões nos recursos mínimos que o governo paulista tem obrigação de aplicar para atender a mais de 3,5 milhões de alunos nas 5.000 escolas da sua rede pública de ensino. (CALLEGARI; PINTO, 2019, s/p).

Pinto e Callegari (2019) expressam que

> [...] ao apreciarem as contas do ano passado dos ex-governadores Geraldo Alckmin e Márcio França, os conselheiros decidiram dar mais cinco anos de prazo para a exclusão desse cômputo irregular. A despeito da impugnação do Ministério Público de Contas, prevaleceu o faz de conta que previdência é educação até 1° de janeiro de 2024. (CALLEGARI; PINTO, 2019, s/p).

Na opinião dos autores,

> [...] é espantosa a alegação de que proibir o desvio de recursos educacionais para cobertura de rombo previdenciário seria uma medida complexa demais para ser resolvida rapidamente, como se esse problema fosse recente. Ora, já em 2000, a CPI da Educação, criada pela Assembleia Legislativa, havia comprovado esse e outros desvios perpetrados entre 1995 e 1998. (CALLEGARI; PINTO, 2019, s/p).

A procuradora e o sociólogo ainda compartilham a visão de que

> [...] a lei de diretrizes e bases da educação nacional (LDB), de 1996, nunca foi plenamente cumprida pelos sucessivos governadores paulistas que embutiram despesas relativas a aposentadorias e pensões dentro do gasto mínimo estadual em educação e dentro da aplicação dos recursos dos fundos de manutenção e desenvolvimento da educação básica e de valorização dos profissionais da educação (anterior Fundef e atual Fundeb). Só nos últimos oito anos, cerca de R$ 28 bilhões (em valores corrigidos pelo IPCA) foram desviados do Fundeb para cobrir insuficiência financeira da SPPrev. Décadas se passaram no estado mais rico da Federação e agora, a pretexto de gerir escolhas trágicas diante da crise fiscal, negou-se, de novo, o estrito e imediato cumprimento às Constituições Federal e Estadual e à LDB. Todos sabem que é inconstitucional e ilegal, mas adiam a resolução do problema para o próximo governante, ao custo da má qualidade da educação básica estadual e da ocultação contábil do passivo previdenciário. (CALLEGARI; PINTO, 2019, s/p).

Para Callegari e Pinto (2019), esse desfalque ao longo dos anos traz consequências gravíssimas para a educação. Como exemplos mencionam: "um jovem egresso do ensino médio paulista sai da rede pública estadual sabendo o equivalente ao esperado para a nona série do ensino fundamental"; em matemática, somente "10% dos estudantes têm conhecimentos satisfatórios e apenas 33% sabem o suficiente de língua portuguesa". Ele também apontam outras situações inquietantes e ameaçadoras quanto à qualidade da educação, como:

> [...] índices alarmantes de evasão escolar, precariedade estrutural e superlotação das salas de aula, contratações temporárias em excesso e falta de valorização dos profissionais da educação, entre outros dados que atestam a crise educacional paulista (CALLEGARI; PINTO, 2019, s/p).

Diante do cenário, os autores enfatizam que assim como estudantes fizeram no ano de 2015, quando ocuparam escolas em reivindicação contra a reorganização das escolas da rede estadual paulista, talvez seja o momento de professores e alunos ocuparem-se "da defesa dos recursos constitucionalmente vinculados à educação básica", pois "é preciso desvendar o custo da ignorância imposto aos milhões de crianças e jovens da educação básica paulista por essa bilionária, histórica e inconstitucional sonegação dos recursos a ela vinculados" (CALLEGARI; PINTO, 2019, s/p).

Os autores finalizam enfatizando que "não podemos aceitar o faz de conta que sacrifica o presente e o futuro da educação pública para ocultar o passivo previdenciário mal resolvido ao longo das últimas décadas de pedaladas educacionais em São Paulo" (CALLEGARI; PINTO, 2019).

O posicionamento de Callegari e Pinto (2019) destaca de forma contundente as consequências alarmantes do desfalque de recursos na educação no decorrer dos anos. Ao evidenciar que um estudante que completa o ensino médio na rede pública estadual paulista tem conhecimentos equivalentes ao esperado para o ensino fundamental, os autores revelam a gravidade da situação. A estatística de apenas 10% dos estudantes apresentando conhecimentos satisfatórios em matemática e 33% em língua portuguesa ressalta a deficiência na qualidade da educação.

Além disso, a análise trazida pelos autores aponta para outros desafios preocupantes, como altos índices de evasão escolar, condições estruturais precárias e superlotação nas salas de aula, excesso de contratações temporárias e falta de valorização dos profissionais da educação. Esses elementos combinados pintam um quadro de crise na educação paulista, revelando uma desconexão grave entre a destinação de recursos e os resultados educacionais esperados.

Ao sugerir que professores e alunos se unam para defender os recursos constitucionalmente vinculados à educação básica, os autores mostram a urgência de se agir para desvendar os custos humano e social da negligência financeira na educação. A referência à ocupação das escolas por estudantes em 2015, em resposta à reorganização das escolas, sugere que a ação coletiva pode ser um catalisador para a mudança.

A contundência na rejeição da aceitação do "faz de conta", que sacrifica a qualidade presente e futura da educação em prol de outros interesses, sublinha a necessidade de enfrentar de frente o problema e buscar soluções eficazes. A metáfora das "pedaladas educacionais" enfatiza a questão como uma falta grave e sistemática de compromisso com a área. É um chamado à ação, convocando a sociedade a enfrentar essa realidade e a lutar por uma educação de qualidade para as gerações atuais e futuras.

Importante referenciar que Davies (2006) analisa a atuação do TCESP a partir de dados e informações contidos no relatório da CPI da Educação (1999 a 2000), presidida pelo deputado César Callegari na Alesp, constatando que diversos problemas apontados pelo pesquisador e pelo deputado permanecem atuais na forma de interpretar a legislação educacional e na emissão de pareceres sobre as contas do Poder Executivo estadual paulista por parte do tribunal. De acordo com Davies,

> [...] o estudo e a denúncia feitos por Callegari (1997) revelam as diversas interpretações adotadas pelos órgãos internos do TCE-SP sobre o cálculo da receita e dos gastos em MDE, assim como as omissões inaceitáveis na apreciação das contas da educação por parte do TCE-SP. Segundo Callegari (1997), o governo estadual teria cometido as seguintes irregularidades: 1) não inclusão, na base de cálculo, dos impostos atrasados, suas multas, juros, correção monetária e as transferências federais do Fundo de Participação dos Estados (FPE), além do imposto de renda dos servidores estaduais retido na fonte (IRRF), do IPI-exportação, IOCC e compensação financeira pela desoneração do ICMS das exportações (LC 87/96); 2) inclusão indevida dos recursos do salário-educação e dos convênios na base de cálculo, quando deveriam ser computados como acréscimos integrais ao montante correspondente ao percentual mínimo; 3) não-inclusão, nos recursos vinculados integralmente ao ensino, de receitas resultantes de aplicações financeiras disponíveis do Fundo de Desenvolvimento da Educação em São Paulo (Fundesp) e de outras receitas provenientes do Fundesp; 4) a classificação dos inativos em MDE. (2006, p. 183-4).

Nesse estudo sobre procedimento adotados pelo TCESP, Davies pontua algumas conclusões, a saber:

> A primeira é que eles não obedecem necessariamente às disposições contidas na legislação federal (a Lei 7.348, a CF, a LDB e a Lei do Fundef), adotando interpretações próprias (muitas casuísticas), mesmo que não fundamentadas na legislação federal.
>
> A segunda é que o avanço representado pela vinculação constitucional de recursos para a MDE pode estar sendo grandemente minado pelos artifícios adotados pelas Secretarias de Fazenda e aceitos com a conivência dos TCs. Conforme mostra Callegari (1997) em seu estudo sobre os gastos em MDE de 1995 a 1999, que motivou a instalação de uma Comissão Parlamentar de Inquérito na Assembléia Legislativa de São Paulo, cerca de 6,7 bilhões de reais legalmente devidos teriam deixado de ser aplicados em MDE mediante o uso de tais artifícios.
>
> A terceira é que o avanço da democracia a serviço das maiorias no Brasil depende não apenas da aprovação de leis progressistas, mas também, e sobretudo, da fiscalização do seu cumprimento e, especialmente, do controle sobre as diversas instâncias da burocracia encarregadas de fazê-las cumprir. (2006, p. 187-8).

Na entrevista escrita, o procurador Thiago Pinheiro Lima, na condição de procurador-geral MPC-SP, apresenta argumentos legais e técnicos que demonstram a atuação do Ministério Público na análise das contas públicas do Poder Executivo estadual paulista de forma criteriosa. Ele fala, também, com argumentos fundamentados, que os três problemas estruturais poderiam ser resolvidos se os recursos financeiros fossem adequadamente aplicados na rubrica MDE. Essa postura do MPC-SP manifesta-se na indicação de parecer de reprovação das contas do Gesp nos anos de 2018 e 2019 pelo devido órgão de controle.

A Prof.ª Pós-Dr.ª Márcia Aparecida Jacomini (Repu) critica a atuação da SEE-SP na condução da resolução dos três problemas estruturais visto que a Secretaria define as políticas educacionais desconsiderando as opiniões, as proposições e as propostas dos profissionais da educação da rede de ensino estadual paulista. Para ela, a atuação da SEE-SP manifesta-se na aplicação do currículo e na gestão das escolas estaduais, que ocorrem de forma centralizada por parte da Secretaria.

Ela sustenta que a SEE-SP tem articulação política, técnica e teórica com grupos econômicos como o Itaú Cultural e a Fundação Lemann, que definem a agenda da política educacional do governo estadual paulista, com evidente intervenção da iniciativa privada na definição e na implementação da política pública de educação no estado de São Paulo.

O representante do Todos pela Educação, Gabriel Barreto Corrêa, concorda com a existência dos três problemas estruturais e argumenta que o Gesp, assim como o TCESP, atua de modo a não procederem à resolução na rede de ensino estadual paulista. O entrevistado menciona a concordância com determinadas políticas educacionais do PSDB, em especial a mudança na carreira do magistério, apresentada pelo governo João Dória em 2020, e aprovada na Alesp à Lei Complementar n.º 1.361/2021, que altera a carreira do funcionalismo público estadual paulista.

O pesquisador Nicholas Davies (UFF), pioneiro nos estudos sobre a atuação dos Tribunais de Contas no Brasil, entre eles o TCESP e o TCMSP, demonstra em suas pesquisas que os mencionados tribunais não seguem toda a legislação pertinente, ou seja, aplicam a legislação de maneira seletiva na análise dos gastos de MDE com os Inativos (Aposentados) e Pensionistas.

No entanto seus estudos não abordam o período de 2007 a 2018, mas um período anterior, e apontam que os Tribunais de Contas, como órgãos de controle, têm a incumbência de analisar e verificar a plena realização do previsto na legislação do orçamento público e nas legislações correlatas para garantir a execução dos recursos orçamentários. Porém a ingerência e a interferência política dos governadores estaduais paulistas na dinâmica do TCESP, no período em estudo, reafirmam a independência relativa e a submissão do egrégio tribunal aos interesses do Poder Executivo estadual paulista.

Em entrevistas e estudos, o Prof. Nicholas Davies aponta temas imprescindíveis para a compreensão do financiamento da educação no Brasil, como: o orçamento público, a aplicação dos recursos vinculados à rubrica MDE, o pagamento de Inativos (Aposentados) e Pensionistas, a atuação dos órgãos de controle (Tribunal de Contas, Ministério Público e Ministério Público de Contas), o salário-educação, as sonegações e renuncias fiscais e a necessidade de a sociedade civil organizar-se e atuar para fazer cumprir a legislação que trata dos recursos financeiros da educação. Esses assuntos podem servir de incentivo para os atuais e futuros pesquisadores, que poderão abordar aspectos não contemplados nos estudos sobre o financiamento da educação.

A partir da análise das entrevistas, de documentos oficiais do Gesp (Balanços), de pareceres dos conselheiros do TCESP e dos procuradores do MPC-SP, tendo como referência os três problemas estruturais abordados nas perguntas encaminhadas a todos os entrevistados e as quatro perguntas formuladas ao Prof. Dr. Nicholas Davies,[13] entendemos que existe consenso, em especial entre os entrevistados, de que essa tríade de questionamentos retrata a precariedade do processo de financiamento da educação estadual paulista, expressa na atuação do Poder Executivo estadual de São Paulo, na implantação das políticas educacionais, em articulação com o TCESP e o MPC-SP, sem, contudo, demonstrarem preocupação ou interesse político na resolução efetiva das situações apontadas.

Em síntese, após a análise das manifestações dos entrevistados, dos dados do Idesp/Saresp e do Ideb/Saeb, da infraestrutura das escolas, do comparativo dos salários dos profissionais da educação da rede estadual de ensino paulista com os vencimentos recebidos pelos integrantes do magistério público paulistano, concluímos que o TCESP, o MPC-SP, a Alesp e o Gesp/SEE-SP/FDE são, cada um com suas responsabilidades específicas, os responsáveis pela existência e pela persistência dos três problemas estruturais na mencionada rede de ensino.

É imprescindível esclarecer que entre 2007 e 2018, o Tribunal de Contas do Estado de São Paulo (TCESP) emitiu pareceres favoráveis à aprovação das contas do Poder Executivo estadual paulista, ainda que permeadas por ressalvas e recomendações, quanto à alocação de recursos financeiros na rubrica Manutenção e Desenvolvimento do Ensino (MDE) e no Fundo de Manutenção e Desenvolvimento da Educação Básica e de Valorização dos Profissionais da Educação (Fundeb). Tais aprovações foram fundamentadas em embasamentos técnicos e argumentos legais, que conferiram legitimidade à decisão política de endossar as contas do Governo do Estado de São Paulo (Gesp).

---

[13] 1) Os Tribunais de Contas dos Estados e dos Municípios, onde existem, podem ser caracterizados como instâncias de controle estatal do próprio Estado? Ou seja, esses tribunais atuam como legitimadores e orientadores dos poderes executivos estaduais e municipais na elaboração e execução do orçamento público, sem participação e controle social?; 2) Os Ministérios Públicos de Contas, como o que existe no estado de São Paulo, têm o mesmo caráter dos tribunais de contas, ou seja, como instâncias de controle estatal do próprio Estado, ou podem ser considerados como instâncias de controle de caráter social, dada a sua independência dos poderes executivos estadual e municipais?; 3) Como o senhor caracterizaria a atuação do Tribunal de Contas e o Ministério Público de Contas do estado de São Paulo, visto que especificamente o primeiro foi objeto de pesquisa realizada pelo senhor em anos anteriores?; 4) Quais sugestões o senhor daria para um melhor aprofundamento da pesquisa a respeito dos tribunais de contas e do Ministério Público de contas, em especial do estado de São Paulo?

FINANCIAMENTO DA EDUCAÇÃO PÚBLICA EM SÃO PAULO: ENTRE A POLÍTICA E A TÉCNICA – A ATUAÇÃO
DO TRIBUNAL DE CONTAS E DO MINISTÉRIO PÚBLICO DE CONTAS DO ESTADO DE SÃO PAULO (2007 A 2018)

Paralelamente, o Ministério Público de Contas do Estado de São Paulo (MPC-SP), no período de 2011 a 2015, emitiu manifestações que corroboraram os pareceres dos conselheiros do TCESP acerca da aplicação dos percentuais mínimos destinados à MDE e ao Fundeb, sem que fossem levantados questionamentos ou críticas de qualquer natureza. A partir dos anos subsequentes, isto é, 2016 e 2017, o MPC-SP manteve sua postura de endossar a aprovação das contas do governo estadual paulista, porém passou a questionar a alocação de recursos na rubrica MDE e no Fundeb, especialmente no que tange à inclusão de Inativos (Aposentados) e Pensionistas. Ressaltamos aqui a destacada atuação da procuradora Élida Graziane Pinto, do MPC-SP, que empregou argumentos técnicos e jurídicos para evidenciar a necessidade de emissão de pareceres desfavoráveis sobre as contas públicas do referido Poder Executivo, em virtude da alocação inadequada de recursos na rubrica MDE e no Fundeb.

No ano de 2018, uma instigante controvérsia emergiu entre o TCESP e o MPC-SP em relação à contabilização dos Inativos (Aposentados) e Pensionistas na rubrica MDE e no Fundeb. Esse embate caracterizou-se por um embasamento técnico-jurídico que divergiu, buscando, assim, respaldar os posicionamentos políticos dos conselheiros e procuradores quanto à emissão de pareceres favoráveis ou desfavoráveis sobre as contas do Poder Executivo estadual paulista.

A Assembleia Legislativa do Estado de São Paulo (Alesp) ratificou os pareceres do TCESP e as manifestações do MPC-SP, endossando a aprovação das contas do governo paulista durante o período de 2007 a 2018. Contudo vale ressaltar que essa aprovação não foi acompanhada de uma análise aprofundada das ressalvas e recomendações provenientes do tribunal referentes à alocação de recursos na MDE e no mencionado fundo.

Nesse contexto, o Governo do Estado de São Paulo (Gesp), em conjunto com a Secretaria da Educação do Estado de São Paulo (SEE-SP) e a Fundação para o Desenvolvimento da Educação (FDE), encontraram respaldos técnico, jurídico e político mediante pareceres e aprovações supramencionados. Todavia a atuação desses órgãos não se direcionou a uma abordagem definitiva para a resolução dos três problemas estruturais da rede estadual de ensino paulista, limitando-se a medidas que visavam mitigar, mas não resolver integralmente, as questões abordadas neste estudo.

A análise das entrevistas e dos posicionamentos dos diversos entrevistados proporciona uma compreensão abrangente das causas subjacentes à precariedade da infraestrutura escolar, à baixa remuneração dos profissionais da educação e à insuficiente aprendizagem dos alunos na rede de ensino estadual paulista. Fica evidente que há um consenso entre os entrevistados de que a falta de priorização e de ações efetivas pela SEE-SP (atual Seduc-SP) no período de 2007 a 2018 contribuíram significativamente para a persistência desses problemas.

Os entrevistados destacam a necessidade de uma decisão política mais comprometida da SEE-SP para solucionar essas questões estruturais, incluindo a melhoria das condições físicas das escolas, a valorização dos profissionais da educação e a promoção de uma aprendizagem de qualidade. A atuação complacente e leniente do Tribunal de Contas do Estado de São Paulo (TCESP) também é enfatizada como um fator que não tem exercido pressão suficiente para a resolução definitiva dos problemas.

A importância de recursos financeiros adequados é salientada por vários entrevistados como um elemento essencial para abordar os problemas estruturais. Enquanto algumas vozes apontam para a necessidade de ampliação dos investimentos e correta aplicação dos recursos na rubrica MDE (Manutenção e Desenvolvimento do Ensino), outras enfatizam que a questão não se resume apenas a recursos financeiros, mas também à mudança na carreira dos profissionais da educação e à implementação de políticas mais efetivas.

A análise das ações e das decisões políticas do Governo do Estado de São Paulo, aliada à atuação dos órgãos de controle, como o TCESP e o MPC-SP, evidencia um cenário complexo e interconectado que envolve interesses políticos, orçamentários e educacionais. A luta pela melhoria da educação estadual paulista é considerada um esforço coletivo que exige ação de diversos atores, incluindo os profissionais da educação, a sociedade civil, os órgãos de controle e os gestores públicos.

Portanto é fundamental reconhecer a importância de um compromisso político efetivo, a alocação adequada de recursos financeiros e a implementação de políticas educacionais coerentes para solucionar os problemas estruturais enfrentados pela rede de ensino estadual paulista. A conscientização, o engajamento e a colaboração de todos os envolvidos são essenciais para garantir um sistema educacional mais justo, inclusivo e de qualidade para os alunos e profissionais da educação do estado de São Paulo.

CONSIDERAÇÕES FINAIS

O presente estudo teve como objetivo verificar como os conselheiros do TCESP, ao analisarem os balanços orçamentários com foco na rubrica MDE, utilizaram-se de concepções técnicas, jurídico/legais e políticas para a aprovação total das contas do Governo do Estado de São Paulo no período, conforme as análises realizadas, com prevalência dos aspectos políticos, visando justificar a aprovação das contas do Poder Executivo estadual paulista.

O foco foi analisar os procedimentos relativos ao financiamento da educação básica pública estadual paulista, pois já existem análises que abordam a sistemática do financiamento da educação privada e seus impactos econômicos, sociais, políticos e educacionais, com destaque para a contribuição de Menezes Filho e Nuñez (2012).

Ao analisarem os referidos balanços, os procuradores do MPC-SP demonstraram irregularidades técnicas e jurídicas/legais. Todavia as interpretações, as análises e as considerações, mesmo que justificadas e fundamentadas, não foram acatadas pelos conselheiros do TCESP, que emitiram pareceres favoráveis à aprovação das contas mesmo com restrições e ressalvas.

Em seus pareceres, o TCESP manifestou-se a respeito dos problemas estruturais apontados nas perguntas formuladas nas entrevistas, que giraram em torno de três grandes questões: a precária infraestrutura das escolas estaduais paulistas, a baixa remuneração salarial dos profissionais da educação e a aprendizagem insuficiente dos alunos. Nos pareceres, percebe-se a necessidade de o Gesp adotar medidas para solucionar ou amenizar as consequências dos problemas. Porém a solução total ou parcial, ou mesmo a não solução das questões, pelo Governo do Estado de São Paulo não repercutiu na rejeição das contas anuais pelo egrégio tribunal.

Com a investigação, entendemos que o TCESP e o MPC-SP, ao analisarem as contas do Governo do Estado de São Paulo no período de 2007 a 2018, a partir dos Balanços Gerais/Demonstrativos Contábeis, especificamente na execução orçamentária da rubrica Manutenção e Desenvolvimento do Ensino (MDE), demonstram que os procedimentos técnicos, jurídicos/legais dos citados atores políticos devem ser considerados como variáveis importantes na aprovação ou não das contas estaduais paulistas, mas a dimensão política define como esses procedimentos serão analisados pelos envolvidos, em especial o TCESP.

Essa assertiva fundamenta-se no fato de que os conselheiros do TCESP e os procuradores do MPC-SP utilizam-se dos critérios técnicos e jurídicos/legais para explicarem suas opções e justificativas políticas. Em suma, esse debate demonstra como, durante o período estudado, apesar da manifesta ilegalidade em contabilizar os Inativos (Aposentados) e os Pensionistas como MDE e na composição do Fundeb, a decisão política de alteração desse entendimento quanto à referida rubrica e ao Fundeb, ocorreu apenas no ano de 2018.

Contudo, por um lado, por parte do TCESP, permanece o entendimento de que os Inativos (Aposentados) e os Pensionistas podem compor o MDE, para se atender ao disposto no artigo 255 da Constituição do Estado de São Paulo, dentro da lógica de 25% decorrente do artigo 212, da Constituição Federal, mais 5%, com o objetivo de atingir os 30% definidos no artigo. Por outro lado, a legislação do "Novo Fundeb" proíbe expressamente a inclusão de Inativos (Aposentados) e Pensionistas na contabilização do citado fundo, conforme definido no artigo 29, Inciso II, da Lei n.º 14.113, de 25 de dezembro de 2020.

O financiamento da educação pública na qualidade de tema de pesquisa, na área de interesse e no alcance social tem aumentado de forma significativa, principalmente após a aprovação da Constituição Federal de 1988, da LDB (Lei n.º 9.394/1996), do Fundef (1996 a 2006), do Fundeb (2007 a 2020) e do "Novo Fundeb"/"Fundeb Permanente", porém existe a necessidade de inserir essa temática na vida cotidiana dos profissionais da educação, dos alunos, dos pais/responsáveis e da sociedade em geral, pois o conhecimento desse assunto é uma das principais estratégias políticas para que a garantia do acesso, a permanência e a qualidade social da educação sejam efetivadas como direitos social e político, conforme definido nos textos legais.

Concluímos que instituir mecanismos de controle em face dos órgãos reguladores, em especial o TCESP, é de fundamental importância para que a legislação em vigor, ou seja, a Constituição Federal, a Constituição do Estado de São Paulo, a LDB (Lei n.º 9.394/1966), sejam cumpridas, de forma a minimizar ou suprimir a variável política na análise dos gastos na rubrica de MDE vindo do citado tribunal.

Compreende-se do estudo realizado que o TCESP e o MPC-SP têm relevâncias jurídica, política e técnica na análise dos processos de prestação de contas do Poder Executivo estadual paulista, no período de 2007 a 2018, mas as ingerências política e técnica do Governo do Estado de São Paulo junto aos conselheiros do TCESP definem como eles analisam as contas públicas em questão, apesar das informações, das análises e dos questionamentos realizados pelos procuradores do MPC-SP ao interpretarem as mesmas contas nesse período histórico.

Como menciona Nicholas Davies (2001b) no título do livro *Tribunais de contas e educação: quem controla o fiscalizador dos recursos?*, esse é o desafio na construção da cidadania plena em todos os sentidos, com destaque para as áreas da educação pública e da política. Passados mais de 20 anos da edição do livro (2001 a 2022), a pergunta permanece atual e precisa ser respondida pela sociedade em geral e pelos educadores da educação pública em particular.

O presente estudo é a nossa contribuição para o debate no âmbito do financiamento da educação pública no Brasil como resposta à pergunta formulada.

Ao fechar estas páginas, convidamos você a contemplar o intricado tabuleiro do financiamento da educação pública em São Paulo. Nossa jornada pelo emaranhado de orçamentos, números e decisões políticas permitiu-nos desvendar algumas engrenagens que movem esse sistema essencial para a construção de uma sociedade justa e igualitária.

No transcurso destas páginas, mergulhamos nas concepções técnicas, jurídicas e políticas que nortearam a atuação dos protagonistas desse cenário – os conselheiros do Tribunal de Contas do Estado de São Paulo (TCESP) e os procuradores do Ministério Público de Contas do Estado de São Paulo (MPC-SP). O embate entre a razão técnica e a lente política desenrolou-se diante dos nossos olhos, influenciando as análises, as interpretações e, consequentemente, o destino das contas públicas.

Do fulgor das salas de aula às áridas trilhas burocráticas, os desafios da educação pública são alicerçados na efetivação dos recursos destinados a ela. Nossa investigação revelou como alguns enredos políticos muitas vezes obscurecem as análises técnicas, impactando a garantia de infraestrutura, salários dignos e aprendizado eficaz.

Aqui encontramos um chamado à cidadania – um convite para explorar a intersecção entre o orçamento público, a qualidade da educação e o pleno exercício da nossa democracia. As páginas que você agora fecha têm como objetivo não apenas iluminar o passado, mas também inspirar futuras ações. Ao entender o papel crucial da participação ativa e informada na construção de políticas equitativas, dizemos que o poder da mudança reside em cada um de nós.

Como desafia Nicholas Davies (2001b), as perguntas sobre quem controla o fiscalizador dos recursos ainda ecoam. Entretanto nosso livro ergue-se como uma resposta corajosa e articulada. O desafio da cidadania plena é um chamado que ressoa através do tempo e das gerações, e é em sua voz que depositamos a esperança de um futuro em que a educação pública seja verdadeiramente uma força de transformação.

O caminho trilhado foi tranquilo, mas ao mesmo tempo árduo, desafiador, agradável (pelo conhecimento que promoveu) e complexo, porém é no entendimento da dinâmica entre técnica e política que encontramos a chave para desatar os nós que amarram nosso sistema educacional. Que estas palavras ecoem em seu íntimo, acendendo a chama do engajamento e da responsabilidade, e que, juntos, possamos pavimentar um novo horizonte para a educação pública em São Paulo e além.

A mudança começa com o conhecimento e o conhecimento começa aqui.

Agradecemos por embarcar nesta jornada conosco.

REFERÊNCIAS

ACOSTA, Alberto; GORFINKIEL, Denise; GUDYNAS, Eduardo (org.); LAPITZ, Rocio. **El outro riesgo país**. Equador: Abya Yala, 2005.

ALVES, Danubia Fernandes; CARVALHO, Cristina Helena Almeida de. O impacto da expansão do Fies entre 2010 e 2017 no cumprimento estratégico 12.6 do PNE (2014- 2024). (Fineduca). **Revista de Financiamento da Educação**, Porto Alegre, RS, v. 10, n. 6, 2020. Disponível em: https://seer.ufrgs.br/fineduca/article/view/90497. Acesso em: 13 nov. 2021.

AMARAL, Nelson Cardoso. **Financiamento da educação superior**: estado x mercado. São Paulo: Cortez; Piracicaba, SP: Universidade Metodista de Piracicaba, 2003.

AMARAL, Nelson Cardoso. **Para compreender o financiamento da educação básica no Brasil**. Brasília, DF: Liber Livro, 2012.

AMARAL, Nelson Cardoso. O novo PNE e o financiamento da educação no Brasil: os recursos como um percentual do PIB. *In*: PINO, Ivany Rodrigues; ZAN, Dirce Djanira Pacheco (org.). **Plano Nacional de Educação (PNE)**: questões desafiadoras e questões emblemáticas. Inep/MEC, 2013. p. 85-102. Disponível em: https://www.cedes.unicamp.br/dl/1jrcwMg_MDA_dbea2_. Acesso em: 05 jul. 2020.

AMARAL, Nelson Cardoso. Os 10% do PIB como promotor da qualidade da educação: uma análise considerando os resultados do PISA e os valores aplicados por estudante em diversos países. *In*: GOUVEIA, Andrea Barbosa; PINTO, José Marcelino de Rezende; FERNANDES, Maria Dilnéia Espíndola (org.). **Financiamento da educação no Brasil**: os desafios de gastar 10% do PIB em dez anos. Campo Grande: Oeste, 2015. p. 61-82.

ANDI, Agência de Notícias dos Direitos da Infância. **Orçamento público & educação**: um estudo da cobertura de revistas e jornais brasileiros sobre os recursos públicos destinados às políticas educacionais. Financiador: Save the Children, Reino Unido. Brasília/DF, 2007. Disponível em: http://equidadparalainfancia.org/2006/01/orcamento-publico-educacao-um-estudo-da-cobertura-de-revistas-e-jornais-brasileiros-sobre-os-recursos-publicos-destinados-as-politicas-educacionais/. Acesso em: 05 jul. 2020.

ARAÚJO, Alexandre Garcia; DIAS, José Alves. **Ditadura e democracia**: o impacto da conciliação sobre as memórias e a constituição da Justiça de Transição no Brasil.

Revista da Faculdade de Direito da UFRGS, Porto Alegre, n. 38, p. 121-139, ago. 2018. Disponível em: https://seer.ufrgs.br/revfacdir/article/view/77564. Acesso: 06 ago. 2021.

ARAÚJO, Luísa; RODRIGUES, Maria de Lurdes. Modelos de análise das políticas públicas. **Sociologia, Problemas e Práticas**, Lisboa, n. 83, p. 11-35, 2017. Centro de Investigação e Estudos de Sociologia (Cies). Disponível em: http://www.scielo. mec.pt/pdf/spp/n83/n83a01. Acesso em: 05 jul. 2020.

ARRUDA, Marcos. **Brazil and the international financial crisis**. Londres: Pluto Press, Christian Aid and the Transnational Institute, 1999a.

ARRUDA, Marcos. **Dívida e(x)terna**: para o capital, tudo; para o social, migalhas. Petrópolis: Vozes, 1999b.

ARRUDA, Marcos. **ACD requer veto ao esquema da securitização de créditos**. Maio 2020. Disponível em: https://auditoriacidada.org.br/conteudo/acd-requer--veto-ao-esquema-da-securitizacao-de-creditos/. Acesso em: 16 jun. 2020.

ASSOCIAÇÃO DOS MEMBROS DOS TRIBUNAIS DE CONTAS DO BRASIL *et al.* **Nota pública conjunta n.º 2/2021, de 18 de agosto de 2021**: Atricon/ Abracom/Ampcon/ANTC/Audicon/CNPGC/CNPTC/IRB. Conselho Nacional dos Presidentes dos Tribunais de Contas. Disponível em: https://www.cnptcbr. org/wp-content/uploads/2021/08/NOTA-PUBLICA-CONJUNTA-N%C2%BA--002-2021-PEC-13-2021-reduc%CC%A7a%CC%83o-de-mi%CC%81nimo-educacional-corrigida.pdf. Acesso em: 27 fev. 2022.

ASSOCIAÇÃO NACIONAL DE PESQUISA EM FINANCIAMENTO DA EDU-CAÇÃO (FINEDUCA). **Revista de Financiamento da Educação**, Porto Alegre, RS, v. 11, 2021. Disponível em: https://seer.ufrgs.br/fineduca/index. Acesso em: 24 jul. 2021.

AVRITZER, Leonardo. **Política e antipolítica**: a crise do governo Bolsonaro. São Paulo: Todavia, 2020.

AVRITZER, Leonardo; KERCHE, Fábio; MARONA, Marjorie (org.). **Governo Bolsonaro**: retrocesso democrático e degradação política. Belo Horizonte: Autêntica, 2021.

BARBOSA, Andreza; VENCO, Selma; JACOMINI, Márcia Aparecida (org.). **Relações e condições de trabalho dos profissionais da educação na rede estadual paulista**: 1995-2018. São Paulo: Alameda, 2022.

BASSI, Marcos Edgar; FERNANDES, Maria Dilnéia Espíndola; ROLIM, Rosana Maria Gemaque (org.). **Remuneração de professores da educação básica das redes municipais no contexto do Fundeb e do PSPN**. v. 2. Curitiba: Appris, 2018.

BATISTA JR., Paulo Nogueira. **O Brasil e a economia internacional**: recuperação e defesa da autonomia nacional. São Paulo: Campus, 2005.

BELLONI, Isaura; MAGALHÃES, Heitor de; SOUSA, Luzia Costa de. **Metodologia de avaliação em políticas públicas**: uma experiência em educação profissional. São Paulo: Cortez, 2000.

BELLUZZO, Luiz Gonzaga; CARNEIRO, Ricardo. **O paradoxo da credibilidade**. Política Econômica em Foco, n. 2, p. 1-10, set./dez. 2003. Disponível em: https://www.eco.unicamp.br/CECON/images/arquivos/pesquisa-2003-2006/Introducao02-PEF.pdf. Acesso em: 20 maio 2020.

BETANCOURT, Soledad *et al*. **En deuda con los derechos**: impacto de la deuda externa en el cumplimento de los derechos economicos, sociales y culturales. Colombia: Asociación de Trabajo Interdisciplinario, 2003.

BOCCHI, Roberta. **Há corrupção na educação?**: relatos daqueles que vivem essa realidade no chão da escola pública brasileira. Curitiba: Appris, 2019.

BOLSANARO, Jair. **Nota oficial**: Declaração à Nação. 09/09/2021. Disponível em: https://www.gov.br/planalto/pt-br/acompanhe-o-planalto/notas-oficiais/2021/nota-oficial-presidente-jair-bolsonaro-09-09-2021. Acesso em: 08 out. 2021.

BRAGA, Marcus Vinicius de Azevedo. **Vale quanto pesa**: um estudo sobre os impactos do controle na gestão. Belo Horizonte: Fórum, 2021.

BRASIL. Fundo Nacional de Desenvolvimento da Educação Básica/Ministério da Educação. **Sistema de Informações sobre Orçamentos Públicos em Educação (Siope)**. Disponível em: https://www.fnde.gov.br/fnde_sistemas/siope. Acesso em: 25 jun. 2021.

BRASIL. Ministério Público Federal. **Caso Lava Jato**. [2021]. Disponível em: http://www.mpf.mp.br/grandes-casos/lava-jato. Acesso em: 08 jul. 2021.

BRASIL. Secretaria do Tesouro Nacional. **Manual de demonstrativos fiscais**: aplicado à União e aos Estados, Distrito Federal e Municípios. 11. ed. Brasília: Secretaria do Tesouro Nacional; Subsecretaria de Contabilidade Pública; Coordenação-Geral de Normas de Contabilidade Aplicadas à Federação, 2020. Disponível em:

https://sisweb.tesouro.gov.br/apex/f?p=2501:9::::9:P9_ID_PUBLICACAO:33576. Acesso em: 25 fev. 2022.

BRASIL. Senado Federal. **Senado debate PEC que desvincula gastos com educação durante a pandemia de Covid-19**. 24/08/2021. Disponível em: https://www.youtube.com/watch?v=p4CmMT6-k1Q&t=42s. Acesso em: 10 set. 2021.

BRASIL. Senado Federal. **Relatório da CPI da pandemia**. 20/10/2021. Disponível em: https://legis.senado.leg.br/comissoes/mnas?codcol=2441&tp=4. Acesso em: 23 out. 2021.

BRESOLIN, Antônio Bara. **Análise de resultados intermédios das políticas de bônus em escolas estaduais brasileiras**. 2014. 171f. Dissertação (Mestrado em Administração Pública e Governo) – Escola de Administração de Empresas de São Paulo da Fundação Getúlio Vargas, São Paulo, 2014. Disponível em: https://bibliotecadigital.fgv.br/dspace/handle/10438/11881. Acesso em: 12 dez. 2021.

BUCCI, Maria Paula Dallari (org.). **Políticas públicas**: reflexões sobre o conceito jurídico. São Paulo: Saraiva, 2006.

CALLEGARI, Cesar. **As verbas da educação**: a luta contra a sonegação de recursos do ensino público em São Paulo: Entrelinhas, 1997a.

CALLEGARI, Cesar. **Ensino fundamental**: a municipalização induzida. São Paulo: Senac, 1997b.

CALLEGARI, Cesar. **O Fundef e a municipalização do ensino fundamental no estado de São Paulo**. São Paulo: Aquariana, 2002.

CALLEGARI, Cesar (org.). **O Fundeb e o financiamento da educação pública no estado de São Paulo**. 5. ed. São Paulo: Aquariana: IBSA: Apeoesp, 2010.

CALLEGARI, Cesar; PINTO, Élida Graziane. Faz de conta que aposentadoria é educação; alunos e professores deveriam 'se ocupar' da defesa de recursos. 11/07/2019. *In*: CENTRO DO PROFESSORADO PAULISTA. **Passivo previdenciário mal resolvido de pedaladas educacionais em SP**. Disponível em: https://www.cpp.org.br/informacao/ponto-vista/item/14252-pontos-do-texto-base-da-camara--que-mudam-a-previdencia-brasileira. Acesso em: 14 dez. 2021.

CAMARGO, Rubens Barbosa de; PEREIRA, Claudia; SILVA, João Batista Souza da; QUIBAO NETO, José; MEDINA, Renata. Análise da carreira, dos vencimentos e da remuneração da rede estadual de São Paulo no contexto do Fundeb e do PSPN (2006-2014). *In*: BASSI, Marcos Edgar; FERNANDES, Maria Dilnéia

Espíndola; ROLIM, Rosana Maria Gemaque (org.). **Remuneração de professores da educação básica das redes estaduais no contexto do Fundeb e do PSPN.** v. 1. Curitiba: Appris, 2018.

CAMPOS, Ivete Maria Barbosa Madeira; FERRAZ, Fabiano de Souza; CAETANO, Eduardo Ferreira da Silva; FERREIRA, Diana Regina dos Santos Alves. ProUni: uma análise da estratégia 12.20, da meta 12, do Plano Nacional de Educação (2014-2024) para aumentar o acesso à educação superior. (Fineduca). **Revista de Financiamento da Educação**, Porto Alegre, RS, v. 11, n. 16, 2021. Disponível em: https://www.seer.ufrgs.br/fineduca/article/view/103096. Acesso em: 12 jan. 2022.

CARA, Daniel Tojeira. (coord.). **CAQi e o CAQ no PNE**: quanto custa a educação pública de qualidade no Brasil? São Paulo: Campanha Nacional pelo Direito à Educação, 2018.

CARDOSO, Luciana Zaffaloni Leme. **A política da justiça**: blindar os ricos e criminalizar os pobres. São Paulo: Hucitec, 2018.

CARDOSO, Lucileide Costa. Construindo a memória do regime de 64. **Revista Brasileira de História**, Rio Grande do Sul, RS, v. 14, n. 27, p. 179-196. São Paulo: Anpuh-Marco Zero, 1994. Disponível em: https://www.anpuh.org/arquivo/download?ID_ARQUIVO=3750. Acesso em: 7 ago. 2021.

CARDOSO, Lucileide Costa. Os discursos de celebração da "Revolução de 1964". **Revista Brasileira de História**, São Paulo, v. 31, n. 62, p. 117-140, dez. 2011. Disponível em: https://www.scielo.br/j/rbh/a/Yk9r3yXBVzsMw5XxSRKSjZv/?-format=pdf&lang=pt. Acesso em: 6 ago. 2021.

CARNEIRO, Silvio Ricardo Gomes; JACOMINI, Márcia Aparecida; BELLO, Isabel Melero (org.). **Políticas curriculares na rede estadual paulista**: 1995-2018. São Paulo: Alameda, 2022.

CARVALHO, Cristina Helena Almeida de. O ProUni no governo Lula e o jogo político em torno do acesso ao ensino superior. **Educação & Sociedade**, Campinas, SP, v. 27, p. 979-1.000, 2006. Disponível em: https://www.scielo.br/j/es/a/PWLcgtgCgvYP9tXx6NPfsHf/abstract/?lang=pt. Acesso em: 18 out. 2021.

CARVALHO, Cristina Helena Almeida de. A mercantilização da educação superior brasileira e as estratégias de mercado das instituições lucrativas. **Revista Brasileira de Educação**, Rio de Janeiro, RJ, v. 18, p. 761-776, 2013. Disponível em: https://www.scielo.br/j/rbedu/a/pQPdZ9QyVRTz6qBym83HNxK/abstract/?lang=pt. Acesso em: 18 out. 2021.

CARVALHO, Cristina Helena Almeida de. A política pública de expansão para a educação superior entre 1995 a 2010: uma abordagem neoinstitucionalista histórica. **Revista Brasileira de Educação**, Rio de Janeiro, RJ, v. 20, p. 51-76, 2015. Disponível em: https://www.scielo.br/j/rbedu/a/4JWZjxZn47KkrpMYNWTVm-Cg/?format=pdf&lang=pt. Acesso em: 18 out. 2021.

CARVALHO, Cristina Helena Almeida de; LOPREATO, F. L. C. Finanças públicas, renúncia fiscal e o ProUni no governo Lula. **Impulso – Revista de Ciências Sociais e Humanas**, Piracicaba, v. 16, n. 40, p. 93-104, 2005. Disponível em: https://silo.tips/download/finanas-publicas-renuncia-fiscal-e-o-prouni-no-governo-lula. Acesso em: 15 set. 2021.

CARVALHO, Laíz Barbosa de. **O sistema de bonificação de São Paulo**: uma análise do alcance e impacto do programa em seus cinco primeiros anos. 2017. 57f. Dissertação (Mestrado em Economia Aplicada) – Programa de Pós-Graduação em Economia Aplicada, Faculdade de Economia, Administração e Contabilidade de Ribeirão Preto, Universidade de São Paulo, Ribeirão Preto, 2017. Disponível em: https://teses.usp.br/teses/disponiveis/96/96131/tde-08082017-172633/pt-br.php. Acesso em: 12 dez. 2021.

CARVALHO, Luiz Maklouf. **O cadete e o capitão**: a vida de Jair Bolsonaro no quartel. São Paulo: Todavia, 2019.

CASARA, Rubens Roberto Rebello. **Bolsonaro**: o mito e o sintoma. São Paulo: Contracorrente, 2020.

CÁSSIO, Fernando (org.). **Educação contra a barbárie**: por escolas democráticas e pela liberdade de ensinar. São Paulo: Boitempo, 2019.

CASTRO, Fernando Cibelli de. **A comunicação persuasiva como estratégia de controle da memória coletiva**. 2010. 162f. Dissertação (Mestrado em Comunicação Social) – Programa de Pós-Graduação em Comunicação Social, Pontifícia Universidade Católica do Rio Grande do Sul, Porto Alegre, 2010. Disponível em: http://tede2.pucrs.br/tede2/handle/tede/4400. Acesso em: 05 de jul. 2021.

CASTRO, Jorge Abrahão de. Avaliação do impacto do Fundef nas receitas fiscais de estados e municípios. *In*: ESCOLA DE ADMINISTRAÇÃO FAZENDÁRIA (Esaf) (org.). **Finanças públicas**: V prêmio Tesouro Nacional. Brasília, DF: Universidade de Brasília, 2001a. v. 1. p. 429-470.

CASTRO, Jorge Abrahão de (org.). **Financiamento da educação no Brasil**. 18. ed. Brasília, DF: Inep/MEC – Instituto Nacional de Estudos e Pesquisas Educacionais, 2001b.

CASTRO, Jorge Abrahão de. Financiamento da educação e questões da reforma tributária. *In*: COELHO, Cassia Rita de; BARRETO, Ângela Rabelo (org.). **Financiamento da educação infantil**: perspectivas em debate. Brasília, DF: Unesco, 2004. p. 211-228.

CASTRO, Jorge Abrahão de. Financiamento da educação pública no Brasil: evolução dos gastos. *In*: OLIVEIRA, Romualdo Portela de; SANTANA, Wagner (org.). **Educação e federalismo no Brasil**: combater as desigualdades, garantir a diversidade. Brasília, DF: Unesco, 2010. p. 169-190. Disponível em: https://crianca.mppr.mp.br/arquivos/File/publi/unesco/educacao_federalismo.pdf. Acesso em: 28 abr. 2020.

CASTRO, Jorge Abrahão de. Financiamento da educação pública no Brasil: Evolução dos Gastos. *In*: GOUVEIA, Andréa Barbosa; PINTO, José Marcelino de Rezende; CORBUCCI, Paulo Roberto (org.). **Federalismo e políticas educacionais na efetivação do direito à educação no Brasil**. Brasília: Ipea, 2011. p. 29-50.

CASTRO, Jorge Abrahão de; CORBUCCI, Paulo Roberto. Financiamento da educação e o projeto de reforma tributária. *In*: MORHY, Lauro (org.). **Reforma tributária em questão**. Brasília, DF: Universidade de Brasília, 2003. p. 251-269.

CASTRO, Jorge Abrahão de; MENEZES, Raul Miranda. A gestão das políticas federais para o ensino fundamental nos anos 90. *In*: GOMES, Candido Alberto (org.). Gestão educacional: o Brasil no mundo contemporâneo. Brasília, DF: Inep/MEC, 2002. **Em Aberto**, Brasília, v. 19, n. 75, p. 78-97, jul. 2002. Disponível em: http://portal.inep.gov.br/informacao-da-publicacao/-/asset_publisher/6JYIsG-MAMkW1/document/id/487417. Acesso em: 25 jun. 2020.

CAVALCANTI, Cacilda Rodrigues. **Federalismo e financiamento da educação básica no Brasil**: a assistência técnica e financeira da União aos entes federados subnacionais. Curitiba: Appris, 2019.

CERVEIRA, Neusah. Qual verdade? **Projeto História**, São Paulo, n. 34, p. 381-383, jun. 2007. Disponível em: https://revistas.pucsp.br/index.php/revph/article/view/2489. Acesso em: 01 ago. 2021.

CIANCIARULLO, Tamara Iwanow; PANHOCA, Ivone; BONINI, Luci Mendes de Melo (org.). **Políticas públicas**: estudos e casos. São Paulo: Ícone, 2014.

CHESNAIS, Francois. **As dívidas ilegítimas**. Lisboa: Temas e Debate, 2012.

CHIZZOTI, Antonio. **Pesquisa qualitativa em ciências humanas e sociais**. 4. ed. Petrópolis: Vozes, 1998.

COMPARATO, Fábio Konder; TÔRRES, Heleno Taveira; PINTO, Élida Graziane; SARLET, Ingo Wolfgang. Financiamento dos direitos à saúde e à educação: mínimos inegociáveis. **Consultor Jurídico** [*S.l.*]: s.n.], 2016. Disponível em: https://repositorio.usp.br/item/002783423. Acesso em: 28 jun. 2020.

CONFEDERAÇÃO NACIONAL DOS TRABALHADORES EM EDUCAÇÃO (CNTE). Dossiê – Privatização da e na educação: projetos societários em disputa. **Retratos da Escola**, Escola de Formação da Confederação Nacional dos Trabalhadores em Educação (Esforce), v. 11, n. 21, jul./dez. 2017. Brasília: CNTE, 2007. Disponível em: https://www.cnte.org.br/images/stories/retratos_da_escola/retratos_da_escola_21_2017.pdf. Acesso em: 12 jun. 2021.

CONFEDERAÇÃO NACIONAL DOS TRABALHADORES EM EDUCAÇÃO (CNTE). Dossiê – Políticas de financiamento no brasil contemporâneo. **Retratos da Escola**, Escola de Formação da Confederação Nacional dos Trabalhadores em Educação (Esforce), v. 15, n. 33, set./dez. 2021. Brasília: CNTE, 2021. Disponível em: https://retratosdaescola.emnuvens.com.br/rde/issue/view/43. Acesso em: 14 fev. 2022.

CONSELHO NACIONAL DE SECRETÁRIOS DE SÁUDE (Conass). **Painel Conass**: Covid-19. 22/10/2021. Disponível em: https://www.conass.org.br/painelconasscovid19/. Acesso em: 25 fev. 2022.

CONTI, José Maurício (coord.). **Dívida pública**. São Paulo: Edgar Blucher, 2018. (Série Direito Financeiro).

CRUZ, Rosana Evangelista da; JACOMINI, Márcia Aparecida. Produção acadêmica sobre financiamento da educação: 2000-2010. **Revista Brasileira de Estudos Pedagógicos RBEP-INEP**, Brasília, DF, v. 98, p. 347-370, maio-ago., 2017.

CUNDA, Daniela Zago Gonçalves da. **O dever fundamental à saúde e o dever fundamental à educação na lupa dos tribunais (para além) de contas**. Porto Alegre: Simplíssimo Livros, 2013.

CUNHA, Mateus Carvalho da. **Análise sobre a accountability dos pareceres prévios do tribunal de contas de municípios com maiores PIB(s) do Estado de São Paulo**. 2019. 141f. Dissertação (Mestrado em Gestão de Organizações e Sistemas Públicos) – Programa de Pós-Graduação em Gestão de Organizações e Sistemas Públicos, Universidade Federal de São Carlos, São Carlos, 2019.

DAVIES, Nicholas. **Fundef e o orçamento da educação**: desvendando a caixa preta. Campinas: Autores Associados, 1999.

DAVIES, Nicholas. **Verbas da educação**: o legal x o real. Niterói: Editora da Universidade Federal Fluminense, 2000.

DAVIES, Nicholas. **O Fundef e as verbas da educação**. São Paulo: Xamã, 2001a.

DAVIES, Nicholas. **Tribunais de contas e educação**: quem controla o fiscalizador dos recursos? Brasília, DF: Plano, 2001b.

DAVIES, Nicholas. **Financiamento da educação**: novos ou velhos desafios? São Paulo: Xamã, 2004.

DAVIES, Nicholas. Os tribunais de contas de São Paulo e sua avaliação dos gastos governamentais em educação. **EccoS – Revista Científica**, São Paulo, v. 8, n. 1, p. 173-191, jan./jun. 2006. Disponível em: https://www.redalyc.org/pdf/715/71580109.pdf. Acesso em: 14 fev. 2021.

DAVIES, Nicholas. **Fundeb**: a redenção da educação básica? Campinas: Autores Associados, 2008a.

DAVIES, Nicholas. O salário-educação: fragilidades e incoerências. **Revista Brasileira de Estudos Pedagógicos**, Brasília, DF, v. 89, p. 245-254, 2008b. Disponível em: http://rbep.inep.gov.br/ojs3/index.php/rbep/article/view/3707. Acesso em: 14 fev. de 2021.

DAVIES, Nicholas. **Legislação educacional federal básica**. 2. ed. São Paulo: Cortez, 2010.

DAVIES, Nicholas. Omissões, inconsistências e erros na descrição da legislação educacional. **Fineduca – Revista de Financiamento da Educação**, Porto Alegre, v. 1, n. 3, 2011. Disponível em: http://seer. ufrgs.br/fineduca. Acesso em: 20 out. 2020.

DAVIES, Nicholas. Levantamento bibliográfico sobre financiamento da educação no Brasil de 1988 a 2014. **Educação em Revista**, Marília, v. 15, n. 1, p. 91-162, jan.-jun., 2014. (Seção Especial). Disponível em: http://revistas.marilia.unesp.br/index.php/educacaoemrevista/article/view/4749/3469. Acesso em: 14 maio 2020.

DE SANCHEZ, Oswaldo. Tribunal de contas do estado de São Paulo: primeira fase – 1924 a 1930. **Revista do Tribunal de Contas do Estado de São Paulo**, São Paulo, n. 60, p. 27-36, ago.-set. 1989.

DEBES, Célio. **Tribunal de contas**: uma instituição. Edição comemorativa do centenário da criação do Tribunal de Contas no Brasil. São Paulo: Tribunal de Contas do Estado, 1990.

DIAS, Reinaldo; MATOS, Fernanda. **Políticas públicas**: princípios, propósitos e processos. São Paulo: Atlas, 2012.

DUARTE, Letícia; The Intercept Brasil. **Vaza jato**: os bastidores das reportagens que sacudiram o Brasil. Rio de Janeiro: Mórula, 2020.

EDUCAÇÃO EM FOCO. **Dossiê sobre carreiras docentes da educação básica no Brasil**: aportes de pesquisa, ano 15, n. 19, jun. 2012. Belo Horizonte: Faculdade de Educação/Campus BH/UEMG, 2012. Disponível em: https://revista.uemg.br/index.php/educacaoemfoco/article/view/244/207. Acesso em: 30 jun. 2021.

EDNIR, Mazda; BASSI, Marcos Edgar. **Bicho de sete cabeças**: para entender o financiamento da educação brasileira. São Paulo: Peirópolis, 2009.

FARIA, Carlos Aurélio Pimenta de (org.). **Implementação de políticas públicas**: teoria e prática. Belo Horizonte: Pontifícia Universidade Católica de Minas Gerais, 2012.

FARO, Marcus. **A sociedade civil e o monitoramento das instituições financeiras multilaterais**. Brasília, DF: Rede Brasil sobre Instituições Financeiras Multilaterais, 2005.

FATTORELLI, Maria Lucia. **Dívida externa**: questão de soberania. Rio de Janeiro: Contraponto, 2003.

FATTORELLI, Maria Lucia. **Alternativas de enfrentamento à crise**. Brasília, DF: Inove, 2011.

FATTORELLI, Maria Lucia. **Caderno de estudos – A dívida pública em debate**. Brasília, DF: Inove, 2012.

FATTORELLI, Maria Lucia (org.). **Auditoria cidadã da dívida dos estados**. Brasília, DF: Inove, 2013a.

FATTORELLI, Maria Lucia (org.). **Auditoria cidadã da dívida pública**: experiências e métodos. Brasília, DF: Inove, 2013b.

FATTORELLI, Maria Lucia. **Securitização**: consignado turbinado de recursos públicos. Auditoria Cidadã da Dívida. dez. 2020. Disponível em: https://auditoriacidada.org.br/conteudo/securitizacao-consignado-turbinado-de-recursos-publicos//. Acesso em: 14 maio 2020.

FERNANDES, Fabricio. As estratégias discursivas de perpetradores: reflexões sobre a ditadura militar brasileira. **ContraCorrente**, [S.l.], n. 2, p. 23-42, maio

2017. Disponível em: http://periodicos.uea.edu.br/index.php/contracorrente/article/view/467. Acesso: 27 jul. 2021.

FERNANDES, Maria Dilnéia Espindola. **Políticas de fundos e o financiamento da política educacional brasileira**. São Paulo: Amazon & Independently published, 2021. eBook Kindle.

FERREIRA, Carla; SCHERER, André (org.). **O Brasil frente à ditadura do capital financeiro**: reflexões e alternativas. Porto Alegre: Attac; Fundação Henrich Boll; Univates, 2005.

FERREIRA, Paulo Rubem Santiago. **O superávit primário e o financiamento federal da educação básica no Brasil**: o impacto do superávit primário no financiamento federal da educação básica (1999-2014). São Paulo: Dialética, 2021.

FREITAS, Carmen Laenia Almeida Maia de. **A política de financiamento da educação no Brasil**: uma análise dos programas federais a partir de Morada Nova no Ceará. Curitiba: Appris, 2020.

GASPARI, Elio. **A ditadura envergonhada**. São Paulo: Companhia das Letras, 2002a.

GASPARI, Elio. **A ditadura escancarada**. São Paulo: Companhia das Letras, 2002b.

GASPARI, Elio. **A ditadura derrotada**. São Paulo: Companhia das Letras, 2003.

GASPARI, Elio. **A ditadura encurralada**. São Paulo: Companhia das Letras, 2004.

GASPARI, Elio. **A ditadura acabada**. Rio de Janeiro: Intrínseca, 2006.

GATTI, Bernardete Angelina; BARRETO, Elba Siqueira de Sá; ANDRÉ, Marli Elisa Dalmazo Afonso de; ALMEIDA, Patrícia Cristina Albieri de. **Professores do Brasil**: novos cenários de formação. Brasília, DF: Unesco, 2019.

GHIRALDELLI, Paulo. **A filosofia explica Bolsonaro**. São Paulo: LeYa, 2019.

GOMES, Ciro. **Projeto nacional**: o dever da esperança. São Paulo: Leya, 2020.

GONÇALVES, Reinaldo; POMAR, Valter. **O Brasil endividado**. São Paulo: Fundação Perseu Abramo, 2000.

GOUVEIA, Andreia Barbosa; PINTO, José Marcelino de Rezende; FERNANDES, Maria Dilnéia Espíndola (org.). **Financiamento da educação no Brasil**: os desafios de gastar 10% do PIB em dez anos. Campo Grande: Oeste, 2015.

GRANADO, Antonio; PERES, Ursula Dias. Reforma tributária: aspectos importantes acerca da federação, atribuições dos entes e o financiamento da ação pública. **Cadernos Adenauer**, Rio de Janeiro, Fundação Konrad Adenauer, v. 11, n. 1, p. 45-61, 2010. Disponível em: https://www.kas.de/c/document_library/get_file?uuid=0c6038d9-7acf-ef37-12a2-7834b4beb344&groupId=252038. Acesso em: 21 jun. 2020.

HAIDAR, Rodrigo. Consultor Jurídico. **Íntegra do acórdão do mensalão tem 8.405 páginas**. 22/04/2013. Disponível em: https://www.conjur.com.br/2013-abr-22/supremo-publica-integra-acordao-mensalao-8405-paginas. Acesso em: 14 jun. 2021.

HOCHMAN, Gilberto; ARRETCHE, Marta; MARQUES, Eduardo (org.). **Políticas públicas no Brasil**. Rio de Janeiro: Fiocruz, 2007.

HOCHMAN, Gilberto; FARIA, Carlos Aurélio Pimenta de (org.). **Federalismo e políticas públicas no Brasil**. Rio de Janeiro: Fiocruz, 2013.

INSTITUTO BRASILEIRO DE SOCIOLOGIA APLICADA (IBSA). **Estado de São Paulo Fundeb 2020**: estimativas MEC receitas provenientes de impostos. [S./D.]. Disponível em: http://www.ibsa.org.br/projecoes/2020/balanco/Todos_Municipios.pdf. Acesso em: 14 set. 2020.

INSTITUTO BRASILEIRO DE SOCIOLOGIA APLICADA (IBSA). **Estado de São Paulo Fundeb 2020**: estimativas MEC receitas provenientes de impostos municípios que "ganham". [s./d.]. Disponível em: http://www.ibsa.org.br/projecoes/2020/balanco/Municipios_Ganham.pdf. Acesso em: 14 set. 2020.

INSTITUTO BRASILEIRO DE SOCIOLOGIA APLICADA (IBSA). **Estado de São Paulo Fundeb 2020**: estimativas MEC receitas provenientes de impostos municípios que "perdem", incluindo governo do estado. [s./d.]. Disponível em: http://www.ibsa.org.br/projecoes/2020/balanco/Municipios_Perdem.pdf. Acesso em: 14 set. 2020.

INSTITUTO NACIONAL DE ESTUDOS E PESQUISAS EDUCACIONAIS ANÍSIO TEIXEIRA (INEP). Financiamento e custos da educação. **Em Aberto**, Brasília, ano II, v. 2. n. 14, abr. 1983. Disponível em: http://portal.inep.gov.br/documents/ 186968/485895/Financiamento+e+custos+da+educa %C3%A7%C3%A3o/91b708ec-b583-4eb5-908 9-daaa15b478b2?version=1.3. Acesso em: 18 jun. 2020.

INSTITUTO NACIONAL DE ESTUDOS E PESQUISAS EDUCACIONAIS ANÍSIO TEIXEIRA (INEP). A educação na nova Constituição: recursos. **Em**

Aberto, Brasília, v. 08, n. 42, abr.-jun. 1989. Disponível em: http://portal.inep.gov.br/documents/ 186968/485895/A+educa%C3%A7%C3%A3o+na+nova+Constitui%C3%A7%C3%A3o+recursos/c6bf94a3-dd8d-4a11-851a-85325c7a40df?version=1.3. Acesso em: 18 2020.

INSTITUTO NACIONAL DE ESTUDOS E PESQUISAS EDUCACIONAIS ANÍSIO TEIXEIRA (INEP). Bibliografia: financiamento da educação no Brasil. **Em Aberto**, Brasília, v. 18, n. 74, p. 159-164, dez. 2001. Disponível em: http://portal.inep.gov.br/documents/ 186968/485895/Financiamento+da+educa%C3%A7%C3%A3o+no+Brasil/79f5c55d-64f2-4972-ab66-64abf605597d?version=1.3. Acesso em: 18 jun. 2020.

INSTITUTO NACIONAL DE ESTUDOS E PESQUISAS EDUCACIONAIS ANÍSIO TEIXEIRA (INEP). O Fundeb em perspectiva. **Em Aberto**, Brasília, v. 28, n. 93, p. 1-180, jan./jun. 2015. Disponível em: http://portal.inep.gov.br/documents/ 186968/485895/O+Fundeb+em+ perspectiva/e04c88f9-53d2-4f9b-9e80-1277fac4e516?version=1.3. Acesso em: 18 jun. 2020.

JACOMINI, Márcia Aparecida; STOCO, Sérgio (org.). **Política e gestão da educação na rede estadual paulista**: 1995-2018. São Paulo: Alameda, 2022.

JACOMINI, Márcia. Associação Nacional de Pesquisa em Financiamento da Educação (Fineduca). **Entrevista com Nicholas Davies**. Disponível em: https://seer.ufrgs.br/index.php/fineduca/article/view/124139/85089. Acesso em: 14 maio 2020.

KÖCHE, José Carlos. **Fundamentos de metodologia científica**: teoria da ciência e prática da pesquisa. 14. ed. rev. amp. Petrópolis: Vozes, 1997.

LEITE, Cristiane Kerches da Silva; PERES, Ursula Dias. Aproximações analíticas das trajetórias de políticas de educação e saúde no Brasil, Argentina e Chile (1980-2000). **Teoria e Cultura**, Juiz de Fora, Universidade Federal de Juiz de Fora, v.10, n. 1, p. 66-85, 2015. Disponível em: https://periodicos.ufjf.br/index.php/TeoriaeCultura/article/view/12249. Acesso em: 21 jun. 2020.

LIMONTI, Rogério Machado; PERES, Ursula Dias; CALDAS, Eduardo de Lima. Política de fundos na educação e desigualdades municipais no estado de São Paulo: uma análise a partir das arenas políticas de Lowi. **Revista de Administração Pública**, Rio de Janeiro, v. 48, n. 2, p. 389-410, abr. 2014. Disponível em: https://bibliotecadigital.fgv.br/ojs/index.php/rap/article/view/19641. Acesso em: 21 jun. 2020.

LO BELLO, Maria Fátima de Lima. **Alguns aspectos da cota federal do salário-educação**. São Paulo: Café, 1999.

LOPES, Suely Vieira. **Políticas de inserção de estudantes no ensino superior no Brasil de 1995 a 2020**: barreiras históricas de exclusão do jovem. 2020. 142f. Tese (Doutorado em Educação) – Programa de Pós-Graduação Stricto Sensu em Educação, Escola de Formação de Professores e Humanidades, Pontifícia Universidade Católica de Goiás (PUC-GO), Goiânia, 2020. Disponível em: http://tede2.pucgoias.edu.br:8080/handle/tede/4610. Acesso em: 14 maio 2021.

LOTTA, Gabriela (org.). **Teoria e análises sobre implantação de políticas públicas no Brasil**. Brasília, DF: Escola Nacional de Administração Pública, 2019.

LOUREIRO, Bráulio Roberto de Castro. **Reforma educacional neoliberal**: uma análise política da concessão de bônus do governo José Serra (2007-2010) aos professores da rede estadual paulista. 2011. 130f. Dissertação (Mestrado em Ciências Sociais) – Programa de Pós-Graduação em Ciências Sociais da Faculdade de Filosofia e Ciências da Universidade Estadual Paulista Universidade Estadual Paulista (Unesp), 2011. Disponível em: https://repositorio.unesp.br/handle/11449/89842?locale-attribute=en. Acesso em: 16 dez. 2021.

MANSO, Bruno Paes. **A república das milícias**: dos esquadrões da morte à era Bolsonaro. São Paulo: Todavia, 2020.

MARQUES, Eduardo; FARIA, Carlos Aurélio Pimenta de (org.). **A política pública como campo multidisciplinar**. São Paulo: Universidade Estadual Paulista Universidade Estadual Paulista (Unesp); Rio de Janeiro: Fundação Oswaldo Cruz, 2013.

MARTINI, Luana Mendes. **Tribunal de contas e controle social**: uma análise das representações com decisão, apresentadas ao tribunal de contas do estado de São Paulo em 2013 e 2014. 2015. 142f. Dissertação (Mestrado Profissional em Gestão de Políticas e Organizações Públicas) – Escola Paulista de Política, Economia e Negócios, Universidade Federal de São Paulo (Unifesp), Osasco, 2015.

MARX, Karl; ENGELS, Friedrich. **A ideologia alemã (Feuerbach)**. São Paulo: Boitempo, 2007.

MELO, Danila Vieira de Melo. **Quando vai falar de Idepe**, você fala de bônus: as influências do Índice de Desenvolvimento da Educação de Pernambuco (Idepe) nas escolas estaduais. 2015. 144f. Dissertação (Mestrado) – Programa de Pós-Graduação em Educação, Universidade Federal de Pernambuco, Centro de Educação, Recife, 2015. Disponível em: https://repositorio.ufpe.br/handle/123456789/16024. Acesso em: 16 dez. 2021.

MENEZES FILHO, Naercio Aquino; NUÑEZ, Diana Fekete. **Estimando os gastos privados com educação no Brasil**. Instituto de Ensino e Pesquisa (Insper). São Paulo, 2012. Centro de Políticas Públicas (CPP). Disponível em: https://www.insper.edu.br/wp-content/uploads/2018/09/Estimando-os-gastos-privados-com-educac%CC%A7a%CC%83o-no-Brasil.pdf. Acesso em: 20 maio 2020.

MIRANDA, Wender Fraga. **Antecedentes da aceitação e adoção da auditoria contínua no setor público brasileiro**: o caso do Tribunal de Contas do Estado de São Paulo. 2018. 134f. Tese (Doutorado em Contabilidade e Auditoria) – Programa de Pós-Graduação em Controladoria e Contabilidade, Departamento de Contabilidade e Atuária, Faculdade de Economia, Administração e Contabilidade, Universidade de São Paulo, São Paulo, 2018.

MONTANHOLI, Márcia de Souza. **Princípios da governança pública aplicada aos tribunais de contas do estado e município de São Paulo**. 2017. 127f. Dissertação (Mestrado em Ciências Contábeis e Atuariais) – Programa de Estudos Pós-Graduados em Ciências Contábeis e Atuariais, Pontifícia Universidade Católica de São Paulo, São Paulo, 2017.

MOREIRA, Eduardo. **Desigualdade & caminhos para uma sociedade mais justa**. 2. ed. Rio de Janeiro: Civilização Brasileira, 2019a.

MOREIRA, Eduardo. **O que os donos do poder não querem que você saiba**. Rio de Janeiro: Civilização Brasileira, 2019b.

MOREIRA, Eduardo. **Economia do desejo**: a farsa neoliberal. 2. ed. Rio de Janeiro: Civilização Brasileira, 2020.

MOURA, Priscila de Oliveira. **O sistema de bônus/prêmio na reforma Pacto pela Educação** (Seduc/Goiás 2011-2014). 2016. 112f. Dissertação (Mestrado em Educação) – Programa de Pós-Graduação em Educação, Universidade Federal de Goiás, Goiânia, 2016. Disponível em: https://repositorio.bc.ufg.br/tede/handle/tede/6320. Acesso em: 12 dez. 2021.

MOURA, Maurício; COBERLLINI, Juliano. **A eleição disruptiva**: por que Bolsonaro venceu. 2. ed. Rio de Janeiro: Record, 2019.

NASCIMENTO, Ana Paula do; MEDINA, Renata Rodrigues; CAMARGO, Rubens Barbosa de. Composição da remuneração dos docentes da rede estadual paulista (1996-2010). *In*: CAMARGO, Rubens Barbosa de; JACOMINI, Márcia Aparecida (org.). **Vencimento e remuneração docente no Brasil**: resultados de pesquisa. São Paulo: Xamã, 2015.

NASCIMENTO, Ana Paula do; MEDINA, Renata Rodrigues; CAMARGO, Rubens Barbosa de. Plano de cargos, carreira e remuneração do magistério público estadual de São Paulo em 2010: descrição e análises preliminares. *In*: CAMARGO, Rubens Barbosa de; JACOMINI, Márcia Aparecida (org.). **Valorização docente na educação básica**: análise de planos de carreira. Curitiba: Appris, 2018.

NASCIMENTO, Ana Paula Santiago do. A fiscalização da aplicação dos recursos vinculados à educação: uma análise do papel do Tribunal de Contas do Estado de São Paulo. **Revista Educação**, Belo Horizonte, MG, ano 12, n. 13, p. 139-160, jul. 2009. Disponível em: https://revista.uemg.br/index.php/educacaoemfoco/article/view/79/113. Acesso em: 05 de maio 2021.

NASCIMENTO, Iracema Santos do (org.). **Fundeb para valer!** A incidência política da Campanha Nacional pelo Direito à Educação na criação do Fundo da Educação Básica. São Paulo: Chiado Books, 2019.

NEGRI, Barjas; TORRES, Haroldo da Gama; CASTRO, Maria Helena Guimarães de (org.). **A educação básica no estado de São Paulo**: avanços e desafios. São Paulo: Seade/FDE, 2014.

NEVES, Rodrigo Meleu das; BANDEIRA, Denise Lindstrom. Análise das relações entre os setores público e privado na educação superior no âmbito do Fies. (Fineduca). **Revista de Financiamento da Educação**, Porto Alegre, RS, v. 11, n. 23, 2021. Disponível em: https://www.seer.ufrgs.br/fineduca/article/view/114001. Acesso em: 12 jan. 2022.

NICOLAU, Jairo. **O Brasil dobrou à direita**: uma radiografia da eleição de Bolsonaro em 2018. Rio de Janeiro: Zahar, 2020.

NOBRE, Marcos. **Ponto-final**: a guerra de Bolsonaro contra a democracia. São Paulo: Todavia, 2020.

NOBRE, Marcos. **Limites da democracia**: de junho de 2013 ao governo Bolsonaro. São Paulo: Todavia, 2022.

OLIVEIRA, Luciano. Brilhante Ustra e a verdade mais uma vez sufocada. **Revista Amálgama**, Revista Digital, 29 jul. 2016. Disponível em: https://www.revistaamalgama.com.br/07/2016/brilhante-ustra-a-verdade-mais-uma-vez-sufocada/. Acesso em: 27 jul. 2021.

OLIVEIRA, Vanessa Elias de. **Judicialização de políticas públicas no Brasil**. Rio de Janeiro: Fundação Oswaldo Cruz, 2019.

OSHIRO, Claudia Hiromi. **Efeito do pagamento de bônus aos professores sobre a proficiência escolar**. 2012. 67f. Dissertação (Mestrado em Economia Aplicada). –Programa de Pós-Graduação em Economia, Faculdade de Economia, Administração e Contabilidade de Ribeirão Preto, Universidade de São Paulo, 2012. Disponível em: https://teses.usp.br/teses/disponiveis/96/96131/tde-17042012-161016/pt-br.php. Acesso em: 13 dez. 2021.

OYAMA, Thaís. **Tormenta**: o governo Bolsonaro: crises, intrigas e segredos. São Paulo: Companhia das Letras, 2020.

PAIVA, Andressa Jackeline de Oliveira Mario e. **Análise censitária do perfil socioeconômico e desempenho acadêmico dos estudantes ProUni das Instituições de Ensino Superior Privadas sem fins lucrativos no Enade (2010-2017)**. 2020. 257f. Tese (Doutorado em: Educação) – Programa de Pós-Graduação em Educação. Pontifícia Universidade Católica de Campinas (PUC-Campinas), Campinas, 2020. Disponível em: http://tede.bibliotecadigital.puc-campinas.edu.br:8080/jspui/handle/tede/1319. Acesso em: 14 maio 2021.

PERES, Ursula Dias. **A influência da inflação no processo orçamentário antes e após o Plano Real. Estudo de caso**: execução orçamentária do estado de São Paulo no período de 1991 a 1997. 1999. 145f. Dissertação (Mestrado em Economia de Empresas) – Programa de Pós-Graduação em Administração Economia de Empresas, Fundação Getúlio Vargas, São Paulo, 1999. Disponível em: http://bibliotecadigital.fgv.br/dspace/handle/10438/5399. Acesso em: 20 maio 2020.

PERES, Ursula Dias. **Arranjo institucional do financiamento do ensino fundamental no Brasil**: considerações sobre os municípios brasileiros e estudo de caso do município de São Paulo no período de 1997 a 2006. 2207a. 298f. Tese (Doutorado em Economia de Empresas) – Escola de Economia de Empresas de São Paulo, Curso de Doutorado em Administração Pública e Governo, Fundação Getúlio Vargas, São Paulo, 2007a. Disponível em: https://bibliotecadigital.fgv.br/dspace/bitstream/handle/10438/1767/UrsulaDiasPeres10082007.pdf?sequence=3&isAllowed=y. Acesso em: 17 jun. 2020.

PERES, Ursula Dias. Custos de transação e estrutura de governança no setor público. **Revista Brasileira de Gestão de Negócios**, São Paulo, v. 9, p. 15-30, 2007b. Disponível em: http://www.spell.org.br/documentos/ver/6503/custos-de-transacao-e-estrutura-de-governanca-no-setor-publico/i/pt-br. Acesso em: 17 jun. 2020.

PERES, Ursula Dias. Os custos da educação: questões relevantes para governos e sociedade civil. **Economia & Pesquisa**, Araçatuba, v. 9, p. 8-30, 2007c. Disponível em: http://www.feata.edu.br/downloads/revistas/economiaepesquisa/v9_artigo01_custos.pdf. Acesso em: 17 jun. 2020.

PERES, Ursula Dias. Conflito distributivo e incrementalismo na governança do orçamento público. *In*: OLIVIERI, Cecilia; MARTINELLI, Bruno (org.). **I Colóquio de Estudos em Gestão de Políticas Públicas**. Programa de Pós-Graduação em Gestão de Políticas Públicas Escola de Artes, Ciências e Humanidades – Universidade de São Paulo. São Paulo: EACH, 2016a. v. 1, p. 27-34. Disponível em: http://www5.each.usp.br/wp-content/uploads/2016/11/I-Col%C3%B3quio-de-Estudos-em-Gest%C3%A3o-de-Pol%C3%ADticas-P%C3%BAblicas.pdf. Acesso em: 19 jun. 2020.

PERES, Ursula Dias. Financiamento e políticas públicas educacionais: perspectiva normativa, dilemas e mudanças recentes. **Revista Parlamento e Sociedade**, São Paulo, SP, v. 4, p. 1-152, jul./dez. 2016b. Disponível em: https://www.al.sp.gov.br/alesp/biblioteca-digital/obra/?id=22731. Acesso em: 19 jun. 2020.

PERES, Ursula Dias. PEC 241/55: redução do Estado, aumento da desigualdade. **Revista do Conselho Federal de Economia**, ano VII, n. 22, p. 17-26, dez. 2016c. Disponível em: http://cofecon.org.br/downloads/revistas/2016/RevistaEconomistas22Dezembro2016.pdf. Acesso em: 25 maio 2020.

PERES, Ursula Dias. Políticas sociais no Brasil: questões concernentes a sua implementação, intersetorialidade e financiamento. *In*: OLIVIERI, Cecilia; MARTINELLI, Bruno (org.). **I Colóquio de Estudos em Gestão de Políticas Públicas**. Programa de Pós-Graduação em Gestão de Políticas Públicas Escola de Artes, Ciências e Humanidades – Universidade de São Paulo. São Paulo: EACH, 2016d. v. 1, p. 51-55. Disponível em: http://www5.each.usp.br/wp-content/uploads/2016/11/I-Col%-C3%B3quio-de-Estudos-em-Gest%C3%A3o-de-Pol%C3%ADticas-P%C3%BAblicas.pdf. Acesso em: 19 jun. 2020.

PERES, Ursula Dias. Análise de governança do orçamento público. *In*: MARQUES, Eduardo Cesar Leão (org.). **As políticas do urbano em São Paulo**. São Paulo: Universidade Estadual Paulista, 2018a. v. 1, p. 111-140.

PERES, Ursula Dias. Orçamento-programa: incrementalismo, racionalismo e política. *In*: PIRES, Valdemir; SATHLER, Andre Rehbein (org.). **Gestão orçamentária inovadora**: desafios e perspectivas no Brasil. Brasília, DF: Senado Federal/Coordenação de Edições Técnicas, 2018b. v. 1, p. 80-106. Disponível em: https://

www2.senado.leg.br/bdsf/bitstream/handle/id/553045/gestao_inovadora.pdf. Acesso em: 25 jun. 2020.

PERES, Ursula Dias; MATTOS, Bruna Barcellos. A participação social e o conflito distributivo na planificação e orçamentação públicas: o caso do município de São Paulo. **Cadernos de Gestão Pública**, São Paulo, SP, v. 22, p. 456-477, 2017. Disponível em: http://bibliotecadigital.fgv.br/ojs/index.php/cgpc/article/view/70274. Acesso em: 19 jun. 2020.

PERES, Ursula Dias; MENDONCA, Patrícia Maria Emerenciano de; VARGAS, Diego Vasconcellos (org.). **II Colóquio de Estudos em Gestão de Políticas Públicas e III Colóquio de Estudos em Gestão de Políticas Públicas**. São Paulo: EACH/USP, 2019. v. 1. Disponível em: http://www5.each.usp.br/wp-content/uploads/2019/11/Livro-v3.0-II-e-III-Col%C3%B3quios.retificado1.pdf. Acesso em: 19 jun. 2020.

PERES, Ursula Dias; SANTOS, Fábio Pereira dos. Orçamento federal: avanços e contradições na redução da desigualdade social (1995-2016). *In*: ARRETCHE, Marta; MARQUES, Eduardo; FARIA, Carlos Alberto Pimenta de (org.). **As políticas da política desigualdades e inclusão nos governos do PSDB e do PT**. São Paulo: Universidade Estadual Paulista, 2019. p. 103-132.

PERES, Ursula Dias; SANTOS, Fábio Pereira dos. Gasto público e desigualdade social. O orçamento do governo federal brasileiro entre 1995 e 2016. **Revista Brasileira de Ciências Sociais**, São Leopoldo, RS, v. 35, n. 103, 2020. Disponível em: https://www.scielo.br/j/rbcsoc/a/tmTgwdLgwtqr5xstkzgwprG/?lang=pt. Acesso em: 21 jun. 2020.

PIDHDD, CDES. **Donde está lo que nos prestaron? Deuda externa, deudas ilegitimas y auditorias**. Equador: CDES, 2004.

PINAUD, João Luiz Duboc. **Dívida contra o direito**. São Paulo: Cedi, 1992.

PINTO, Élida Graziane. **Financiamento de direitos fundamentais**: políticas públicas vinculadas, estabilização monetária e conflito distributivo no orçamento da União do pós-Plano Real. Belo Horizonte: O Lutador, 2010.

PINTO, Élida Graziane. Controle das políticas governamentais e qualidade dos gastos públicos: a centralidade do ciclo orçamentário. **Revista do Tribunal de Contas do Estado de Minas Gerais**, Belo Horizonte, MG, v. 33, p. 8-12, 2015. Disponível em: https://revista.tce.mg.gov.br/revista/index.php/TCEMG/article/view/54/16. Acesso em: 18 ago. 2020.

PINTO, Élida Graziane. **Financiamento dos direitos à saúde e à educação**: uma perspectiva constitucional. 2. ed. Belo Horizonte: Fórum, 2017.

PINTO, José Marcelino Rezende. Plano Nacional de Educação: proposta da sociedade brasileira (Consolidado na Plenária de Encerramento do II CONED). *In*: CONGRESSO NACIONAL DE EDUCAÇÃO. **Anais** [...] Belo Horizonte, n. 2, nov., MG, 1997.

PINTO, José Marcelino Rezende. **Os recursos para a educação no Brasil no contexto das finanças públicas**. Brasília, DF: Plano, 2000.

PINTO, José Marcelino Rezende; ARAUJO, Luís (org.). **Público x privado em tempos de golpe**. São Paulo: Fundação Lauro Campos; Fineduca, 2017.

PINTO, José Marcelino Rezende; CARREIRA, Denise. **Custo aluno-qualidade inicial**: rumo à educação pública de qualidade no Brasil. São Paulo: Global, 2007.

PINTO, José Marcelino Rezende; CNDE; CARREIRA, Denise. **Educação pública de qualidade**: quanto custa esse direito? São Paulo: Campanha Nacional pelo Direito à Educação, 2010.

PINTO, José Marcelino Rezende; GOUVEIA, Andrea Barbosa; CORBUCCI, Paulo Roberto (org.). **Federalismo e políticas educacionais na efetivação do direito à educação**. Brasília: Instituto de Pesquisa Econômica Aplicada, 2011.

PINTO, José Marcelino Rezende; GOUVEIA, Andrea Barbosa; FERNANDES, Maria Dilneia Espíndola (org.). **Financiamento da educação no Brasil**: os desafios de gastar 10% do PIB em 10 anos. Campo Grande: Oeste, 2015.

PINTO, José Marcelino Rezende; SOUZA, Silvana Aparecida de (org.). **Para onde vai o dinheiro?** Caminhos e descaminhos do financiamento da educação. São Paulo: Xamã, 2014.

PRATES, Vlademir Ribeiro. **Despesas públicas**: conceito e classificações. 24/09/2018. Disponível em: https://cienciaenegocios.com/despesas-publicas--conceito-e-classificacoes/. Acesso em: 10 jul. 2021.

PRETI Dino (org.). **O discurso oral culto**. 2. ed. São Paulo: Humanitas Publicações; Faculdade de Filosofia, Letras e Ciências Humanas/Universidade de São Paulo, 1999. v. 2. (Projetos Paralelos).

QUIRINO, Simony Rafaeli. Orçamento público como fonte de estudos educacionais. Fineduca – **Revista de Financiamento da Educação**, Porto Alegre, RS, v. 1, n. 9, 2011. Disponível em: http://seer.ufrgs.br/fineduca. Acesso em: 20 maio 2020.

REED, Lawrence W. **Desculpe-me socialista**: desmascarando as 50 mentiras mais contadas pela esquerda. Barueri: Faro Editorial, 2019.

ROCHA, João Cezar de Castro. **Guerra cultural e retórica do ódio**: crônicas de um Brasil pós-político. Goiânia: Caminhos, 2021.

ROCHA JÚNIOR. Orandes Carlos da. **Avaliação docente no ensino público estadual paulista de São Paulo**: a bonificação por resultado na opinião do professor. 2012. 91f. Dissertação (Mestrado em Educação: Currículo) – Programa de Pós-Graduação em Educação: Currículo. Pontifícia Universidade Católica de São Paulo, 2012. Disponível em: https://tede2.pucsp.br/handle/handle/9658. Acesso em: 10 dez. 2021.

RODRIGUES, João; ASKENAZY, Philippe; COUTROT, Thomas; ORLÉAN, André; STERDYNIAK, Henri. **Manifesto dos economistas aterrados – Crise e dívida na Europa**: 10 falsas evidências, 22 medidas para sair do impasse. Lisboa: Actual, 2012.

RODRIGUES, Ricardo Schneider **Os tribunais de contas e o mínimo existencial em educação**: fundamentos para uma atuação forte. Belo Horizonte: Fórum, 2020. (e-book).

ROGERRO, Rosemary; COSTA, Ana Araújo; PISANESCHI, Lucilene Schunck C. **Financiamento da educação básica e a escola como agência multifuncional na sociedade neoliberal**. São Paulo: BT Acadêmica, 2020. (e-book Kindle).

SAINT-CLAIR, Clóvis. **Bolsonaro**: o homem que peitou o exército e desafia a democracia. Rio de Janeiro: Máquina de Livros, 2018.

SANTOS, Alfredo Sérgio Ribas dos. **Financiamento da educação no Brasil**: o estado da arte e a constituição do campo (1996 a 2010). Jundiaí: Paco Editorial, 2013.

SANTOS, Alfredo Sérgio Ribas dos. **Financiamento da educação pública no Brasil:** estudo bibliométrico da Biblioteca Digital Brasileira de Teses e Dissertações (BDTD) – 1996 a 2015. Curitiba: CRV, 2017.

SANTOS, Clarissa Grahl dos. As esquerdas pelas direitas: memória sobre a luta armada e atuação política de direita em livros escritos por militares que atuaram em órgãos de repressão durante a ditadura civil-militar. *In*: Encontro Estadual de História "1964-2014: Memórias, Testemunhos e Estado", 11 a 14 de agosto de 2014. **Anais** [...]. Florianópolis: ANPUH-SC, Universidade Federal de Santa Catarina, 2014.

SANTOS, Clarissa Grahl dos. **Das armas às letras**: os militares e a constituição de um campo memorialístico de defesa à ditadura empresarial militar. 2016. 184f. Dissertação (Mestrado em História Cultural) – Programa de Pós-Graduação em História da Universidade Federal de Santa Catarina, Florianópolis, 2016. Disponível em: https://repositorio.ufsc.br/bitstream/handle/123456789/175898/345661. pdf?sequence=1&isAllowed=y. Acesso em: 5 ago. 2021.

SANTOS, Maria José dos. **Hibridismo administrativo**: marcas da estrutura organizacional da SEE-SP (1846-2018). 2019. 280f. Dissertação (Mestrado em Educação) – Programa de Pós-Graduação em Educação. Faculdade de Educação Universidade Estadual de Campinas, 2019. Disponível em: https://1library.org/document/download/q7rg4mky?page=1. Acesso em: 2 jan. 2022.

SÃO PAULO. Assembleia Legislativa do Estado de São Paulo. 20/06/2000. **CPI Educação** – 14ª Legislatura. Discussão e votação do relatório final. Disponível em: https://www.al.sp.gov.br/comissao/ata/?idAta=1155&comissao=99982&legislatura=14. Acesso em: 20 nov. 2021.

SÃO PAULO. Ministério Público de Contas do Estado de São Paulo. Procuradoria-Geral. **Representações sobre mudança na metodologia de cálculo dos recursos do Fundeb na RCL**: exercício 2019. 2020. Disponível em: http://www.mpc.sp.gov.br/wp-content/uploads/2014/06/TC-A-7019-026-19-Metodologia-de--Contabiliza%C3%A7%C3%A3o-do-Fundeb-na-RCL.pdf. Acesso em: 28 set. 2020.

SÃO PAULO. Ministério Público de Contas do Estado de São Paulo. **Estudo feito por procuradoria sobre o cômputo de gastos previdenciários com inativos fundamenta nova ADI**. 13/11/2020. Disponível em: http://www.mpc.sp.gov. br/estudo-feito-por-procuradoria-sobre-o-computo-de-gastos-previdenciarios--com-inativos-fundamenta-nova-adi/. Acesso em: 14 jul. 2021.

SÃO PAULO. Ministério Público de Contas do Estado de São Paulo. 2ª Procuradoria. **Informa contabilização irregular de gastos com inativos no dever de aplicação mínima de recursos em manutenção e desenvolvimento do ensino**. Contas do Governador: exercício de 2016. 2017. Disponível em: http://www.mpc.sp.gov.br/wp-content/uploads/2020/08/Oficio-Inativos-contabilizados-nos-pisos-constitucionais-.pdf. Acesso em: 22 nov. 2021.

SÃO PAULO. Ministério Público de Contas do Estado de São Paulo. 2ª Procuradoria. **Contas anuais da Prefeitura Municipal de Campinas**: exercício de 2013. 2014. Disponível em: http://www.mpc.sp.gov.br/wp-content/uploads/2015/10/Campinas-PM-1564-026-13-Parecer-Desfavor%C3%A1vel-aplica%C3%A7%C3%A3o-no-

-ensino-de-aporte-para-cobertura-de-d%C3%A9ficit-previdenci%C3%A1rio.pdf. Acesso em: 22 nov. 2021.

SÃO PAULO. Secretaria de Estado da Educação. Índice de Desenvolvimento da Educação Básica (Idesp). **Programa qualidade da escola**: boletim da escola (2007 a 2018). 2019. Disponível em: http://idesp.edunet.sp.gov.br/arquivos2007/000024. pdf. Acesso em: 20 dez. 2020.

SÃO PAULO. Secretaria de Estado da Educação. **A nova estrutura administrativa da Secretaria da Educação do Estado de São Paulo**: por uma gestão de resultado com foco no desempenho do aluno. Coordenação e execução, Sebastião Aguiar; edição final, Cesar Mucio Silva. São Paulo: Secretaria da Educação, 2013.

SÃO PAULO. Tribunal de Contas do Estado de São Paulo. **Histórico**. [s./d.]. Disponível em: https://www.tce.sp.gov.br/historico. Acesso em: 02 abr. 2020.

SÃO PAULO. Tribunal de Contas do Estado de São Paulo. **Legislação histórica estadual**. [s./d.]. Disponível em: https://www.tce.sp.gov.br/historico. Acesso em: 20 abr. 2020.

SÃO PAULO. Tribunal de Contas do Estado de São Paulo. **Despacho TC-005980.989.19-8**. 15/02/2019. Disponível em: https://www.tce.sp.gov.br/sites/default/files/noticias/Despacho-TCESP%20x%20Fundeb-2018.pdf. Acesso em: 22 abr. 2021.

SECCHI, Leonardo; COELHO, Fernando de Souza; PIRES, Valdemar (org.). **Políticas públicas**: conceitos, casos práticos, questões de concurso. 3. ed. São Paulo: Cengage, 2019.

SEVERINO, Antônio Joaquim. **Metodologia do trabalho científico**. São Paulo: Cortez, 2007.

SINOTTI, Evandro. **Não, Sr. Comuna**: guia para desmascarar as falácias esquerdistas. Pirassununga: Sinotti, 2015.

SINOTTI, Evandro. **Não, Sr. Comuna**: guia para desmascarar as falácias esquerdistas. Pirassununga: Sinotti, 2018. v. 2.

SLOMSKI, Valmor; PERES, Ursula Dias. As despesas públicas no orçamento: gasto público eficiente e a modernização da gestão pública. *In:* CONTI, José Maurício; SCAFF, Fernando Facury (org.). **Orçamentos públicos e direito financeiro**. São Paulo: Revista dos Tribunais, 2011. p. 911-932.

SOUSA, Geovane Oliveira de. **Politização nos tribunais de contas**: o caso do Estado de São Paulo. 2019. 84f. Dissertação (Mestrado em Políticas Públicas) – Programa de Pós-Graduação em Políticas Públicas, Fundação Universidade Federal do ABC, São Bernardo do Campo, 2019.

SOUSA NETO, Marcelo de. **O Fundef e o financiamento da educação**: desvendando trilhas. Teresina: Editora da Universidade Estadual do Piauí, 2019. (e-book Kindle).

SOUZA, Jessé. **A elite do atraso**: da escravidão a Bolsonaro. ed. ver. e ampl. Rio de Janeiro: Estação Brasil, 2019.

SOUZA, Jessé. **Como o racismo criou o Brasil**. Rio de Janeiro: Estação Brasil, 2021.

SOUZA, Marcelo Lopes de; ALVES, Fabiana de Assis; MORAES, Gustavo Henrique (org.). **Custo aluno qualidade (CAQ)**: contribuições conceituais e metodológicas. Brasília, DF: Instituto Nacional de Estudos e Pesquisas Educacionais Anísio Teixeira, 2021.

SOUZA, Samantha Castro Vieira de; CHAVES, Vera Lúcia Jacob. Financiamento estudantil público e a expansão do ensino superior privado no Brasil: o caso da Rede Wyden Educacional. (Fineduca). **Revista de Financiamento da Educação**, Porto Alegre, RS, v. 11, n. 22, 2021. Disponível em: https://www.seer.ufrgs.br/fineduca/article/view/111935. Acesso em: 14 jan. 2022.

SOUZA, Suelen Batista. **Formulação da bonificação por resultados paulista**: análise de arenas e redes políticas. 2019. 67f. Dissertação (Mestrado em Educação) – Programa de Pós-Graduação em Educação, Universidade Estadual de Campinas, Campinas, 2019. Disponível em: https://bdtd.ibict.br/vufind/Record/CAMP_8af94b6d7cc530298816d8e605f41c1f. Acesso em: 18 dez. 2021.

SPINELI, Giovanni Gonçalves Ferreira. **O absenteísmo laboral docente em uma escola estadual de São José dos Campos e sua relação com o bônus mérito**. 2009. 91f. Dissertação (Mestrado em Educação) – Programa de Pós-Graduação em Educação: História, Política e Sociedade. Pontifícia Universidade Católica de São Paulo, 2009. Disponível em: https://sapientia.pucsp.br/handle/handle/10710. Acesso em: 10 dez. 2021.

THOMAZINI, Leandro. Jornada e vencimento de professores da educação básica no estado de São Paulo: uma análise a partir da lei do piso salarial profissional nacional (2009-2015). *In*: BASSI, Marcos Edgar; FERNANDES, Maria Dilnéia Espíndola; ROLIM, Rosana Maria Gemaque (org.). **Remuneração de profes-**

sores da educação básica sob a ótica dos pesquisadores e pesquisadoras em formação. Curitiba: Appris, 2018. v. 3.

TOUSSAINT, Eric. **A bolsa ou a vida**. São Paulo: Fundação Perseu Abramo, 2001.

TOUSSAINT, Eric; MILLET, Damien. **50 perguntas e 50 respostas sobre dívida, o FMI e o Banco Mundial**. São Paulo: Boitempo, 2006.

TOUSSAINT, Eric; MILLET, Damien. **A crise da dívida**: auditar, anular, alternativa política. Lisboa: Temas e Debates, 2013.

TRIBUNA DE ITUVERAVA. **Robson Marinho reassume cadeira de conselheiro no TCE em SP após 7 anos afastado por suspeita de corrupção no caso Alstom**. 18/01/2022. Disponível em: https://www.tribunadeituverava.com.br/robson-marinho-reassume-cadeira-de-conselheiro-no-tce-em-sp-apos-7-anos--afastado-por-suspeita-de-corrupcao-no-caso-alstom/. Acesso em: 26 fev. 2022.

TRIBUNAL DA DÍVIDA EXTERNA. **A vida acima da dívida**. Rio de Janeiro: Oficina do Autor, 2000.

UNIVERSIDADE FEDERAL DE VIÇOSA. **Você conhece a diferença entre empenho, liquidação e pagamento?** Abr. 2021. Disponível em: https://dia.caf.ufv.br/informativo/voce-conhece-a-diferenca-entre-empenho-liquidacao-e-pagamento/. Acesso em: 12 nov. 2021.

UNIVERSIDADE FEDERAL DO PARANÁ. Superintendência de Comunicação Social. **Simulador desenvolvido na UFPR contribui para o planejamento dos recursos para a educação**. 04/08/2020. Disponível em: https://www.ufpr.br/portalufpr/noticias/simulador-desenvolvido-na-ufpr-contribui-para-o-planejamento-dos-recursos-para-a-educacao/. Acesso em: 19 jul. 2021.

USTRA, Carlos Alberto Brilhante. **Rompendo o silêncio**. São Paulo: Supervirtual, 2003.

USTRA, Carlos Alberto Brilhante. **A verdade sufocada**. 13. ed. São Paulo: Ser, 2016.

VASCONCELOS, Luís Antônio. **O bônus professor**. 2006. 154f. Dissertação (Mestrado em Educação) – Programa de Pós-Graduação em Educação, Universidade Metodista de São Paulo, São Bernardo do Campo, 2006. Disponível em: http://tede.metodista.br/jspui/bitstream/tede/1061/1/Luis%20Antonio%20Vasconcelos.pdf. Acesso em: 12 dez. 2021.

VITURI, Renée Coura Ivo. **Fundo de Financiamento Estudantil (Fies) para o ensino superior privado**: acesso, processos e contradições. 2014. 178f. Dissertação

(Mestrado em Educação: Currículo) – Programa de Pós-Graduação em Educação: Currículo, Pontifícia Universidade Católica de São Paulo, 2014. Disponível em: https://tede2.pucsp.br/handle/handle/9808. Acesso em: 14 maio 2021.

VITURI, Renée Coura Ivo. **Fundo de Financiamento Estudantil (Fies) para o ensino superior privado**: trajetórias de vida de graduadas e graduados financiados pelo programa – das tramas aos dramas (1999 a 2018). 2019. 394f. Tese (Doutorado em Educação: Currículo) – Programa de Pós-Graduação em Educação: Currículo, Pontifícia Universidade Católica de São Paulo, 2019. Disponível em: https://tede2. pucsp.br/handle/handle/22055. Acesso em: 14 maio 2021.

VOORWALD, Herman Jacobus Cornelis; PALMA FILHO, João Cardoso. **Políticas públicas e educação**: diálogo e compromisso. São Paulo: Imprensa Oficial Governo do Estado de São Paulo, 2013. v. 1.

VOORWALD, Herman Jacobus Cornelis; SOUZA, Valéria. **Políticas públicas e educação**: o novo modelo de escola em tempo integral. São Paulo: Secretaria da Educação, Governo do Estado de São Paulo, 2014. v. 2.

XAVIER NETO, Lauro Pires; LACKS, Solange. **Políticas públicas e financiamento da educação**. Publicação Independente: Amazon, 2019. (e-book Kindle).

XIMENES, Salomão Barros. A execução orçamentária da educação no primeiro mandato do governo Lula e suas perspectivas. *In*: NASCIMENTO, Iracema (org.). **Financiamento da educação no governo Lula**: insumos para o debate. São Paulo: Campanha Nacional pelo Direito à Educação, 2009. p. 8-32.

XIMENES, Salomão Barros. Vinculação de recursos e desequilíbrios no financiamento da educação: potencialidades e limites da atuação supletiva e redistributiva da União com o fim gradativo da DRU. *In*: CONTI, José Maurício; BRAGA, Carlos; SCAFF, Fernando (org.). **Federalismo fiscal**: questões contemporâneas. Florianópolis: Conceito Editorial, 2010. p. 385-406.

XIMENES, Salomão Barros. A importância da Lei do Piso para a efetivação do direito à educação no Brasil. *In*: XIMENES, Salomão Barros (coord.) (org.). **Lei do piso**: debates sobre a valorização do magistério e o direito à educação. 7. ed. São Paulo: Ação Educativa; Campanha Nacional pelo Direito à Educação, 2012. p. 41-44.

XIMENES, Salomão Barros. Custo aluno-qualidade: um novo paradigma para o direito à educação e seu financiamento. *In*: ABMP; Todos pela Educação (org.). **Justiça pela qualidade na educação**. São Paulo: Saraiva, 2013. p. 312-334.

LEGISLAÇÕES

BRASIL. Câmara dos Deputados. **Proposta de Emenda à Constituição n.º 15, de 2015**. Fundeb: texto aprovado na câmara dos deputados novo mecanismo redistributivo: resultados esperados, avaliação e proposta de regulamentação. Estudo Técnico n.º 22/2020. jul. Brasília, DF, 2020. Disponível em: https://www2.camara.leg.br/orcamento-da-uniao/estudos/2020/ETn22_2020PEC15_2015FUNDEBAprovado_Cmara.pdf. Acesso em: 22 jun. 2021.

BRASIL. Câmara dos Deputados. **Proposta de Emenda à Constituição n.º 135, de 2019**. Acrescenta o § 12 ao art. 14, da Constituição Federal, dispondo que, na votação e apuração de eleições, plebiscitos e referendos, seja obrigatória a expedição de cédulas físicas, conferíveis pelo eleitor, a serem depositadas em urnas indevassáveis, para fins de auditoria. Disponível em: https://www.camara.leg.br/proposicoesWeb/fichadetramitacao?idProposicao=2220292. Acesso em: 15 ago. 2021.

BRASIL. Câmara dos Deputados. **Projeto de Lei n.º 10.880, de 2018**. Inclui art. 11-A na Lei n.º 11.494, de 20 de junho de 2007, para dispor sobre destinação de sobras orçamentárias do Fundo de Manutenção e Desenvolvimento da Educação Básica e de Valorização dos Profissionais da Educação (Fundeb). Disponível em: https://www.camara.leg.br/proposicoesWeb/fichadetramitacao?idproposicao=218326. Acesso em: 19 mar. 2021.

BRASIL. Câmara dos Deputados. **Projeto de Lei n.º 4.372, de 2020**. Regulamenta o Fundo de Manutenção e Desenvolvimento da Educação Básica e de Valorização dos Profissionais da Educação (Fundeb), de que trata o art. 212-A da Constituição Federal; e dá outras providências. Brasília, DF, 2020. Disponível em: https://legis.senado.leg.br/sdleg-getter/documento?dm=8912935&ts=1625656197575&disposition=inline. Acesso em: 22 jun. 2021.

BRASIL. Fundo Nacional de Desenvolvimento da Educação Básica/Ministério da Educação. **Salário-educação**: utilização dos recursos. Disponível em: https://www.fnde.gov.br/index.php/financiamento/salario-educacao/area-para-gestores/utilizacao-de-recursos. Acesso em: 25 abr. 2020.

BRASIL. Ministério da Educação. **Ideb SP 4ª série/5º ano**: resultados e metas de 2005 a 2021. 15 set. de 2020. Disponível em: http://ideb.inep.gov.br/resultado/resultado/resultado.seam?cid=8920639. Acesso em: 14 dez. 2020.

BRASIL. Ministério da Educação. **Ideb SP 8ª série/9º ano**: resultados e metas de 2005 a 2021. 15 set. de 2020. Disponível em: http://ideb.inep.gov.br/resultado/resultado/resultado.seam?cid=8920639. Acesso em: 14 dez. 2020.

BRASIL. Ministério da Educação. **Ideb SP 3ª série EM**: resultados e metas de 2005 a 2021. 15 set. de 2020. Disponível em: http://ideb.inep.gov.br/resultado/resultado/resultado.seam?cid=8920639. Acesso em: 14 dez. 2020.

BRASIL. Ministério da Educação. **Repasse mensal das cotas estadual e municipal do salário-educação por UF/região e esfera de governo 2007**. Fundo Nacional de Desenvolvimento da Educação. 2007. Disponível em: https://www.fnde.gov.br/index.php/centrais-de-conteudos/publicacoes/category/73-salario-educacao?download=2691:distribuicao-cota-estadual-municipal-2007. Acesso em: 12 jul. 2021.

BRASIL. Ministério da Educação. **Repasse mensal das cotas estadual e municipal do salário-educação por UF/região e esfera de governo 2008**. Fundo Nacional de Desenvolvimento da Educação. 2008. Disponível em: https://www.fnde.gov.br/index.php/centrais-de-conteudos/publicacoes/category/73-salario-educacao?download=2693:distribuicao-cota-estadual-municipal-2008. Acesso em: 12 jul. 2021.

BRASIL. Ministério da Educação. **Repasse mensal das cotas estadual e municipal do salário-educação por UF/região e esfera de governo 2009**. Fundo Nacional de Desenvolvimento da Educação. 2009. Disponível em: https://www.fnde.gov.br/index.php/centrais-de-conteudos/publicacoes/category/73-salario-educacao?download=2695:distribuicao-cota-estadual-municipal-2009. Acesso em: 12 jul. 2021.

BRASIL. Ministério da Educação. **Repasse mensal das cotas estadual e municipal do salário-educação por UF/região e esfera de governo 2010**. Fundo Nacional de Desenvolvimento da Educação. 2010. Disponível em: https://www.fnde.gov.br/index.php/centrais-de-conteudos/publicacoes/category/73-salario-educacao?download=4438:distribuicao-cota-estadual-municipal-2010. Acesso em: 12 jul. 2021.

BRASIL. Ministério da Educação. **Repasse mensal das cotas estadual e municipal do salário-educação por UF/região e esfera de governo 2011**. Fundo Nacional de Desenvolvimento da Educação. 2011. Disponível em: https://www.fnde.gov.br/index.php/centrais-de-conteudos/publicacoes/category/73-salario-educacao?download=5518:distribuicao-cota-estadual-munici-pal-2011. Acesso em: 12 jul. 2021.

BRASIL. Ministério da Educação. **Repasse mensal das cotas estadual e municipal do salário-educação por UF/região e esfera de governo 2012.** Fundo Nacional de Desenvolvimento da Educação. 2012. Disponível em: https://www.fnde.gov.br/index.php/centrais-de-conteudos/publicacoes/cate-gory/73-salario-educacao?download=7752:distribuicao-cota-estadual-munici-pal-2012. Acesso em: 12 jul. 2021.

BRASIL. Ministério da Educação. **Repasse mensal das cotas estadual e municipal do salário-educação por UF/região e esfera de governo 2013.** Fundo Nacional de Desenvolvimento da Educação. 2013. Disponível em: https://www.fnde.gov.br/index.php/centrais-de-conteudos/publicacoes/cate-gory/73-salario-educacao?download=8684:distribuicao-da-cota-estadual-mu-nicipal-dez-2013. Acesso em: 12 jul. 2021.

BRASIL. Ministério da Educação. **Repasse mensal das cotas estadual e municipal do salário-educação por UF/região e esfera de governo 2014.** Fundo Nacional de Desenvolvimento da Educação. 2014. Disponível em: https://www.fnde.gov.br/index.php/centrais-de-conteudos/publicacoes/cate-gory/73-salario-educacao?download=9339:distribuicao-da-cota-estadual-mu-nicipal-dezembro-2014. Acesso em: 12 jul. 2021.

BRASIL. Ministério da Educação. **Repasse mensal das cotas estadual e municipal do salário-educação por UF/região e esfera de governo 2015.** Fundo Nacional de Desenvolvimento da Educação. 2015. Disponível em: https://www.fnde.gov.br/index.php/centrais-de-conteudos/publicacoes/cate-gory/73-salario-educacao?download=9755:distribuicao-da-cota-estadual-mu-nicipal-dezembro-2015. Acesso em: 12 jul. 2021.

BRASIL. Ministério da Educação. **Repasse mensal das cotas estadual e municipal do salário-educação por UF/região e esfera de governo 2016.** Fundo Nacional de Desenvolvimento da Educação. 2016. Disponível em: https://www.fnde.gov.br/index.php/centrais-de-conteudos/publicacoes/cate-gory/73-salario-educacao?download=10688:estimativa-salario-educacao--dez-2016. Acesso em: 12 jul. 2021.

BRASIL. Ministério da Educação. **Repasse mensal das cotas estadual e municipal do salário-educação por UF/região e esfera de governo 2017.** Fundo Nacional de Desenvolvimento da Educação. 2017. Disponível em:

https://www.fnde.gov.br/index.php/centrais-de-conteudos/publicacoes/category/73-salario-educacao?download=11586:rel-dist-uf-regiao-mun-dez-2017. Acesso em: 12 jul. 2021.

BRASIL. Ministério da Educação. **Repasse mensal das cotas estadual e municipal do salário-educação por UF/região e esfera de governo 2018**. Fundo Nacional de Desenvolvimento da Educação. 2018. Disponível em: https://www.fnde.gov.br/index.php/centrais-de-conteudos/publicacoes/category/73-salario-educacao?download=13016:stl-arrecadacao-bruta-salario-educacao-dez-2018. Acesso em: 12 jul. 2021.

BRASIL. Ministério da Educação. Conselho Nacional de Educação/Conselho Pleno. **Parecer CNE/CP n.º 26/1997, aprovado em 2 de dezembro de 1997**. Financiamento da Educação na Lei n.º 9.394, de 1996. Disponível em: http://portal.mec.gov.br/cne/arquivos/pdf/PNCP2697.pdf. Acesso em: 20 jul. 2021.

BRASIL. Ministério da Educação. Conselho Nacional de Educação/Conselho Pleno. **Resolução CNE/CP n.º 2, de 22 de dezembro de 2017**. Institui e orienta a implantação da Base Nacional Comum Curricular, a ser respeitada obrigatoriamente ao longo das etapas e respectivas modalidades no âmbito da Educação Básica. Disponível em: http://portal.mec.gov.br/index.php?option=com_docman&view=download&alias=79631-rcp002-17-pdf&category_slug=dezembro-2017-pdf&Itemid=30192. Acesso em: 19 fev. 2021.

BRASIL. Ministério da Saúde. **Nota técnica n.º 242/2021-CITEC/CGGTS/ DGITIS/SCTIE/MS, de 8 de junho de 2021**. Disponível em: https://apoliticadefato.com/wp-content/uploads/2021/07/Nota-Tecnica-242-2021-CITEC-CGGTS-DGITIS-SCTIE.pdf. Acesso em: 24 jul. 2021.

BRASIL. Ministério da Saúde. **Nota técnica n.º 2/2022-SCTIE/MS, de 20 de janeiro de 2022**. Disponível em: http://conitec.gov.br/images/Audiencias_Publicas/Nota_tecnica_n2_2022_SCTIE-MS.pdf. Acesso em: 25 jan. 2022.

BRASIL. Ministério da Saúde. **Nota técnica n.º 3/2022-SCTIE/MS**. 2022. Disponível em: http://conitec.gov.br/images/Audiencias_Publicas/Nota_tecnica_n3_2022_SCTIE-MS.pdf. Acesso em: 24 fev. 2022.

BRASIL. Presidência da República. **Constituição da República dos Estados Unidos do Brasil, de 16 de julho de 1934**. Disponível em: http://www.planalto.gov.br/ccivil_03/constituicao/constituicao34.htm. Acesso em: 25 abr. 2020.

BRASIL. Presidência da República. **Constituição da República dos Estados Unidos do Brasil, de 10 de novembro de 1937**. Disponível em: http://www.planalto.gov.br/ccivil_03/constituicao/constituicao37.htm. Acesso em: 25 abr. 2020.

BRASIL. Presidência da República. **Constituição da República dos Estados Unidos do Brasil, de 18 de setembro de 1946**. Disponível em: http://www.planalto.gov.br/ccivil_03/constituicao/constituicao46.htm. Acesso em: 25 abr. 2020.

BRASIL. Presidência da República. **Constituição da República Federativa do Brasil de 1967**. Disponível em: http://www.planalto.gov.br/ccivil_03/constituicao/constituicao67.htm. Acesso em: 25 abr. 2020.

BRASIL. Presidência da República. **Constituição da República Federativa do Brasil de 1988**. Disponível em: http://www.planalto.gov.br/ccivil_03/constituicao/constituicao.htm. Acesso em: 25 abr. 2020.

BRASIL. Presidência da República. **Decreto n.º 2.264, de 27 de junho de 1997**. Regulamenta a Lei n.º 9.9424, 24 de dezembro de 1996, no âmbito federal, e determina outras providências. Disponível em: http://www.planalto.gov.br/ccivil_03/decreto/D2264.htm. Acesso em: 25 abr. 2020.

BRASIL. Presidência da República. **Decreto n.º 6.253, de 13 de novembro de 2007**. Dispõe sobre o Fundo de Manutenção e Desenvolvimento da Educação Básica e de Valorização dos Profissionais da Educação (Fundeb), regulamenta a Lei n.º 11.494, de 20 de junho de 2007, e dá outras providências. Disponível em: http://www.planalto.gov.br/ccivil_03/_Ato2007-2010/2007/Decreto/D6253.htm. Acesso em: 25 abr. 2020.

BRASIL. Presidência da República. **Decreto n.º 10.656, de 22 de março de 2021**. Regulamenta a Lei n.º 14.113, de 25 de dezembro de 2020, que dispõe sobre o Fundo de Manutenção e Desenvolvimento da Educação Básica e de Valorização dos Profissionais da Educação. Disponível em: http://www.planalto.gov.br/ccivil_03/_ato2019-2022/2021/decreto/D10656.htm. Acesso em: 15 maio 2021.

BRASIL. Presidência da República. **Emenda Constitucional n.º 1, de 17 de outubro de 1969**. Edita o novo texto da Constituição Federal de 24 de janeiro de 1967. Disponível em: http://www.planalto.gov.br/ccivil_03/constituicao/emendas/emc_anterior1988/emc01-69.htm. Acesso em: 25 abr. 2020.

BRASIL. Presidência da República. **Emenda Constitucional n.º 14, de 12 de setembro de 1996**. Modifica os arts. 34, 208, 211 e 212 da Constituição Federal e dá nova redação ao art. 60 do Ato das Disposições constitucionais transitórias.

Disponível em: http://www.planalto.gov.br/ccivil_03/Constituicao/Emendas/ Emc/emc14.htm. Acesso em: 18 jun. 2020.

BRASIL. Presidência da República. **Emenda Constitucional n.º 53, de 19 de dezembro de 2006**. Dá nova redação aos arts. 7º, 23, 30, 206, 208, 211 e 212 da Constituição Federal e ao art. 60 do Ato das Disposições Constitucionais Transitórias. Disponível em: http://www.planalto.gov.br/ccivil_03/Constituicao/ Emendas/Emc/emc53.htm. Acesso em: 18 jun. 2020.

BRASIL. Presidência da República. **Emenda Constitucional n.º 59, de 11 de novembro de 2009**. Acrescenta § 3º ao art. 76 do Ato das Disposições Constitucionais Transitórias para reduzir, anualmente, a partir do exercício de 2009, o percentual da Desvinculação das Receitas da União incidente sobre os recursos destinados à manutenção e desenvolvimento do ensino de que trata o art. 212 da Constituição Federal, dá nova redação aos incisos I e VII do art. 208, de forma a prever a obrigatoriedade do ensino de quatro a dezessete anos e ampliar a abrangência dos programas suplementares para todas as etapas da educação básica, e dá nova redação ao § 4º do art. 211 e ao § 3º do art. 212 e ao caput do art. 214, com a inserção neste dispositivo de inciso VI. Disponível em: https://www.planalto.gov. br/ccivil_03/Constituicao/Emendas/Emc/emc59.htm. Acesso em: 18 jun. 2020.

BRASIL. Presidência da República. **Emenda Constitucional n.º 95, de 15 de dezembro de 2016**. Altera o Ato das Disposições Constitucionais Transitórias, para instituir o Novo Regime Fiscal, e dá outras providências. Disponível em: https://www.planalto.gov.br/ccivil_03/constituicao/Emendas/Emc/emc95.htm. Acesso em: 18 jun. 2020.

BRASIL. Presidência da República. **Emenda Constitucional n.º 108, de 26 de agosto de 2020**. Altera a Constituição Federal para estabelecer critérios de distribuição da cota municipal do Imposto sobre Operações Relativas à Circulação de Mercadorias e sobre Prestações de Serviços de Transporte Interestadual e Intermunicipal e de Comunicação (ICMS), para disciplinar a disponibilização de dados contábeis pelos entes federados, para tratar do planejamento na ordem social e para dispor sobre o Fundo de Manutenção e Desenvolvimento da Educação Básica e de Valorização dos Profissionais da Educação (Fundeb); altera o Ato das Disposições Constitucionais Transitórias; e dá outras providências. Brasília, DF, 2020. Disponível em: http://www.planalto.gov.br/ccivil_03/constituicao/ Emendas/Emc/emc108.htm. Acesso em: 22 jun. 2021.

BRASIL. Presidência da República. **Emenda Constitucional n.º 114, de 16 de dezembro de 2021**. Altera a Constituição Federal e o Ato das Disposições Constitucionais Transitórias para estabelecer o novo regime de pagamentos de precatórios, modificar normas relativas ao Novo Regime Fiscal e autorizar o parcelamento de débitos previdenciários dos Municípios; e dá outras providências. Disponível em: http://www.planalto.gov.br/ccivil_03/constituicao/Emendas/Emc/emc114.htm. Acesso em: 23 dez. 2021.

BRASIL. Presidência da República. **Lei n.º 4.024, de 20 de dezembro de 1961**. Fixa as Diretrizes e Bases da Educação Nacional. Disponível em: http://www.planalto.gov.br/ccivil_03/leis/l4024.htm. Acesso em: 25 abr. 2020.

BRASIL. Presidência da República. **Lei n.º 4.320, de 17 de março de 1964**. Estatui Normas Gerais de Direito Financeiro para elaboração e controle dos orçamentos e balanços da União, dos Estados, dos Municípios e do Distrito Federal. Disponível em: http://www.planalto.gov.br/ccivil_03/leis/l4320.htm. Acesso em: 13 jun. 2020.

BRASIL. Presidência da República. **Lei n.º 4.440, de 27 de outubro de 1964**. Institui o Salário-Educação e dá outras providências. Disponível em: http://www.planalto.gov.br/ccivil_03/leis/1950-1969/l4440.htm. Acesso em: 25 abr. 2020.

BRASIL. Presidência da República. **Lei n.º 5.692, 11 de agosto de 1971**. Fixa Diretrizes e Bases para o ensino de 1º e 2º graus, e dá outras providências. Disponível em: http://www.planalto.gov.br/ccivil_03/leis/l5692.htm. Acesso em: 25 abr. 2020.

BRASIL. Presidência da República. **Lei n.º 7.348, 24 de julho de 1985**. Dispõe sobre a execução do § 4º do art. 176 da Constituição Federal, e dá outras providências. Disponível em: https://www2.camara.leg.br/legin/fed/lei/1980-1987/lei-7348-24-julho-1985-356943-publicacaooriginal-1-pl.html#:~:text=Dados%20da%20Norma%20LEI%20N%C2%BA%207.348%2C%20DE%2024,Nacional%20decreta%20e%20eu%20sanciono%20a%20seguinte%20Lei%3A. Acesso em: 25 abr. 2020.

BRASIL. Presidência da República. **Lei n.º 9.394, de 20 de dezembro de 1996**. Estabelece as Diretrizes e Bases da Educação Nacional. Disponível em: http://www.planalto.gov.br/ccivil_03/leis/l9394.htm. Acesso em: 25 de abr. 2020.

BRASIL. Presidência da República. **Lei n.º 9.424, de 24 de dezembro de 1996**. Dispõe sobre o Fundo de Manutenção e Desenvolvimento do Ensino Fundamental e de Valorização do Magistério, na forma prevista no art. 60, § 7º, do Ato das Disposições Constitucionais Transitórias, e dá outras providências. Disponível em: http://www.planalto.gov.br/ccivil_03/LEIS/L9424.htm. Acesso em: 25 abr. 2020.

BRASIL. Presidência da República. **Lei n.º 10.832, de 29 de dezembro de 2003.** Altera o § 1º e o seu inciso II do art. 15 da Lei n.º 9.424, de 24 de dezembro de 1996, e o art. 2º da Lei n.º 9.766, de 18 de dezembro de 1998, que dispõem sobre o Salário-Educação. Disponível em: http://www.planalto.gov.br/ccivil_03/LEIS/2003/L10.832.htm. Acesso em: 28 maio 2020.

BRASIL. Presidência da República. **Lei n.º 11.494, de 20 de junho de 2007.** Regulamenta o Fundo de Manutenção e Desenvolvimento da Educação Básica e de Valorização dos Profissionais da Educação (Fundeb), de que trata o art. 60 do Ato das Disposições Constitucionais Transitórias; altera a Lei n.º 10.195, de 14 de fevereiro de 2001; revoga dispositivos das Leis nºs 9.424, de 24 de dezembro de 1996, 10.880, de 9 de junho de 2004, e 10.845, de 5 de março de 2004; e dá outras providências. Disponível em: http://www.planalto.gov.br/ccivil_03/_ato2007-2010/2007/lei/l11494.htm. Acesso em: 25 abr. 2020.

BRASIL. Presidência da República. **Lei n.º 11.738, de 16 de julho de 2008.** Regulamenta a alínea "e" do inciso III do caput do art. 60 do Ato das Disposições Constitucionais Transitórias, para instituir o piso salarial profissional nacional para os profissionais do magistério público da educação básica. Disponível em: http://www.planalto.gov.br/ccivil_03/_ato2007-2010/2008/lei/l11738.htm. Acesso em: 15 jan. 2021.

BRASIL. Presidência da República. **Lei n.º 12.796, de 4 de abril de 2013.** Altera a Lei nº 9.394, de 20 de dezembro de 1996, que estabelece as diretrizes e bases da educação nacional, para dispor sobre a formação dos profissionais da educação e dar outras providências. Disponível em: http://www.planalto.gov.br/ccivil_03/_Ato2011-2014/2013/Lei/L12796.htm#art1. Acesso em: 14 fev. 2021.

BRASIL. Presidência da República. **Lei n.º 13.005, de 25 de junho de 2014.** Aprova o Plano Nacional de Educação (PNE) e dá outras providências. Disponível em: http://www.planalto.gov.br/ccivil_03/_ato2011-2014/2014/lei/l13005.htm. Acesso em: 13 de fev. 2021.

BRASIL. Presidência da República. **Lei n.º 14.113, de 25 de dezembro de 2020.** Regulamenta o Fundo de Manutenção e Desenvolvimento da Educação Básica e de Valorização dos Profissionais da Educação (Fundeb), de que trata o art. 212-A da Constituição Federal; revoga dispositivos da Lei n.º 11.494, de 20 de junho de 2007; e dá outras providências. Disponível em: http://www.planalto.gov.br/ccivil_03/_ato2019-2022/2020/lei/L14113.htm. Acesso em: 26 jan. 2021.

BRASIL. Presidência da República. **Lei n.º 14.276, de 27 de dezembro de 2021.** Altera a Lei n.º 14.113, de 25 de dezembro de 2020, que regulamenta o Fundo de Manutenção e Desenvolvimento da Educação Básica e de Valorização dos Profissionais da Educação (Fundeb). Disponível em: http://www.planalto.gov.br/ccivil_03/_ato2019-2022/2021/lei/L14276.htm. Acesso em: 29 dez. 2021.

BRASIL. Presidência da República. **Lei Complementar n.º 87, de 13 de setembro de 1996.** Dispõe sobre o imposto dos Estados e do Distrito Federal sobre operações relativas à circulação de mercadorias e sobre prestações de serviços de transporte interestadual e intermunicipal e de comunicação, e dá outras providências. (Lei Kandir). Disponível em: http://www.planalto.gov.br/ccivil_03/leis/lcp/lcp87.htm. Acesso em: Acesso em: 21 jul. 2021.

BRASIL. Presidência da República. **Lei Complementar n.º 101, de 4 de maio de 2000.** Estabelece normas de finanças públicas voltadas para a responsabilidade na gestão fiscal e dá outras providências. Disponível em: http://www.planalto.gov.br/ccivil_03/Leis/LCP/Lcp101.htm. Acesso em: 21 jul. 2021.

BRASIL. Presidência da República. **Lei Complementar n.º 173, de 27 de maio de 2020.** Estabelece o Programa Federativo de Enfrentamento ao Coronavírus SARS-CoV-2 (Covid-19), altera a Lei Complementar n.º 101, de 4 de maio de 2000, e dá outras providências. Disponível em: http://www.planalto.gov.br/ccivil_03/leis/lcp/lcp173.htm. Acesso em: 12 mar. 2021.

BRASIL. Senado Federal. **Emenda Constitucional n.º 24, de 1º de dezembro de 1983.** Estabelece a obrigatoriedade de aplicação anual, pela União, de nunca menos de treze por cento, e pelos Estados, Distrito Federal e Municípios, de, no mínimo, vinte e cinco por cento da renda resultante dos impostos, na manutenção e desenvolvimento do ensino. Disponível em: https://legis.senado.leg.br/norma/540623/publicacao/15646046. Acesso em: 16 maio 2020.

BRASIL. Senado Federal. **Projeto de Lei do Senado n.º 204, de 2016** (Complementar). Dispõe sobre a cessão de direitos creditórios originados de créditos tributários e não tributários dos entes da Federação. Brasília, DF, 2016. Disponível em: https://legis.senado.leg.br/sdleg-getter/documento?dm=4160857&ts=1593930113995&-disposition=inline. Acesso em: 14 jul. 2021.

BRASIL. Senado Federal. **Projeto de Lei n.º 4.519, de 2020.** Regulamenta o Fundo de Manutenção e Desenvolvimento da Educação Básica e de Valorização dos Profissionais da Educação - FUNDEB, de que trata o art. 212-A da Constituição Federal; e dá outras providências. Brasília, DF, 2020. Disponível em: https://legis.

senado.leg.br/sdleg-getter/documento?dm=8889156&ts=1610632080847&disposition=inline. Acesso em: 22 jun. 2021.

BRASIL. Senado Federal. **Proposta de Emenda à Constituição n.º 33, de 2019**. Acrescenta o art. 212-A à Constituição Federal, para tornar permanente o Fundo de Manutenção e Desenvolvimento da Educação Básica e de Valorização dos Profissionais da Educação (Fundeb), e revoga o art. 60 do Ato das Disposições Constitucionais Transitórias. Disponível em: https://www.congressonacional. leg.br/materias/materias-bicamerais/-/ver/pec-13-2021. Acesso em: 22 jul. 2021.

BRASIL. Senado Federal. **Proposta de Emenda à Constituição n.º 65, de 2019.** Acrescenta o art. 212-A à Constituição Federal, para tornar permanente o Fundo de Manutenção e Desenvolvimento da Educação Básica e de Valorização dos Profissionais da Educação (Fundeb), e revoga o art. 60 do Ato das Disposições Constitucionais Transitórias. Disponível em: https://www.congressonacional. leg.br/materias/materias-bicamerais/-/ver/pec-65-2019. Acesso em: 22 jul. 2021.

BRASIL. Senado Federal. **Proposta de Emenda à Constituição n.º 13, de 2021.** Acrescenta o art. 115 ao Ato das Disposições Constitucionais Transitórias, para determinar que os Estados o Distrito Federal e os Municípios, bem como seus agentes, não poderão ser responsabilizados pelo descumprimento, no exercício financeiro de 2020, do disposto no caput do art. 212 da Constituição Federal. Disponível em: https://www25.senado.leg.br/web/atividade/materias/-/materia/148543. Acesso em: 27 fev. 2022.

SÃO PAULO. Assembleia Legislativa do Estado de São Paulo. **Decreto n.º 7.510, de 29 de janeiro de 1976**. Reorganiza a Secretaria de Estado da Educação. Disponível em: https://www.al.sp.gov.br/repositorio/legislacao/decreto/1976/decreto-7510-29.01.1976.html. Acesso em: 11 ago. 2021.

SÃO PAULO. Assembleia Legislativa do Estado de São Paulo. **Decreto n.º 57.141, de 18 de julho de 2011**. Reorganiza a Secretaria da Educação e dá providências correlatas. Disponível em: https://www.al.sp.gov.br/repositorio/legislacao/decreto/2011/decreto-57141-18.07.2011.html. Acesso em: 11 ago. 2021.

SÃO PAULO. Assembleia Legislativa do Estado de São Paulo. **Decreto n.º 64.187, de 17 de abril de 2019**. Reorganiza a Secretaria da Educação e dá providências correlatas. Disponível em: https://www.al.sp.gov.br/repositorio/legislacao/decreto/2019/decreto-64187-17.04.2019.html. Acesso em: 11 ago. 2021.

SÃO PAULO. Assembleia Legislativa do Estado de São Paulo. **Decreto n.º 64.644, de 5 de dezembro de 2019**. Regulamenta a Lei n.º 17.149, de 13 de setembro de 2019, que institui o Programa Dinheiro Direto na Escola Paulista, define suas finalidades, diretrizes e estabelece outras providências correlatas. Disponível em: https://www.al.sp.gov.br/repositorio/legislacao/decreto/2019/decreto-64644-05.12.2019.html. Acesso em: 12 mar. 2021.

SÃO PAULO. Assembleia Legislativa do Estado de São Paulo. **Decreto n.º 65.021, de 19 de junho de 2020**. Dispõe sobre a declaração de déficit atuarial do Regime Próprio de Previdência do Estado e dá providências correlatas. Disponível em: https://www.al.sp.gov.br/repositorio/legislacao/decreto/2020/decreto-65021-19.06.2020.html. Acesso em: 25 jul. 2021.

SÃO PAULO. Assembleia Legislativa do Estado de São Paulo. **Decreto Legislativo n.º 776, de 17 de dezembro de 2008**. Dispõe sobre as contas prestadas pelo Chefe do Poder Executivo relativas ao exercício econômico-financeiro de 2007. Disponível em: https://www.al.sp.gov.br/repositorio/legislacao/decreto.legislativo/2008/decreto.legislativo-776-17.12.2008.html. Acesso em: 22 abr. 2020.

SÃO PAULO. Assembleia Legislativa do Estado de São Paulo. **Decreto Legislativo n.º 2.244, de 17 de dezembro de 2009**. Dispõe sobre as contas prestadas pelo Chefe do Poder Executivo relativas ao exercício econômico-financeiro de 2008. Disponível em: https://www.al.sp.gov.br/repositorio/legislacao/decreto.legislativo/2009/decreto.legislativo-2244-17.12.2009.html. Acesso em: 22 abr. 2020.

SÃO PAULO. Assembleia Legislativa do Estado de São Paulo. **Decreto Legislativo n.º 2.291, de 22 de dezembro de 2010**. Dispõe sobre as contas prestadas pelo Chefe do Poder Executivo relativas ao exercício econômico-financeiro de 2009. Disponível em: https://www.al.sp.gov.br/repositorio/legislacao/decreto.legislativo/2010/decreto.legislativo-2291-22.12.2010.html. Acesso em: 22 abr. 2020.

SÃO PAULO. Assembleia Legislativa do Estado de São Paulo. **Decreto Legislativo n.º 2.319, de 15 de dezembro de 2011**. Considera regulares e aprova as contas anuais apresentadas pelo Senhor Chefe do Poder Executivo relativas ao exercício econômico-financeiro de 2010. Disponível em: https://www.al.sp.gov.br/repositorio/legislacao/decreto.legislativo/2011/decreto.legislativo-2319-15.12.2011.html. Acesso em: 22 abr. 2020.

SÃO PAULO. Assembleia Legislativa do Estado de São Paulo. **Decreto Legislativo n.º 2.453, de 20 de dezembro de 2012**. Considera regulares e aprova as contas anuais apresentadas pelo Senhor Chefe do Poder Executivo relativas ao exercício econômico-financeiro de 2011. Disponível em: https://www.al.sp.gov.br/repo-sitorio/legislacao/decreto.legislativo/2012/decreto.legislativo-2453-20.12.2012.html. Acesso em: 22 abr. 2020.

SÃO PAULO. Assembleia Legislativa do Estado de São Paulo. **Decreto Legislativo n.º 2.459, de 20 de dezembro de 2013**. Considera regulares e aprova as contas anuais apresentadas pelo Senhor Chefe do Poder Executivo relativas ao exercício econômico-financeiro de 2012. Disponível em: https://www.al.sp.gov.br/repo-sitorio/legislacao/decreto.legislativo/2013/decreto.legislativo-2459-20.12.2013.html. Acesso em: 22 abr. 2020.

SÃO PAULO. Assembleia Legislativa do Estado de São Paulo. **Decreto Legislativo n.º 2.466, de 18 de dezembro de 2014**. Considera regulares e aprova as contas anuais apresentadas pelo Senhor Chefe do Poder Executivo relativas ao exercício econômico-financeiro de 2013. Disponível em: https://www.al.sp.gov.br/repo-sitorio/legislacao/decreto.legislativo/2014/decreto.legislativo-2466-18.12.2014.html. Acesso em: 22 abr. 2020.

SÃO PAULO. Assembleia Legislativa do Estado de São Paulo. **Decreto Legislativo n.º 2.477, de 17 de dezembro de 2015**. Considera regulares e aprova as contas anuais apresentadas pelo Sr. Chefe do Poder Executivo relativas ao exercício eco-nômico-financeiro de 2014. Disponível em: https://www.al.sp.gov.br/repositorio/legislacao/decreto.legislativo/2015/decreto.legislativo-2477-17.12.2015.html. Acesso em: 22 abr. 2020.

SÃO PAULO. Assembleia Legislativa do Estado de São Paulo. **Decreto Legislativo n.º 2.480, de 21 de dezembro de 2016**. Considera regulares e aprova as contas anuais apresentadas pelo Sr. Chefe do Poder Executivo relativas ao exercício eco-nômico-financeiro de 2015. Disponível em: https://www.al.sp.gov.br/repositorio/legislacao/decreto.legislativo/2016/decreto.legislativo-2480-21.12.2016.html. Acesso em: 22 abr. 2020.

SÃO PAULO. Assembleia Legislativa do Estado de São Paulo. **Decreto Legislativo n.º 2.484, de 26 de dezembro de 2017**. Considera regulares e aprova as contas anuais apresentadas pelo Senhor Chefe do Poder Executivo relativas ao exercício econômico-financeiro de 2016. Disponível em: https://www.al.sp.gov.br/repo-sitorio/legislacao/decreto.legislativo/2017/decreto.legislativo-2484-26.12.2017.html. Acesso em: 22 abr. 2020.

SÃO PAULO. Assembleia Legislativa do Estado de São Paulo. **Decreto Legislativo n.º 2.487, de 13 de dezembro de 2018**. Considera regulares e ficam aprovadas as contas anuais apresentadas pelo Senhor Chefe do Poder Executivo relativas ao exercício econômico-financeiro de 2017. Disponível em: https://www.al.sp.gov.br/repositorio/legislacao/decreto.legislativo/2018/decreto.legislativo-2487-13.12.2018. html. Acesso em: 22 abr. 2020.

SÃO PAULO. Assembleia Legislativa do Estado de São Paulo. **Decreto Legislativo n.º 2.492, de 17 de dezembro de 2019**. Considera regulares e aprova as contas anuais apresentadas pelo Senhor Chefe do Poder Executivo relativas ao exercício econômico-financeiro de 2018. Disponível em: https://www.al.sp.gov.br/repositorio/legislacao/decreto.legislativo/2019/decreto.legislativo-2492-17.12.2019. html. Acesso em: 22 abr. 2020.

SÃO PAULO. Assembleia Legislativa do Estado de São Paulo. **Lei n.º 1.961, de 29 de dezembro de 1923**. Disponível em: https://www.al.sp.gov.br/repositorio/ legislacao/lei/1923/lei-1961-29.12.1923.html. Acesso em: 15 dez. 2020.

SÃO PAULO. Assembleia Legislativa do Estado de São Paulo. **Lei n.º 16.279, de 8 de julho de 2016**. Aprova o Plano Estadual de Educação de São Paulo e dá outras providências. Disponível em: https://www.al.sp.gov.br/repositorio/legislacao/ lei/2016/lei-16279-08.07.2016.html. Acesso em: 16 fev. 2021.

SÃO PAULO. Assembleia Legislativa do Estado de São Paulo. **Lei n.º 17.149, de 13 de setembro de 2019**. Institui o Programa Dinheiro Direto na Escola Paulista, vinculado à Secretaria da Educação e ao Centro Estadual de Educação Tecnológica "Paula Souza" (Ceeteps), define suas finalidades, diretrizes e estabelece outras providências (NR). Texto atualizado até a Lei n.º 17.449, de 29 de outubro de 2021. Disponível em: https://www.al.sp.gov.br/repositorio/legislacao/lei/2019/ lei-17149-13.09.2019.html. Acesso em: 14 nov. 2021.

SÃO PAULO. Assembleia Legislativa do Estado de São Paulo. **Lei Complementar n.º 836, de 30 de dezembro de 1997**. Institui Plano de Carreira, Vencimentos e Salários para os integrantes do Quadro do Magistério da Secretaria da Educação e dá outras providências correlatas. Disponível em: https://www.al.sp.gov.br/repositorio/legislacao/lei.complementar/1997/original-lei.complementar-836-30.12.1997. html. Acesso em: 16 out. 2021.

SÃO PAULO. Assembleia Legislativa do Estado de São Paulo. **Lei Complementar n.º 923, de 2 julho de 2002**. Altera os Anexos que especifica da Lei Complementar n.º 836, de 30 de dezembro de 1997, que institui Plano de Carreira, Vencimentos e Salários para os integrantes do Quadro do Magistério da Secretaria da Educação e acrescenta subanexos nos anexos que especifica da Lei Complementar n.º 888, de

28 de dezembro de 2000, que institui Plano de Carreira, Vencimentos e Salários para os integrantes do Quadro de Apoio Escolar da Secretaria da Educação, e dá outras providências. Disponível em: https://www.al.sp.gov.br/repositorio/legislacao/lei.complementar/2002/lei.complementar-923-02.07.2002.html. Acesso em: 16 out. 2021.

SÃO PAULO. Assembleia Legislativa do Estado de São Paulo. **Lei Complementar n.º 958, de 13 de setembro de 2004**. Altera a Lei Complementar n. 836, de 30 de dezembro de 1997 que institui Plano de Carreira, Vencimentos e Salários para os integrantes do Quadro do Magistério da Secretaria da Educação e dá providências correlatas. Disponível em: https://www.al.sp.gov.br/repositorio/legislacao/lei.complementar/2004/original-lei.complementar-958-13.09.2004.html. Acesso em: 16 out. 2021.

SÃO PAULO. Assembleia Legislativa do Estado de São Paulo. **Lei Complementar n.º 975, de 6 de outubro de 2005**. Dispõe sobre os vencimentos e salários dos servidores que especifica. Disponível em: https://www.al.sp.gov.br/repositorio/legislacao/lei.complementar/2005/original-lei.complementar-975-06.10.2005.html. Acesso em: 16 out. 2021.

SÃO PAULO. Assembleia Legislativa do Estado de São Paulo. **Lei Complementar n.º 977, de 06 de outubro de 2005**. Institui Gratificação por Atividade de Magistério - GAM para os servidores que especifica e dá providências correlatas. Disponível em: https://www.al.sp.gov.br/repositorio/legislacao/lei.complementar/2005/original-lei.complementar-977-06.10.2005.html. Acesso em: 16 out. 2021.

SÃO PAULO. Assembleia Legislativa do Estado de São Paulo. **Lei Complementar n.º 1.010, de 1 de junho de 2007**. Dispõe sobre a criação da São Paulo Previdência (Spprev), entidade gestora do Regime Próprio de Previdência dos Servidores Públicos (RPPS) e do Regime Próprio de Previdência dos Militares do Estado de São Paulo (RPPM). Disponível em: https://www.al.sp.gov.br/repositorio/legislacao/lei.complementar/2007/original-lei.complementar-1010-01.06.2007.html. Acesso em: 16 out. 2021.

SÃO PAULO. Assembleia Legislativa do Estado de São Paulo. **Lei Complementar n.º 1.018, de 15 de outubro de 2007**. Institui Gratificação de Função aos servidores que especifica, e dá outras providências. Disponível em: https://www.al.sp.gov.br/repositorio/legislacao/lei.complementar/2007/original-lei.complementar-1018-15.10.2007.html. Acesso em: 16 out. 2021.

SÃO PAULO. Assembleia Legislativa do Estado de São Paulo. **Lei Complementar n.º 1.078, de 17 de dezembro de 2008.** Institui Bonificação por Resultados (BR), no âmbito da Secretaria da Educação. Disponível em: https://www.al.sp.gov.br/repositorio/legislacao/lei.complementar/2008/lei.complementar-1078-17.12.2008.html. Acesso em: 16 out. 2021.

SÃO PAULO. Assembleia Legislativa do Estado de São Paulo. **Lei Complementar n.º 1.093, de 16 de julho de 2009.** Dispõe sobre a contratação por tempo determinado de que trata o inciso X do artigo 115 da Constituição Estadual. Disponível em: https://www.al.sp.gov.br/repositorio/legislacao/lei.complementar/2009/original-lei.complementar-1093-16.07.2009.html. Acesso em: 16 out. 2021.

SÃO PAULO. Assembleia Legislativa do Estado de São Paulo. **Lei Complementar n.º 1.097, de 27 de outubro de 2009.** Institui o sistema de promoção para os integrantes do Quadro do Magistério da Secretaria da Educação e dá outras providências. Disponível em: https://www.al.sp.gov.br/repositorio/legislacao/lei.complementar/2009/original-lei.complementar-1097-27.10.2009.html. Acesso em: 16 out. 2021.

SÃO PAULO. Assembleia Legislativa do Estado de São Paulo. **Lei Complementar n.º 1.107, de 23 de abril de 2010.** Dispõe sobre a reclassificação de vencimentos e salários dos integrantes do Quadro do Magistério, da Secretaria da Educação, e dá providências correlatas. Disponível em: https://www.al.sp.gov.br/repositorio/legislacao/lei.complementar/2010/original-lei.complementar-1107-23.04.2010.html. Acesso em: 16 out. 2021.

SÃO PAULO. Assembleia Legislativa do Estado de São Paulo. **Lei Complementar n.º 1.110, de 14 de maio de 2010** (Atualizada até a Lei Complementar n.º 1.190, de 19 de dezembro de 2012.). Institui o Ministério Público junto ao Tribunal de Contas do Estado. Disponível em: https://www.al.sp.gov.br/repositorio/legislacao/lei.complementar/2010/lei.complementar-1110-14.05.2010.html. Acesso em: 12 maio 2020.

SÃO PAULO. Assembleia Legislativa do Estado de São Paulo. **Lei Complementar n.º 1.143, de 11 de julho de 2011.** Dispõe sobre a reclassificação de vencimentos e salários dos integrantes do Quadro do Magistério da Secretaria da Educação, e dá providências correlatas. Disponível em: https://www.al.sp.gov.br/repositorio/legislacao/lei.complementar/2011/lei.complementar-1143-11.07.2011.html. Acesso em: 16 out. 2021.

SÃO PAULO. Assembleia Legislativa do Estado de São Paulo. **Lei Complementar n.º 1.144, de 11 de julho de 2011.** Institui Plano de Cargos, Vencimentos e Salários para os integrantes do Quadro de Apoio Escolar, da Secretaria da Educação, e dá providências correlatas. Disponível em: https://www.al.sp.gov.br/repositorio/ legislacao/lei.complementar/2011/original-lei.complementar-1144-11.07.2011. html. Acesso em: 16 out. 2021.

SÃO PAULO. Assembleia Legislativa do Estado de São Paulo. **Lei Complementar n.º 1.190, de 19 de dezembro de 2012.** Altera a Lei Complementar n.º 1.110, de 2010, que instituiu o Ministério Público junto ao Tribunal de Contas do Estado. Disponível em: https://www.al.sp.gov.br/repositorio/legislacao/lei.complementar/2012/lei.complementar-1190-19.12.2012.html. Acesso em: 12 maio 2020.

SÃO PAULO. Assembleia Legislativa do Estado de São Paulo. **Lei Complementar n.º 1.204, de 1 de julho de 2013.** Dispõe sobre a reclassificação de vencimentos e salários dos integrantes do Quadro do Magistério e do Quadro de Apoio Escolar da Secretaria da Educação, e dá providências correlatas. Disponível em: https:// www.al.sp.gov.br/repositorio/legislacao/lei.complementar/2013/lei.complementar-1204-01.07.2013.html. Acesso em: 16 out. 2021.

SÃO PAULO. Assembleia Legislativa do Estado de São Paulo. **Lei Complementar n.º 1.317, de 21 de março de 2018.** Dispõe sobre os vencimentos e salários dos servidores que especifica. Disponível em: https://www.al.sp.gov.br/repositorio/ legislacao/lei.complementar/2018/original-lei.complementar-1317-21.03.2018. html. Acesso em: 16 out. 2021.

SÃO PAULO. Assembleia Legislativa do Estado de São Paulo. **Lei Complementar n.º 1.319, de 28 de março de 2018.** Dispõe sobre a reclassificação de vencimentos e salários das classes que especifica do Quadro do Magistério da Secretaria da Educação e dos empregos públicos em confiança do Centro Estadual de Educação Tecnológica Paula Souza (Ceeteps), e dá providências correlatas. Disponível em: https://www.al.sp.gov.br/repositorio/legislacao/lei.complementar/2018/lei. complementar-1319-28.03.2018.html. Acesso em: 16 out. 2021.

SÃO PAULO. Assembleia Legislativa do Estado de São Paulo. **Lei Complementar n.º 1.333, de 17 de dezembro de 2018.** (Atualizada até a decisão cautelar na ADI n.º 2077323-86.2019.8.26.0000). (Projeto de Lei Complementar n.º 57, de 2018, do Deputado Gilmar Gimenes - PSDB). Dispõe sobre o sistema de Educação Profissional e Tecnológica do Estado, e dá outras providências. Disponível em:

https://www.al.sp.gov.br/repositorio/legislacao/lei.complementar/2018/lei.complementar-1333-17.12.2018.html. Acesso em: 25 jul. 2021.

SÃO PAULO. Assembleia Legislativa do Estado de São Paulo. **Lei Complementar n.º 1.361, de 21 de outubro de 2021**. Institui Bonificação por Resultados (BR), no âmbito da administração direta e autarquias, cria a Controladoria Geral do Estado, dispõe sobre a Assistência Técnica em Ações Judiciais, altera as Leis n.º 10.261, de 28 de outubro de 1968, e n.º 500, de 13 de novembro de 1974, as Leis Complementares n.º 180, de 12 de maio de 1978, n.º 367, de 14 de dezembro de 1984, n.º 432, de 18 de dezembro de 1985, n.º 907, de 21 de dezembro de 2001, n.º 1.034, de 4 de janeiro de 2008, n.º 1.059, de 18 de setembro de 2008, n.º 1.079, de 17 de dezembro de 2008, n.º 1.080, de 17 de dezembro de 2008, n.º 1.093, de 16 de julho de 2009, n.º 1.104, de 17 de março de 2010, n.º 1.122, de 30 de junho de 2010, n.º 1.144, de 11 de julho de 2011, n.º 1.157, de 2 de dezembro de 2011, n.º 1.164, de 4 de janeiro de 2012, n.º 1.195, de 17 de janeiro de 2013, n.º 1.245, de 27 de junho de 2014, n.º 1.317, de 21 de março de 2018, e n.º 1.354, de 6 de março de 2020, revoga a Lei n.º 1.721, de 7 de julho de 1978, as Leis Complementares n.º 1.078, de 17 de dezembro de 2008, n.º 1.086, de 18 de fevereiro de 2009, e n.º 1.121, de 30 de junho de 2010, e dá providências correlatas. Disponível em: https://www.al.sp.gov.br/repositorio/legislacao/lei.complementar/2021/lei.complementar-1361-21.10.2021.html. Acesso em: 25 jul. 2021.

SÃO PAULO. **Constituição Estadual, de 05 de outubro de 1989**. Disponível em: https://www.al.sp.gov.br/repositorio/legislacao/constituicao/1989/compilacao--constituicao-0-05.10.1989.html. Acesso em: 25 abr. 2020.

SÃO PAULO. Governo do Estado de São Paulo. Secretaria da Fazenda. Coordenação da Administração Financeira. Controladoria Geral do Estado. **Balanço geral**: contas do exercício de 2007: notas e quadros explicativos. São Paulo: Secretaria da Fazenda, 2008. Disponível em: https://portal.fazenda.sp.gov.br/acessoinformacao/Downloads/Demonstra%C3%A7%C3%B5es-Cont%C3%A1beis/Demonstrativos%20Cont%C3%A1beis%20-%20notex2008.pdf. Acesso em: 14 fev. 2021.

SÃO PAULO. Governo do Estado de São Paulo. Secretaria da Fazenda. Coordenação da Administração Financeira. Controladoria Geral do Estado. **Balanço geral**: contas do exercício de 2008: notas e quadros explicativos. São Paulo: Secretaria da Fazenda, 2009. Disponível em: https://portal.fazenda.sp.gov.br/acessoinformacao/Downloads/Demonstra%C3%A7%C3%B5es-Cont%C3%A1beis/Demonstrativos%20Cont%C3%A1beis%20-%20notex2009.pdf. Acesso em: 14 fev. 2021.

SÃO PAULO. Governo do Estado de São Paulo. Secretaria da Fazenda. Coordenação da Administração Financeira. Controladoria Geral do Estado. **Balanço geral**: contas do exercício de 2009: notas e quadros explicativos. São Paulo: Secretaria da Fazenda, 2010. Disponível em: https://portal.fazenda.sp.gov.br/acessoinformacao/Downloads/Demonstra%C3%A7%C3%B5es-Cont%C3%A1beis/Demonstrativos%20Cont%C3%A1beis%20-%20notex2010.pdf. Acesso em: 14 fev. 2021.

SÃO PAULO. Governo do Estado de São Paulo. Secretaria da Fazenda. Coordenação da Administração Financeira. Controladoria Geral do Estado. **Balanço geral**: contas do exercício de 2010: notas e quadros explicativos. São Paulo: Secretaria da Fazenda, 2011. Disponível em: https://portal.fazenda.sp.gov.br/acessoinformacao/Downloads/Demonstra%C3%A7%C3%B5es-Cont%C3%A1beis/Demonstrativos%20Cont%C3%A1beis%20-%20BALNOT2011.pdf. Acesso em: 14 fev. 2021.

SÃO PAULO. Governo do Estado de São Paulo. Secretaria da Fazenda. Coordenação da Administração Financeira. Controladoria Geral do Estado. **Balanço geral**: contas do exercício de 2011: notas e quadros explicativos. São Paulo: Secretaria da Fazenda, 2012. Disponível em: https://portal.fazenda.sp.gov.br/acessoinformacao/Downloads/Demonstra%C3%A7%C3%B5es-Cont%C3%A1beis/Demonstrativos%20Cont%C3%A1beis%20-%20BALNOT2012.pdf. Acesso em: 14 fev. 2021.

SÃO PAULO. Governo do Estado de São Paulo. Secretaria da Fazenda. Coordenação da Administração Financeira. Controladoria Geral do Estado. **Balanço geral**: contas do exercício de 2012: notas e quadros explicativos. São Paulo: Secretaria da Fazenda, 2013. Disponível em: https://portal.fazenda.sp.gov.br/acessoinformacao/Downloads/Demonstra%C3%A7%C3%B5es-Cont%C3%A1beis/Demonstrativos%20Cont%C3%A1beis%20-%20BALNOT2013.pdf. Acesso em: 14 fev. 2021.

SÃO PAULO. Governo do Estado de São Paulo. Secretaria da Fazenda. Coordenação da Administração Financeira. Controladoria Geral do Estado. **Balanço geral**: contas do exercício de 2013: notas e quadros explicativos. São Paulo: Secretaria da Fazenda, 2014. Disponível em: https://portal.fazenda.sp.gov.br/acessoinformacao/Downloads/Demonstra%C3%A7%C3%B5es-Cont%C3%A1beis/Demonstrativos%20Cont%C3%A1beis%20-%20balanco_2014.pdf. Acesso em: 14 fev. 2021.

SÃO PAULO. Governo do Estado de São Paulo. Secretaria da Fazenda. Coordenação da Administração Financeira. Controladoria Geral do Estado. **Balanço geral**: contas do exercício de 2014: notas e quadros explicativos. São Paulo: Secretaria da Fazenda, 2015. Disponível em: https://portal.fazenda.sp.gov.br/acessoinforma-cao/Paginas/Demonstra%c3%a7%c3%b5es-Cont%c3%a1beis.aspx. https://portal.

fazenda.sp.gov.br/acessoinformacao/Downloads/Relat%C3%B3rio-Anual-do-
-Governo-do-Estado/Relat%C3%B3rio%20Anual%20do%20Governo%20do%20
Estado%20rel_2015.pdf. Acesso em: 14 fev. 2021.

SÃO PAULO. Governo do Estado de São Paulo. Secretaria da Fazenda. Coordenação da Administração Financeira. Controladoria Geral do Estado. **Balanço geral**:
contas do exercício de 2015: notas e quadros explicativos. São Paulo: Secretaria da
Fazenda, 2015. Disponível em: https://portal.fazenda.sp.gov.br/acessoinformacao/
Downloads/Demonstra%C3%A7%C3%B5es-Cont%C3%A1beis/Demonstrati-
vos%20Cont%C3%A1beis%20-%20BALAN%C3%87O %20GERAL%20DO%20
ESTADO%202015%20vfinal.pdf. Acesso em: 14 fev. 2021.

SÃO PAULO. Governo do Estado de São Paulo. Secretaria da Fazenda. Coordenação da Administração Financeira. Controladoria Geral do Estado. **Balanço geral**:
contas do exercício de 2016: notas e quadros explicativos. São Paulo: Secretaria da
Fazenda, 2016. Disponível em: https://portal.fazenda.sp.gov.br /acessoinformacao/
Downloads/Demonstra%C3%A7%C3%B5es-Cont%C3%A1beis/Demonstrativos%
20Cont%C3%A1beis%20-%20Balan%C3%A7o%20Geral% 20do%20Estado%20
-%202016%20-%20Atualizado.pdf. Acesso em: 14 fev. 2021.

SÃO PAULO. Governo do Estado de São Paulo. Secretaria da Fazenda. Coordenação da Administração Financeira. Controladoria Geral do Estado. **Balanço geral**:
contas do exercício de 2017: notas e quadros explicativos. São Paulo: Secretaria
da Fazenda, 2017. Disponível em: https://portal.fazenda.sp.gov.br/ acessoinfor-
macao/Downloads/Demonstra%C3% A7%C3%B5es-Cont%C3%A1beis/Balan%-
C3%A7o%20Geral% 20do%20Estado%202017.pdf. Acesso em: 14 fev. 2021.

SÃO PAULO. Governo do Estado de São Paulo. Secretaria da Fazenda. Coordenação da Administração Financeira. Controladoria Geral do Estado. **Balanço geral**:
contas do exercício de 2018: notas e quadros explicativos. São Paulo: Secretaria
da Fazenda, 2018. Disponível em: https://portal.fazenda.sp.gov.br/ acessoinfor-
macao/Downloads/Demonstra%C3%A7 %C3%B5es-Cont%C3%A1beis/Balan%-
C3%A7o%20Geral% 20do%20Estado%202018.pdf. Acesso em: 14 fev. 2021.

SÃO PAULO. Governo do Estado de São Paulo. Secretaria da Fazenda. Coordenação da Administração Financeira. **Dívida ativa**. Disponível em: https://portal.
fazenda.sp.gov.br/acessoinformacao/ Paginas/D%C3%ADvida-Ativa.aspx. Acesso
em: 15 mar. 2020.

SÃO PAULO. Ministério Público de Contas do Estado de São Paulo. Procuradoria-
-Geral. **Contas do governador do exercício de 2016**: parecer anual. Disponível

em: http://www.mpc.sp.gov.br/wp-content/uploads/2017/05/Contas-do-Governador-5198.989.16-2-parecer-MPC.pdf. Acesso em: 28 set. 2020.

SÃO PAULO. Ministério Público de Contas do Estado de São Paulo. Procuradoria-Geral. **Contas do governador do exercício de 2017**: parecer anual. Disponível em: http://www.mpc.sp.gov.br/wp-content/uploads/2018/07/Parecer-MPC-Contas-Governador-SP-2017.pdf. Acesso em: 28 set. 2020; https://www.tce.sp.gov.br/sites/default/files/portal/TC-003546.989.17%20-MPC%20ciente%20acrescido.pdf. Acesso em: 28 set. 2020.

SÃO PAULO. Ministério Público de Contas do Estado de São Paulo. Procuradoria-Geral. **Contas do governador do exercício de 2018**: parecer complementar. Disponível em: https://www.tce.sp.gov.br/sites/default/files/portal/Parecer%20MPC%20-%20Contas%20do%20Governador%202018.pdf. Acesso em: 28 set. 2020.

SÃO PAULO. Prefeitura do Município de São Paulo. **Decreto n.º 58.265, de 8 de junho de 2018**. Divulga os novos valores das Escalas de Padrões de Vencimentos dos Quadros dos Profissionais de Educação (QPE), em cumprimento ao disposto no § 2º do artigo 6º da Lei n.º 16.275, de 2 de outubro de 2015. Disponível em: https://www.sinesp.org.br/quem-somos/legis/179-saiu-no-doc/6077-decreto-n-58-265-de-08-06-2018-divulga-os-novos-valores-das-escalas-de-padroes-de-vencimentos-do-qpe-em-cumprimento-ao-disposto-no-2-do-art-6-da-lei-n-16-275-2015. Acesso em: 24 nov. 2021.

SÃO PAULO. Prefeitura do Múnícipio de São Paulo. **Decreto n.º 58.687, de 28 de março de 2019**. Divulga os novos valores das Escalas de Padrões de Vencimentos dos Quadros dos Profissionais de Educação (QPE), em cumprimento ao disposto no § 2º do artigo 5º da Lei n.º 16.416, de 1º de abril de 2016. Disponível em: https://legislacao.prefeitura.sp.gov.br/leis/decreto-58687-de-28-de-marco-de-2019/consolidado#! Acesso em: 24 nov. 2021.

SÃO PAULO. Prefeitura do Município de São Paulo. **Lei n.º 14.660, de 26 de dezembro de 2007** (Projeto de Lei n.º 810/07, do Executivo, aprovado na forma de Substitutivo do Legislativo). Dispõe sobre alterações das Leis n.º 11.229, de 26 de junho de 1992, n.º 11.434, de 12 de novembro de 1993 [...]. Disponível em: https://legislacao.prefeitura.sp.gov.br/leis/lei=14660--de26--de-dezembro-de2007-#:~:text-LEI%20N%C2%BA%2014.660%2C%20DE%2026%20DE%20DEZEMBRO%20DE,Executivo%2C%20aprovado%20na%20forma%20de%20Substitutivo%20do%20Legislativo%29. Acesso em: 24 nov. 2021.

SÃO PAULO. Prefeitura do Município de São Paulo. **Lei n.º 16.275, de 2 de outubro de 2015** (Projeto de Lei n.º 418/15, do Executivo). Dispõe sobre o reajustamento dos limites fixados para os Abonos Complementares e para o Abono de Compatibilização devidos aos Profissionais de Educação, bem como das Escalas de Padrões de Vencimentos dos Quadros dos Profissionais de Educação (QPE), na forma que especifica. Disponível em: https://legislacao.prefeitura.sp.gov.br/leis/lei-16275-de-02-de-outubro-de-2015. Acesso em: 24 nov. de 2021.

SÃO PAULO. Tribunal de Contas do Estado de São Paulo. **Contas anuais do governador do estado de São Paulo do exercício de 2007**. Disponível em: https://www.tce.sp.gov.br/sites/default/files/portal/rel-voto07.pdf. Acesso em: 20 nov. 2020.

SÃO PAULO. Tribunal de Contas do Estado de São Paulo. **Contas anuais do governador do estado de São Paulo do exercício de 2008**. Disponível em: https://www.tce.sp.gov.br/sites/default/files/portal/rel-voto08_0.pdf. Acesso em: 20 nov. 2020.

SÃO PAULO. Tribunal de Contas do Estado de São Paulo. **Contas anuais do governador do estado de São Paulo do exercício de 2009**. Disponível em: https://www.tce.sp.gov.br/sites/default/files/portal/rel-voto09_0.pdf. Acesso em: 20 nov. 2020.

SÃO PAULO. Tribunal de Contas do Estado de São Paulo. **Contas anuais do governador do estado de São Paulo do exercício de 2010**. Disponível em: https://www.tce.sp.gov.br/sites/default/files/portal/rel-voto10_0.pdf. Acesso em: 20 nov. 2020.

SÃO PAULO. Tribunal de Contas do Estado de São Paulo. **Contas anuais do governador do estado de São Paulo do exercício de 2011**. Disponível em: https://www.tce.sp.gov.br/sites/default/files/portal/tc-000143-026-11-voto_0.pdf. Acesso em: 20 nov. 2020.

SÃO PAULO. Tribunal de Contas do Estado de São Paulo. **Contas anuais do governador do estado de São Paulo do exercício de 2012**. Disponível em: https://www.tce.sp.gov.br/sites/default/files/portal/6_-_contas_do_estado_2012_-_relatorio.pdf. Acesso em: 20 nov. 2020.

SÃO PAULO. Tribunal de Contas do Estado de São Paulo. **Contas anuais do governador do estado de São Paulo do exercício de 2013**. Disponível em: https://

www.tce.sp.gov.br/sites/default/files/portal/6_-_contas-governo-2013-relato-rio-voto_0.pdf. Acesso em: 20 nov. 2020.

SÃO PAULO. Tribunal de Contas do Estado de São Paulo. **Contas anuais do governador do estado de São Paulo do exercício de 2014**. Disponível em: https://www.tce.sp.gov.br/sites/default/files/portal/8-tc_788_026_14-relato-riovotoconselheiroder.pdf. Acesso em: 22 nov. 2020.

SÃO PAULO. Tribunal de Contas do Estado de São Paulo. **Contas anuais do governador do estado de São Paulo do exercício de 2015**. Disponível em: https://www.tce.sp.gov.br/sites/default/files/portal/7_-_relatorio_e_voto.pdf. Acesso em: 20 de nov. 2020.

SÃO PAULO. Tribunal de Contas do Estado de São Paulo. **Contas anuais do governador do estado de São Paulo do exercício de 2016**. Disponível em: https://www.tce.sp.gov.br/sites/default/files/portal/9_-_tc-5198.989.16_-_rela-torio_e_voto.pdf. Acesso em: 20 nov. 2020.

SÃO PAULO. Tribunal de Contas do Estado de São Paulo. **Contas anuais do governador do estado de São Paulo do exercício de 2017**. Disponível em: https://www.tce.sp.gov.br/sites/default/files/portal/TC-003546.989.17%20-Pare-cer_ContasGovernador-2017-ass.pdf. Acesso em: 20 nov. 2020.

SÃO PAULO. Tribunal de Contas do Estado de São Paulo. **Contas anuais do governador do estado de São Paulo do exercício de 2018**. Declaração de voto. Conselheiro Antonio Roque Citadini. Disponível em: https://www.tce.sp.gov.br/sites/default/files/portal/Declara%C3%A7%C3%A3o%20de%20voto%20Dr.%20 Renato%20Martins%20Costa%20-%20Contas%20do%20Governador%202018. pdf. Acesso em: 20 nov. 2020.

SÃO PAULO. Tribunal de Contas do Estado de São Paulo. **Contas anuais do governador do estado de São Paulo do exercício de 2018**. Manifestação do Conselheiro Sidney Estanislau Beraldo. Disponível em: https://www.tce.sp.gov.br/sites/default/ files/portal/Manifesta%C3%A7%C3%A3o%20Sidney%20Estanislau%20Beraldo%20 -%20Contas%20do%20Governador%20-%202018.pdf. Acesso em: 20 nov. 2020.

SÃO PAULO. Tribunal de Contas do Estado de São Paulo. **Contas anuais do governador do estado de São Paulo do exercício de 2018**. Notas taquigráficas. Disponível em: https://www.tce.sp.gov.br/sites/default/files/portal/Notas%20 Taquigr%C3%A1ficas%20TC-006453-989-18%20-%20Contas%20do%20Gover-nador%202018.pdf. Acesso em: 20 nov. 2020.

SÃO PAULO. Tribunal de Contas do Estado de São Paulo. **Contas anuais do governador do estado de São Paulo do exercício de 2018**. Parecer do Conselheiro Sidney Estanislau Beraldo. Disponível em: https://www.tce.sp.gov.br/sites/default/files/portal/Parecer%20TC-006453-989-18%20-%20Contas%20do%20Governador%202018.pdf. Acesso em: 20 nov. 2020.

SÃO PAULO. Tribunal de Contas do Estado de São Paulo. **Contas anuais do governador do estado de São Paulo do exercício de 2018**. Relatório e Voto apresentados na 1ª Sessão Extraordinária do Tribunal Pleno, de 26/06/2019. Vencida a Relatora quanto aos termos de modulação dos recursos do Ensino. Cristiana de Castro Moraes Conselheira Relatora. Disponível em: https://www.tce.sp.gov.br/sites/default/files/portal/Relat%C3%B3rio%20e%20Voto%20Dra.%20Cristiana%20de%20Castro%20Moraes%20-%20Contas%20do%20Governador%20.pdf. Acesso em: 20 nov. 2020.